Schnitt*punkt*

**Mathematik für Mittelschulen
Sachsen**

von
**Rainer Maroska
Achim Olpp
Claus Stöckle
Hartmut Wellstein**

bearbeitet von
**Henry Kaiser, Freital
Jochen Kreusch, Löbau
Karl-Heinz Umlauft, Freital**

**Ernst Klett Verlag
Stuttgart Düsseldorf Leipzig**

Bildquellenverzeichnis:

Gedruckt auf Papier aus chlorfrei gebleichtem Zellstoff, säurefrei.

1. Auflage

€ A 1 7 6 5 4 | 2004 2003 2002 2001

Alle Drucke dieser Auflage können im Unterricht nebeneinander benutzt werden, sie sind im Wesentlichen untereinander unverändert. Die letzte Zahl bezeichnet das Jahr dieses Druckes.
Ab dem Druck 2000 ist diese Auflage auf die Währung EURO umgestellt. Zum überwiegenden Teil sind in diesen Aufgaben keine zahlenmäßigen Veränderungen erfolgt. Die wenigen notwendigen Änderungen sind mit € gekennzeichnet. Lösungen und Hinweise zu diesen Aufgaben sind im Internet unter http://www.klett-verlag.de verfügbar.
© Ernst Klett Verlag GmbH, Stuttgart 1996. Alle Rechte vorbehalten.
Internetadresse: http://www.klett-verlag.de

Zeichnungen: Rudolf Hungreder, Leinfelden, Günter Schlierf, Neustadt, und Dieter Gebhardt, Asperg
Umschlaggestaltung: Manfred Muraro, Ludwigsburg
Satz: SCS Schwarz Satz & Bild digital, L.-Echterdingen
Druck: Appl, Wemding

ISBN 3-12-741880-9

Inhalt

Mathematische Symbole und Bezeichnungen/Maßeinheiten   5
Hinweise   6
Wiederholung   7

I Termwertberechnungen. Lineare Gleichungen   13

1 Terme und Variablen   14
2 Addition und Subtraktion von Termen   17
3 Multiplikation und Division von Termen   20
4 Terme mit Klammern   23
5 Grundmenge. Lösung. Lösungsmenge   27
6 Einfache Gleichungen   29
7 Gleichungen mit Klammern   31
8 Textaufgaben. Anwendungen   34
9 Vermischte Aufgaben   38
Thema: Eine Zeichenmaschine   43
Rückspiegel   44

II Funktionen   45

1 Zuordnungen   46
2 Funktionen   48
3 Koordinatensystem   50
4 Definitionsbereich. Wertebereich   52
5 Funktionsgleichung   54
6 Funktionen mit der Gleichung $y = mx$ 57
7 Funktionen mit der Gleichung $y = mx + n$ 61
8 Vermischte Aufgaben   66
Thema: Segelfliegen   69
Rückspiegel   70

III Lineare Gleichungssysteme   71

1 Lineare Gleichungen mit zwei Variablen   72
2 Lineare Gleichungssysteme. Zeichnerische Lösung   75
3 Gleichsetzungsverfahren   78
4 Einsetzungsverfahren   80
5 Additionsverfahren   82
6 Geometrische Deutung der Lösungsmenge   85
7 Vermischte Aufgaben   87
Thema: Bildfahrpläne   93
Rückspiegel   94

IV Kreis und Kreiszylinder 95

  1 Kreis 96
  2 Sehne. Sehnenviereck 99
  3 Satz des Thales 101
  4 Kreis und Tangente 103
  5 Kreis und Winkel 105
  6 Konstruktion von Dreiecken und Kreisen 107
  7 Kreisumfang 109
  8 Kreisfläche 112
  9 Die Zahl π 114
10 Kreisteile 118
11 Abbildungen des Zylinders 120
12 Oberfläche des Zylinders 122
13 Volumen des Zylinders 124
14 Vermischte Aufgaben 127
Thema: Jetzt geht's rund 132
Rückspiegel 134

V Zufällige Ereignisse. Wahrscheinlichkeit 135

1 Schätzen der Wahrscheinlichkeit 136
2 Summenregel 138
3 Mehrstufige Zufallsexperimente. Pfadregeln 140
4 Simulation von Zufallsexperimenten 143
5 Monte-Carlo-Methode 145
6 Vermischte Aufgaben 146
Thema: xy-Unbekannt 147
Rückspiegel 148

Keine Angst vor Tests 149
Lösungen 153
Register 160

Mathematische Symbole und Bezeichnungen

$=$	gleich
$<, >$	kleiner als; größer als;
$\mathbb{N}$	Menge der natürlichen Zahlen
$\mathbb{Z}$	Menge der ganzen Zahlen
$\mathbb{Q}$	Menge der rationalen Zahlen
$g \perp h$	die Geraden g und h sind zueinander senkrecht
∟	rechter Winkel
$g \parallel h$	die Geraden g und h sind zueinander parallel
$g, h \ldots$	Buchstaben für Geraden
$A, B, \ldots, P, Q, \ldots$	Buchstaben für Punkte
$\overline{AB}$	Strecke mit den Endpunkten A und B
$\overrightarrow{AB}$	Verschiebungspfeil
$A\,(2;4)$	Gitterpunkt A mit dem x-Wert 2 und dem y-Wert 4
$\sphericalangle$ ASB	Winkel mit dem Scheitel S und dem Punkt A auf dem ersten Schenkel und dem Punkt B auf dem zweiten Schenkel
$\alpha, \beta, \gamma, \ldots$	Bezeichnungen für Winkel

Maßeinheiten und Umrechnungen

Zeiteinheiten

Jahr	Tag	Stunde	Minute	Sekunde
1 a =	365 d			
	1 d =	24 h		
		1 h =	60 min	
			1 min =	60 s

Masseeinheiten

Tonne	Kilogramm	Gramm	Milligramm
1 t =	1000 kg		
	1 kg =	1000 g	
		1 g =	1000 mg

Längeneinheiten

Kilometer	Meter	Dezimeter	Zentimeter	Millimeter
1 km =	1000 m			
	1 m =	10 dm		
		1 dm =	10 cm	
			1 cm =	10 mm

Flächeneinheiten

Quadrat-kilometer	Hektar	Ar	Quadratmeter	Quadrat-dezimeter	Quadrat-zentimeter	Quadrat-millimeter
1 km^2 =	100 ha					
	1 ha =	100 a				
		1 a =	100 m^2			
			1 m^2 =	100 dm^2		
				1 dm^2 =	100 cm^2	
					1 cm^2 =	100 mm^2

Raumeinheiten

Kubikmeter	Kubikdezimeter	Kubikzentimeter	Kubikmillimeter
1 m^3 =	1 000 dm^3		
	1 dm^3 =	1 000 cm^3	
	1 l =	1 000 ml	
		1 cm^3 =	1 000 mm^3

Hinweise

1

Jede **Lerneinheit** beginnt mit ein bis drei **Einstiegsaufgaben**. Sie sollen die Möglichkeit bieten, sich an das neue Thema heranzuarbeiten und früher Erlerntes einzubeziehen. Sie sind ein Angebot für den Unterricht und können neben eigenen Ideen von der Lehrerin und vom Lehrer herangezogen werden.

Im anschließenden **Informationstext** wird der neue mathematische Inhalt erklärt, Rechenverfahren werden erläutert, Gesetzmäßigkeiten plausibel gemacht. Hier können die Schülerinnen und Schüler jederzeit nachlesen.

> Im Kasten wird das **Merkwissen** zusammengefasst dargestellt. In der knappen Formulierung dient es wie ein Lexikon zum Nachschlagen.

Beispiele

Sie stellen die wichtigsten Aufgabentypen vor und zeigen Lösungswege. In diesem „Musterteil" können sich die Schülerinnen und Schüler beim selbstständigen Lösen von Aufgaben im Unterricht oder zu Hause Hilfen holen. Auch für die richtige Darstellung einer Lösung werden wichtige Hinweise gegeben. Außerdem helfen Hinweise, typische Fehler zu vermeiden und Schwierigkeiten zu bewältigen.

Aufgaben

2 3 4 5 6 7...

Der Aufgabenteil bietet eine reichhaltige **Auswahlmöglichkeit**. Den Anfang bilden stets Routineaufgaben zum Einüben der Rechenfertigkeiten und des Umgangs mit dem geometrischen Handwerkszeug. Sie sind nach Schwierigkeiten gestuft. Natürlich kommen das Kopfrechnen und Überschlagsrechnen dabei nicht zu kurz. Eine Fülle von Aufgaben mit Sachbezug bieten interessante und altersgemäße Informationen und verknüpfen so nachvollziehbar Alltag und Mathematik.

> Angebote...
>
> ... von Spielen, zum Umgang mit „schönen" Zahlen und geometrischen Mustern, für Knobeleien, ...
> Kleine Exkurse, die interessante Informationen am Rande der Mathematik bereithalten und zum Rätseln, Basteln und Nachdenken anregen. Sie können im Unterricht behandelt oder von Schülerinnen und Schülern selbstständig bearbeitet werden.
> Sie sollen auch dazu verleiten, einmal im Mathematikbuch zu schmökern.

Mit diesem Symbol sind Aufgaben gekennzeichnet, in denen Fehler gesucht werden müssen.

Kleine Trainingsrunden für die Grundrechenarten

Vermischte Aufgaben

Auf diesen Seiten wird am Ende eines jeden Kapitels nochmals eine Fülle von Aufgaben angeboten. Sie greifen die neuen Inhalte in teilweise komplexerer Fragestellung auf.

Themenseiten

Hier wird die Mathematik des Kapitels unter ein Thema gestellt. Es wird ein anwendungsorientiertes und fächerverbindendes Arbeiten ermöglicht und angeregt, den Unterricht einmal anders zu gestalten.

Rückspiegel

Dieser Test liefert am Ende jeden Kapitels Aufgaben, die sich in Form und Inhalt an möglichen Klassenarbeiten orientieren. Sie geben den Schülerinnen und Schülern die Möglichkeit, die wichtigsten Inhalte des Kapitels zu wiederholen. Die Lösungen befinden sich am Ende des Buchs.

Wiederholung: Zuordnungen

Proportionale Zuordnung

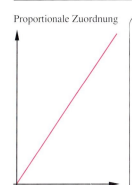

Indirekt
proportionale Zuordnung

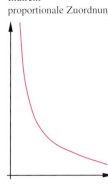

Proportionale und indirekt proportionale Zuordnungen

Proportionale Zuordnung:
5 Flaschen Saft kosten 9,25 €.
Wie viel muss man für 8 Flaschen bezahlen?
5 Flaschen – 9,25 €
1 Flasche – 9,25 € : 5 = 1,85 €
8 Flaschen – 1,85 · 8 = 14,80 €
Für 8 Flaschen Saft bezahlt man 14,80 €.
Bei Aufgaben mit proportionaler Zuordnung schließt man erst auf die Einheit durch Dividieren, dann auf das Vielfache durch Multiplizieren.

Indirekt proportionale Zuordnung:
Der Futtervorrat für 12 Tiere reicht 50 Tage.
Wie lange reicht derselbe Vorrat für 15 Tiere?
12 Tiere – 50 Tage
 1 Tier – 50 Tage · 12 = 600 Tage
15 Tiere – 600 Tage : 15 = 40 Tage
Bei 15 Tieren reicht der Vorrat 40 Tage.
Bei Aufgaben mit indirekt proportionaler Zuordnung schließt man erst auf die Einheit durch Multiplizieren, dann auf das Vielfache durch Dividieren.

1

Berechne zuerst den Einzelpreis.
a) 6 Apfelsinen kosten 2,10 €.
Wie viel kosten 7 Stück?
b) 5 Müsliriegel kosten 4,75 €.
Wie viel muss man für 3 Riegel bezahlen?

2

Ein Eimer mit 2,5 l Fassadenfarbe reicht für etwa 15 m² Wandfläche. Bestimme den Farbverbrauch, wenn die zu streichende Fläche 30 m², 45 m², 60 m², 75 m² groß ist.

3

Herr Rehm plant für die Mitglieder des Sportvereins eine Ausflugsfahrt. Wenn 36 Personen mitfahren, muss jeder 24 € bezahlen.
Wie hoch sind die Kosten pro Person bei 18, bei 12 bzw. bei 24 Teilnehmern?

4

Entscheide, ob die Zuordnung proportional oder indirekt proportional ist, und ergänze die Tabelle.

a)

Länge	Preis
9 m	63 €
6 m	42 €
18 m	
	105 €

b)

Anzahl	Zeit
12	9 h
3	36 h
	27 h
9	

c)

Anzahl	Gewicht
72	9 kg
48	6 kg
112	
	20 kg

d)

Länge	Breite
15 cm	6 cm
18 cm	5 cm
12 cm	
	20 cm

5

Zwei Pumpen mit gleicher Leistung entleeren ein Wasserbecken in 18 Stunden.
Wie lange brauchen 3 Pumpen?

6

Für 1 050 € erhält Frau Schmidt bei der Bank 1655 sFr.
Wie viel sFr würde Frau Altmann dann für 2 520 € erhalten?

7

An einer Grundstücksgrenze entlang soll eine Hecke gepflanzt werden. Bei einem Pflanzabstand von 60 cm braucht Herr Mark 45 Sträucher. Wie viele sind es bei einem Pflanzabstand von 50 cm?

8

Frau Busch möchte auf einem 26 m langen und 15 m breiten Gartenstück Rasen anlegen. Ein Beutel mit 1,5 kg Rasensamen reicht für 25 m².
Wie viele Beutel zu je 1,5 kg muss Frau Busch kaufen?

9

Die Klasse 8 c backt für eine Schulfeier Waffeln. Der Teig aus 250 g Butter, 500 g Mehl, 75 g Zucker und 4 Eiern reicht für 12 Waffeln.
a) Welche Zutatenmengen werden für 180 Waffeln benötigt?
b) Wie viele Waffeln können gebacken werden, wenn insgesamt 3,5 kg Butter verarbeitet werden sollen?

Wiederholung: Rationale Zahlen

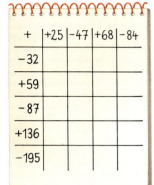

+	+25	−47	+68	−84
−32				
+59				
−87				
+136				
−195				

Rationale Zahlen addieren

Bei gleichen Vorzeichen addiert man die Beträge und gibt dem Ergebnis das gemeinsame Vorzeichen der Summanden.

$$(+37)+(+15)=+(37+15)=+52$$
$$(-28)+(-43)=-(28+43)=-71$$

Bei verschiedenen Vorzeichen subtrahiert man den kleineren Betrag vom größeren und gibt dem Ergebnis das Vorzeichen des Summanden mit dem größeren Betrag.

$$(+65)+(-18)=+(65-18)=+47$$
$$(+49)+(-87)=-(87-49)=-38$$

1
a) $(-135)+(+175)$ b) $(+582)+(-321)$
$\quad(-150)+(-270)$ $\quad(-274)+(+695)$
$\quad(+245)+(-160)$ $\quad(-458)+(+367)$

2
a) $(-3,8)+(+6,4)$ b) $(-75,2)+(+47,5)$
$\quad(+8,5)+(-4,7)$ $\quad(-53,8)+(-39,6)$
$\quad(-7,9)+(-5,5)$ $\quad(+83,4)+(-26,7)$

Rationale Zahlen subtrahieren

Eine rationale Zahl wird subtrahiert, indem ihre entgegengesetzte Zahl addiert wird.
$$(-26)-(-53)=(-26)+(+53)=+27 \qquad (-35)-(+49)=(-35)+(-49)=-84$$

3
a) $(+305)-(-115)$ b) $(-435)-(-685)$
$\quad(-650)-(+400)$ $\quad(-260)-(+980)$
$\quad(+725)-(+475)$ $\quad(+755)-(+370)$

c) $(-573)-(+267)$ d) $(+784)-(-836)$
$\quad(-258)-(-731)$ $\quad(-529)-(+887)$
$\quad(+426)-(+149)$ $\quad(+476)-(-958)$

4
a) $\left(-\frac{5}{7}\right)-\left(+\frac{3}{7}\right)$ b) $\left(-3\frac{2}{3}\right)-\left(-6\frac{8}{9}\right)$
$\quad\left(+\frac{4}{9}\right)-\left(+\frac{7}{9}\right)$ $\quad\left(+1\frac{2}{5}\right)-\left(+5\frac{3}{4}\right)$

c) $\left(-\frac{3}{8}\right)-\left(-\frac{4}{5}\right)$ d) $\left(+8\frac{5}{6}\right)-\left(+2\frac{5}{7}\right)$
$\quad\left(+\frac{5}{6}\right)-\left(+\frac{9}{10}\right)$ $\quad\left(-4\frac{7}{12}\right)-\left(+7\frac{5}{8}\right)$

5
Schreibe ohne Klammern und rechne.
a) $(+168)+(-\ 84)$ b) $-79-(+135)$
$\quad(-\ 73)+(-159)$ $\quad104+(-\ 68)$
$\quad(-\ 56)-(+167)$ $\quad-137-(-146)$
$\quad(+\ 87)-(-\ 76)$ $\quad-241+(+\ 84)$
$\quad(-\ 64)-(+138)$ $\quad321+(-\ 57)$

6
Vereinfache die Schreibweise und rechne.
a) $-6,7-(+9,4)-(-4,8)+(-2,1)$
b) $0,53+(-0,77)+1,80-(+3,05)$
c) $48,2-75,0+(-23,4)-(+37,9)$
d) $-3,59-(+47,31)-10,74-(-9,65)$
e) $-6,48+(-4,86)-(-8,64)-6,84$

−	+28	−53	+76	−94
+35				
−48				
−66				
+127				
−247				

Vertauschungsgesetz (Kommutativgesetz)
In einer Summe von rationalen Zahlen dürfen die Summanden beliebig vertauscht werden.
Verbindungsgesetz (Assoziativgesetz)
In einer Summe von rationalen Zahlen dürfen die Summanden beliebig zusammengefasst werden.

Vereinfachte Schreibweisen

$(+17)+(+24)=17+24$

$(+17)-(+24)=17-24$

$(+17)+(-24)=17-24$

$(+17)-(-24)=17+24$

7
Rechne vorteilhaft.
a) $73-268+27$
b) $-126+57+143$
c) $8,7-3,8-6,2$
d) $0,43-0,63+0,57$
e) $\frac{3}{8}+\frac{1}{4}-\frac{2}{8}$

8
Berechne möglichst geschickt.
a) $82-56-79+48-81$
b) $58-94-127+14+62$
c) $-43,2+57,6+22,4-96,8$
d) $76,4-40,7-26,4-84,3$
e) $\frac{3}{8}-\frac{3}{16}+\frac{5}{16}+\frac{1}{2}$

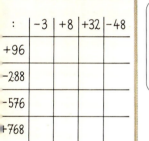

·	−8	+15	+32	−67
+18				
−56				
+74				
−89				

Rationale Zahlen multiplizieren

Haben beide Faktoren gleiche Vorzeichen, so ist das Produkt positiv.

$(+15)\cdot(+6) = +(15\cdot6) = +90$ $(-15)\cdot(-6) = +(15\cdot6) = +90$

Haben beide Faktoren verschiedene Vorzeichen, so ist das Produkt negativ.

$(+15)\cdot(-6) = -(15\cdot6) = -90$ $(-15)\cdot(+6) = -(15\cdot6) = -90$

Bemerkung: Bei der Multiplikation rationaler Zahlen gelten das Vertauschungsgesetz und das Verbindungsgesetz.

9

a) $(-54)\cdot7{,}28$
$(-36{,}7)\cdot4{,}9$
$(-0{,}84)\cdot(-9{,}8)$

b) $\left(-\frac{3}{8}\right)\cdot\frac{16}{24}$
$\left(-\frac{14}{15}\right)\cdot\left(-\frac{5}{6}\right)$

c) $37{,}08\cdot(-0{,}67)$
$0{,}396\cdot(-58{,}3)$
$(-478{,}9)\cdot86{,}03$

d) $1\frac{7}{9}\cdot\left(-6\frac{3}{4}\right)$
$\left(-4\frac{4}{5}\right)\cdot2\frac{5}{6}$

10

Rechne möglichst vorteilhaft.

a) $4\cdot(-38)\cdot(-25)$

b) $(-125)\cdot18\cdot(-8)$

c) $1{,}8\cdot(-5)\cdot75$

d) $(-7)\cdot5\cdot(-12{,}5)\cdot(-40)\cdot8$

e) $1{,}6\cdot(-200)\cdot(-5{,}5)\cdot5\cdot0{,}5$

f) $(-60)\cdot0{,}4\cdot(-3)\cdot1{,}5\cdot(-250)$

:	−3	+8	+32	−48
+96				
−288				
−576				
+768				

Rationale Zahlen dividieren

Haben Dividend und Divisor das gleiche Vorzeichen, so ist der Quotient positiv.

$(+96):(+12) = 96:12 = 8$ $(-96):(-12) = 96:12 = 8$

Haben Dividend und Divisor verschiedene Vorzeichen, so ist der Quotient negativ.

$(+96):(-12) = -(96:12) = -8$ $(-96):(+12) = -(96:12) = -8$

11

a) $(-192):(+16)$
$(+168):(-12)$
$(-247):(-19)$
$(+308):(-22)$

b) $(-1\,593):27$
$2\,108:(-62)$
$(-2850):(-38)$
$2592:(-54)$

12

a) $(-16{,}2):(-3{,}6)$
$(-0{,}96):0{,}6$
$25{,}2:(-0{,}14)$
$13{,}5:(-1{,}08)$

b) $\left(-1\frac{2}{5}\right):2\frac{1}{10}$
$5\frac{5}{9}:\left(-3\frac{1}{3}\right)$
$\left(-6\frac{3}{7}\right):2\frac{6}{7}$

Verteilungsgesetz (Distributivgesetz)

Eine Summe kann mit einer Zahl multipliziert werden, indem jeder Summand mit der Zahl multipliziert wird und die Produkte addiert werden.

$(-3)\cdot[(+5)+(-17)]$
$=(-3)\cdot(-12)$
$= +36$

$(-3)\cdot[(+5)+(-17)]$
$=(-3)\cdot(+5)+(-3)\cdot(-17)$
$=(-15)+(+51)$
$= +36$

13

Berechne.

a) $25\cdot(-15+40)$

b) $(-1{,}6-2{,}4)\cdot5$

c) $(-5)\cdot\left(-\frac{2}{5}+0{,}8\right)$

d) $\left(-\frac{3}{4}-\frac{1}{5}\right)\cdot(-4)$

e) $\left(\frac{1}{3}-\frac{1}{5}\right)\cdot(-15)$

f) $\left(-\frac{2}{7}\right)\cdot\left(\frac{7}{8}-14\right)$

g) $1\frac{2}{3}\cdot\left(-\frac{3}{5}-5\right)$

h) $(0{,}9-27)\cdot3\frac{1}{9}$

14

Rechne vorteilhaft durch Ausklammern.

a) $36\cdot(-43)+14\cdot(-43)$

b) $(-22)\cdot(-83)+(-17)\cdot(-22)$

c) $88\cdot(-16)+(-34)\cdot(-16)+46\cdot(-16)$

d) $(-9{,}7)\cdot4{,}25+3\cdot(-9{,}7)+2{,}75\cdot(-9{,}7)$

e) $32{,}2\cdot(-5{,}3)+26{,}5\cdot(-5{,}3)+41{,}3\cdot(-5{,}3)$

Wiederholung: Gleichungen

Lösen einer Gleichung

Zur Lösung einer Gleichung wenden wir schrittweise Äquivalenzumformungen an.

Auf beiden Seiten der Gleichung darf dieselbe Zahl addiert oder subtrahiert werden.

Auf beiden Seiten der Gleichung darf mit derselben Zahl multipliziert oder durch dieselbe Zahl (außer Null) dividiert werden.

$$G = \mathbb{Q} \qquad
\begin{aligned}
8x - 5 &= 27 & &| + 5 \\
8x &= 32 & &| : 8 \\
x &= 4 & L &= \{4\}
\end{aligned}
\qquad\qquad
\begin{aligned}
\tfrac{1}{3}x + 2 &= 14 & &| - 2 \\
\tfrac{1}{3}x &= 12 & &| \cdot 3 \\
x &= 36 & L &= \{36\}
\end{aligned}$$

Bemerkung: Ist bei einer Gleichung die Grundmenge nicht vorgeschrieben, rechnen wir in der Menge $\mathbb{Q}$ der rationalen Zahlen.

Probe

Gleichung:

$6x - 11 = 3x + 4$

Lösung: $x = 5$

Probe:

$6 \cdot 5 - 11 = 3 \cdot 5 + 4$

$30 - 11 = 15 + 4$

$19 = 19$

1

Löse und gib die Umformung an.

a) $x + 78 = 26$ b) $x - 38 = 45$

c) $57 + x = 124$ d) $29 + x = -64$

e) $34 = -87 + x$ f) $-93 = x + 79$

2

Gib die Lösung an. Notiere die Äquivalenzumformung.

a) $26x = -78$ b) $37x = 0$

c) $15x = -5$ d) $-6x = 22$

e) $\frac{1}{3}x = 13$ f) $\frac{x}{16} = -6$

g) $44 = \frac{x}{4}$ h) $12 = \frac{x}{-12}$

3

a) $15x = -4x + 57$ b) $72 - x = 17x$

c) $-3x + 84 = 11x$ d) $13x - 165 = 18x$

e) $-42x = -150 - 17x$ f) $126 - 58x = -76x$

4

a) $31 - 5y = 27$ b) $10y - 17 = -25$

c) $-9y - 17 = -28$ d) $50 = 7y + 41$

e) $-58 + 42y = -79$ f) $61 = -27x + 52$

g) $-77 = -12y - 35$ h) $18 + 4y = -45$

5

a) $8a + 9,7 = 4,1$ b) $6,2a + 4,5 = 7,7a$

c) $-56 = 24a + 6,4$ d) $3,9a = 2,5a - 12,6$

e) $3,5a - 48 = 2,7a$ f) $2,5 + 14a = 8,1$

6

a) $\frac{1}{3}x + 18 = 54$ b) $9 + \frac{3}{4}x = 24$

c) $-\frac{7}{12} + \frac{1}{6}x = -\frac{11}{12}$ d) $\frac{2}{10} + \frac{2}{5}x = \frac{7}{10}$

7

a) $21x - 46 = 17x + 26$

b) $-56 + 43x = 72 + 35x$

c) $34x - 92 = -67 - 41x$

d) $-53 - 24x = 28 - 6x$

e) $-9x + 38 = 15x - 112$

8

a) $25x - 24 + 9x = 18x + 72$

b) $19a + 43 - 22a = -45 + 19a$

c) $43y + 51 - 24y = 28y - 75 - 17y$

d) $84 + 12b - 25 = 57b - 103 - 39b$

e) $31z - 46 + 15z = -75 + 26z + 37$

9

Wie heißt die Zahl?

a) Addiert man zum 5fachen einer Zahl 5, so erhält man 70.

b) Subtrahiert man von 100 das Vierfache einer Zahl, so erhält man 32.

c) Multipliziert man eine Zahl mit 8, so erhält man dasselbe wie bei der Addition von dieser Zahl mit 49.

10

Ein Rechteck ist doppelt so lang wie breit. Der Umfang des Rechtecks beträgt 54 cm. Berechne Länge und Breite des Rechtecks.

11

Bei einer Spendenaktion kamen in den drei Klassen 258 € zusammen. Die Klasse 8a spendete 17 € weniger, die Klasse 8c 32 € mehr als die 8b. Wie hoch war die Spende in den Klassen 8a, 8b und 8c?

Wiederholung: Flächeninhalt von Vielecken

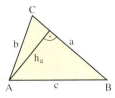

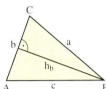

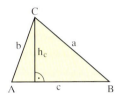

Flächeninhalt von Dreiecken

Allgemeines Dreieck: $\qquad A = \frac{1}{2} a \cdot h_a = \frac{1}{2} b \cdot h_b = \frac{1}{2} c \cdot h_c$

Rechtwinkliges Dreieck: $\qquad (\gamma = 90°) \qquad A = \frac{1}{2} a \cdot b$

Flächeninhalt von Vierecken

Quadrat: $\quad A = a \cdot a = a^2$		Rechteck: $\quad A = a \cdot b$
Parallelogramm: $\quad A = a \cdot h_a = b \cdot h_b$		Trapez: $\quad A = m \cdot h = \frac{1}{2}(a+c) \cdot h$
Rhombus: $\quad A = \frac{1}{2} e \cdot f$		Drachenviereck: $\quad A = \frac{1}{2} e \cdot f$

Flächeninhalt eines Vielecks

Der Flächeninhalt A eines Vielecks mit n Ecken ist gleich der Summe der Flächeninhalte der Teilvierecke

$$A = A_1 + A_2 + A_3 + \ldots + A_n$$

1
Berechne den Flächeninhalt des Dreiecks.
a) $c = 14{,}0$ cm $\quad$ b) $a = 7{,}2$ cm
$\quad h_c = 5{,}0$ cm $\qquad h_a = 8{,}6$ cm
c) $b = 4{,}8$ dm $\quad$ d) $a = 2{,}8$ cm
$\quad h_b = 0{,}5$ m $\qquad b = 72$ mm $(\gamma = 90°)$

2
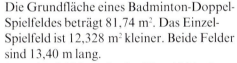

Berechne die Seite b des Dreiecks.
a) $A = 399{,}84$ mm^2; $h_b = 39{,}2$ mm
b) $A = 143$ cm^2; $c = 13$ cm; $\alpha = 90°$

3
Die Grundfläche eines Badminton-Doppel-Spielfeldes beträgt 81,74 m². Das Einzel-Spielfeld ist 12,328 m² kleiner. Beide Felder sind 13,40 m lang.
Um wie viel Meter ist das Einzelfeld schmaler als das Doppelfeld?

4
Welchen Flächeninhalt hat der trapezförmige Querschnitt eines Deiches, dessen Kronenbreite 16,25 m, dessen Sohlenbreite 32,75 m und dessen Höhe 14,10 m beträgt?

5
Zwei Quadrate mit den Seitenlängen 8 cm und 11 cm haben zusammen einen doppelt so großen Umfang wie ein drittes Quadrat. Bestimme die Seitenlänge des dritten Quadrats.

6
Wie verändert sich der Flächeninhalt eines Rhombus, wenn die Länge einer Diagonalen verdreifacht und die der anderen verdoppelt wird?

7
Gib den Flächeninhalt und den Umfang des Dreiecks in Abhängigkeit von r bzw. s an.

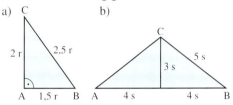

8
Zeichne das Viereck ABCD mit A(3;1), B(5;5), C(3;9) und D(1;5) in ein Koordinatensystem und berechne den Flächeninhalt.

9
Berechne den Flächeninhalt der Figur.

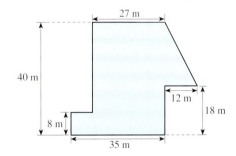

Wiederholung: Volumen und Oberfläche von Prismen

> Das **Volumen V eines Prismas** ist das Produkt aus Grundfläche G und Körperhöhe h:
> $$V = G \cdot h$$
> Die **Mantelfläche M eines Prismas** ist das Produkt aus Körperhöhe h und Umfang u der Grundfläche G: $\qquad M = u \cdot h$
> Die **Oberfläche O eines Prismas** ist die Summe aus dem Doppelten der Grundfläche G und der Mantelfläche M: $\qquad O = 2 \cdot G + M$

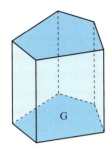

1

Berechne das Volumen und die Oberfläche des Quaders.
a) a = 7,2 cm; b = 8,4 cm; c = 2,1 cm
b) a = 57 cm; b = 5,8 cm; c = 0,37 dm
c) G = 61,92 dm²; b = 7,2 dm; c = 2,6 m

2

Berechne die fehlenden Kantenlängen des Quaders.
a) V = 64,26 cm³; a = 4,2 cm; b = 5,1 cm
b) V = 12,2 dm³; c = 0,4 m; b = 5 cm
c) V = 40,32 cm³; G = 8,4 cm²; b = 3,5 cm

3

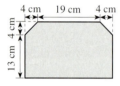

Eine aus Beton (1 cm³ wiegt 1,8 g) gegossene Eisenbahnschwelle ist 2,68 m lang und hat den nebenstehenden Querschnitt.
Wie viele Schwellen kann ein Eisenbahnwagen mit einem zulässigen Ladegewicht von 24 t höchstens laden?

4

Das im Querschnitt abgebildete Schwimmbecken ist 12,5 m breit. Berechne das Beckenvolumen.

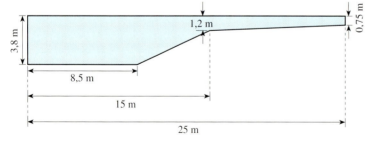

5

Wie verändern sich Volumen und Oberfläche eines Quaders, wenn Länge, Breite und Höhe halbiert werden?

6

Berechne das Volumen und die Oberfläche des Eisenträgers.

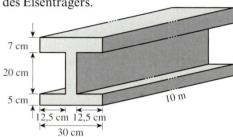

7

Ein 12,4 km langer Kanal hat den abgebildeten Querschnitt und ist zu 80 % mit Wasser gefüllt. Berechne die Wassermenge.

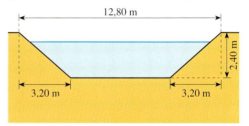

8

Welches Gewicht hat ein 12 m hoher zweizügiger Lüftungsschacht aus Blähbeton (1 cm³ wiegt 1,2 g)?

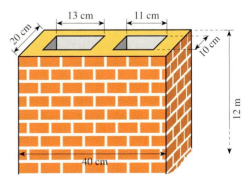

I Termwertberechnungen. Lineare Gleichungen

$4\ 9$ minner $5\ \mathcal{H}$ stund $?\ 9$ minner $3\ \mathcal{H}$ so sprich $4\ 9$ stund $2\ 9$ macht $8\ 7$. Nu mach $3\ dr$ stund $4\ 9$ Daz ist $12\ 9$ minner vnd mach $5\ \mathcal{H}$ stund $2\ 9$ Daz ist $10\ 9$ minner also macht es alz sammet $8\ 7$ und $15\ \mathcal{H}$ minner $22\ 9$.

In den Anfängen der Mathematik war es bei den Babyloniern und Ägyptern üblich, Rechnungen, Formeln und Lehrsätze in Worten aufzuschreiben. Das war natürlich aus heutiger Sicht sehr umständlich und nur schwer zu lesen.

Dies zeigt ein Buch aus dem Jahr 1481. Das Zeichen $\mathcal{H}$ ist ein Zusatz zu gewöhnlichen Zahlen; in heutiger Notation kann man es einfach weglassen. Die Zeichen 9 und 7 stehen für x und x². Die Worte „minner" und „stund" bedeuten „minus" und „mal". Ausgerechnet wird also $(4x-5)\cdot(2x-3)$. Das Ergebnis ist $8x^2 + 15 - 22x$.

Allmählich ging man zu festen Abkürzungen über. So benutzten die Griechen schon im 5. Jahrhundert v. Chr. große Buchstaben zur Bezeichnung von Flächen, Linien und Punkten.

Der Franzose François Vieta (1540–1603) erkannte, dass das Rechnen mit Symbolen und Buchstaben mit seinen Möglichkeiten weit über das Rechnen mit Zahlen hinausging. Er hat durch seine Arbeit die Entwicklung der Algebra deutlich weitergebracht.

Bei ihm tauchen nun auch Klammern auf, um zusammengehörige Ausdrücke zusammenzufassen. Dies wurde häufig ebenso durch Überstreichen angezeigt, so schrieb man z. B. $3\cdot\overline{5+x}+2x$ statt $3\cdot(5+x)+2x$.

Mit der Entwicklung der Buchdruckkunst setzte sich die Klammerschreibweise durch, denn sie war für den Schriftsetzer leichter zu handhaben.

François Vieta (1540 bis 1603)

1 Terme und Variablen

1

Familie Jung möchte ein Wohnmobil zum Preis von 170 € pro Tag mieten. Für jeden gefahrenen Kilometer kommen noch 0,50 € hinzu.

Erstelle einen Term für die entstehenden Kosten aus Mietpreis für das Wohnmobil und Kosten für die zurückgelegten Kilometer.

Wie viel Euro muss Familie Jung für eine 14-tägige Reise, bei der 3500 km gefahren werden, bezahlen?

Rechenvorgänge, die sich häufig wiederholen, können durch **Terme** beschrieben werden. Die veränderliche Größe wird in vielen Fällen durch einen Buchstaben ausgedrückt, welcher als **Variable** (Platzhalter) bezeichnet wird.

	Grundpreis	Verbrauchspreis	Verbrauch in kWh
Januar	6,80 €	11,2 Cent	305
Februar	6,80 €	11,2 Cent	348
März	6,80 €	11,2 Cent	289
⋮	⋮	⋮	⋮

Bezeichnet man den Verbrauch mit der Variablen x, lautet der Term zur Berechnung der monatlichen Stromkosten: $6,80 + 0,112 \cdot x$.

Setzt man den monatlichen Verbrauch in den Term ein, lässt sich der Betrag berechnen.

Januar: $\quad 6,80 + 0,112 \cdot 305 = 6,80 + 34,16 = 40,96$ (€)

Februar: $\quad 6,80 + 0,112 \cdot 348 = 6,80 + 38,98 = 45,78$ (€) …

> Terme sind Rechenausdrücke, in denen Zahlen, Variablen und Rechenzeichen vorkommen können. Mit Hilfe von Variablen können Terme aufgestellt werden. Ersetzt man die Variablen durch Zahlen, lassen sich Termwerte berechnen.

Beispiele

Berechnen von Termwerten

a) $\quad 5 \cdot x + 4 \cdot y \qquad$ für x = 7 und y = 3
$\quad = 5 \cdot 7 + 4 \cdot 3$
$\quad = 35 + 12$
$\quad = 47$

b) $\quad 3 \cdot x - 2 \cdot y - 4 \quad$ für x = – 4 und y = – 5
$\quad = 3 \cdot (-4) - 2 \cdot (-5) - 4$
$\quad = -12 + 10 - 4$
$\quad = -6$

Aufstellen von Termen

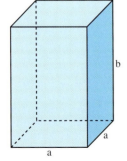

c) Die Kantenlänge des Körpers lässt sich beschreiben mit:

Länge der Grundkante	a
Länge der Seitenkante	b
Gesamtkantenlänge	$8 \cdot a + 4 \cdot b$

d) Subtrahiere vom Doppelten einer Zahl das Dreifache einer zweiten Zahl und multipliziere das Ergebnis mit 10.

Die erste Zahl	x
Das Doppelte der ersten Zahl	$2 \cdot x$
Das Dreifache der zweiten Zahl	$3 \cdot y$
Die Differenz	$2 \cdot x - 3 \cdot y$
Multiplikation mit 10	$(2 \cdot x - 3 \cdot y) \cdot 10$

Aufgaben

2

Wofür stehen jeweils die Variablen?
a) Flächeninhalt Rechteck: $a \cdot b$
b) Umfang gleichschenkliges Dreieck: $a + 2 \cdot b$
c) Winkelsumme im Dreieck: $\alpha + \beta + \gamma$
d) Volumen Quader: $a \cdot b \cdot c$
e) Oberfläche Quader: $2 \cdot a \cdot b + 2 \cdot a \cdot c + 2 \cdot b \cdot c$

3

Bilde mit den Kärtchen veschiedene Terme und benenne sie.

a) Welche Terme lassen sich bilden, wenn nicht alle Kärtchen verwendet werden?
b) Welche Termart ist nur möglich, wenn alle Kärtchen verwendet werden müssen?

4

$$\frac{x}{2} + 1 \qquad y + 5$$

$$3 \cdot x - 2 \qquad 1 - x$$

$$4 + 3 \cdot x \qquad a - 50$$

$$2 \cdot z \qquad a + b - 2$$

Welcher Term gehört zu welchem Satz? Erkläre die Bedeutung der Variable.
a) Anja ist 5 Jahre älter als Nadine.
b) Markus hat 50 Cent weniger als Caroline.
c) An der linken Ampel stehen doppelt so viele Fahrzeuge wie an der rechten.
d) Die Eiche ist um 2 m niedriger als die dreifache Höhe des nebenstehenden Ahorn.
e) Stefanie ist um 1 kg schwerer als die Hälfte des Gewichts von Thomas.

5

Stelle eine Wertetabelle für 1; 2; 3; . . . 10 auf. Beispiel:

x	1	2	3	4	5	6	7	8	9	10
$5 \cdot x - 3$	2	7	12	17	. . .					

a) $x + 5$ b) $4 - x$ c) $15 \cdot x$
d) $3 \cdot x - 8$ e) $x \cdot (1 - x)$ f) $(x + 2) - x$

6

Setze die Zahlen -1; -2; -7 und -10 in die Terme ein und berechne jeweils den Wert.
a) $x - 3$ b) $6 - x$
c) $2 \cdot x + 1$ d) $10 + 3 \cdot x$

7

Berechne im Heft.

x	1	2	-1	1	-2	-1	-2
y	2	1	2	-2	1	-2	-1
$x + 2 \cdot y$							
$2 \cdot x + y$							
$y - 2 \cdot x$							
$2 \cdot (x - y)$							

8

Für welche Einsetzungen wird der Wert des Terms $9 \cdot x - 4 \cdot y + 13$ eine Quadratzahl?
a) $x = 2$; $y = 5$ b) $x = 7$; $y = 10$
c) $x = -2$; $y = 1$ d) $x = -1$; $y = 0$

9

Setze die Zahlen in die beiden Terme $4 \cdot x - 3 \cdot y + 5$ und $x \cdot (1 + x) - y + 1$ ein und berechne deren Werte.

a) Für welche Einsetzungen erhält man jeweils den größten (kleinsten) Termwert?
b) Welche Zahlen müssen für x und y eingesetzt werden, damit man bei beiden Termen den Wert 4 erhält?

10

Setze in den Term des ersten Dominosteins die Zahl 5 ein, berechne den Wert und setze diese Zahl in den Term des zweiten ein usw. Welcher Wert ergibt sich für den Term des letzten Dominosteins?

$2 \cdot 5 = 10$ $10 + 5$

Führe die Dominorechnung auch mit anderen Zahlen durch. Was fällt dir auf?

„Übersetzungshilfen"	
addieren, hinzufügen, vermehren	} +
subtrahieren, abziehen, vermindern	} –
multiplizieren, vervielfachen	} ·
dividieren, · teilen	} :
die Hälfte, halbieren	} :2
der □. Teil	: □
das □fache	· □
um □ größer, vergrößert um □	} + □
um □ kleiner, vermindert um □	} – □
Summe	□ + □
Differenz	□ – □
Produkt	□ · □
Quotient, Bruch	$\frac{□}{□}$

11

Schreibe als Term.

a) Addiere zum Produkt aus 4 und x die Zahl 8.

b) Halbiere die Summe aus der Zahl 9 und a.

c) Verdopple den Quotienten aus x und der Zahl 3.

d) Addiere zum Produkt aus 20 und y das Produkt aus -2 und x.

12

Stelle für den Umfang einen Term auf.

a)

b)

13

Stelle zunächst einen Term für die Gesamtkantenlänge des Körpers auf. Setze die angegebenen Werte ein und berechne.

a)
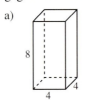

b)
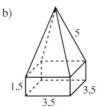

c)
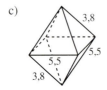

d)

14

Die größte Anzahl von Schnittpunkten, die n Geraden bilden können, lassen sich mit dem Term $\frac{n\cdot(n-1)}{2}$ berechnen.

Beispiel: n = 3

Anzahl der Schnittpunkte: $\frac{3\cdot(3-1)}{2} = 3$

a) Vervollständige die Tabelle im Heft.

Geraden	2	3	4	5	6	7	8
Schnittpunkte		3					

b) Überprüfe deine Ergebnisse durch eine Zeichnung. Hinweis: Neu einzuzeichnende Geraden dürfen nicht durch bereits vorhandene Schnittpunkte gehen.

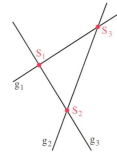

15

$$3 \cdot \boxed{\because} + 2 = 17$$
$$2 - 3 \cdot \boxed{\because} = -13$$

Zwei Spieler würfeln abwechselnd mit einem Würfel. Jeder Term muss bei sechs Würfen je einmal verwendet werden, danach wird die Summe der sechs Werte gebildet.

Welcher Spieler hat den größten Summenwert?

$2 \cdot x + 3$	$3 \cdot x + 2$	$3 - 2 \cdot x$
$2 \cdot x - 3$	$3 \cdot x - 2$	$2 - 3 \cdot x$

Addition ohne Mühe

Der berühmte Mathematiker C. F. Gauss (1777–1855) musste einmal als Schüler in einer Strafarbeit alle natürlichen Zahlen von 1 bis 100 addieren. Nach kurzer Überlegung rechnete er $(100 + 1)\cdot 50$ und kam so schneller als vom Lehrer vermutet zum Ziel.

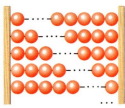

Berechne mit dem Term $(n + 1)\cdot\frac{n}{2}$ die Summe der ersten n natürlichen Zahlen. n = 10; 20; 50; 100; 200; 1000; 1 000 000

Aus den Tennisbällen kann eine dreiseitige Pyramide aufgestapelt werden. Die Bälle werden durch einen Holzrahmen am Wegrollen gehindert. Die Gesamtzahl der Tennisbälle kann man, wenn entlang der untersten Kante n Bälle liegen, mit dem Term $\frac{1}{6}\cdot n\cdot(n+1)\cdot(n+2)$ berechnen. Bestimme die Gesamtzahl der Bälle für n = 2; 5; 10; 25; 50; 100.

2 Addition und Subtraktion von Termen

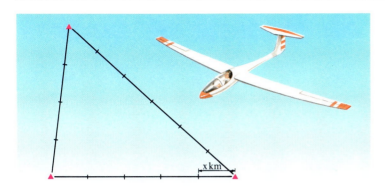

1

Bei einem Segelflugwettbewerb ist ein Dreieckskurs zu bewältigen. Der Pilot muss sich in regelmäßigen Zeitabständen, in denen das Flugzeug x km zurücklegt, über Funk melden. Es wird eine konstante Geschwindigkeit angenommen.

Entnimm der Abbildung, wie häufig das Flugzeug Positionsmeldungen auf jeder Dreiecksseite und auf der Gesamtstrecke durchgeben muss.

In vielen Fällen können Terme vereinfacht werden. Dabei müssen die bisher bekannten Rechengesetze beachtet werden.

Wie bei den natürlichen Zahlen, den gebrochenen Zahlen oder den rationalen Zahlen kann eine Summe mit lauter gleichen Summanden als Produkt geschrieben werden.

$$x + x + x + x = 4 \cdot x \qquad\qquad\qquad 15 + 15 + 15 + 15 = 4 \cdot 15$$

In manchen Termen muss vor dem Zusammenfassen geordnet werden. Dabei wird das Kommutativgesetz angewandt.

$$x + y + x + y \qquad\qquad\qquad 5 + \tfrac{1}{2} + 5 + \tfrac{1}{2}$$

$$= x + x + y + y = 2 \cdot x + 2 \cdot y \qquad\qquad = 5 + 5 + \tfrac{1}{2} + \tfrac{1}{2} = 2 \cdot 5 + 2 \cdot \tfrac{1}{2}$$

In einem Term wie $5 \cdot x$ oder $8 \cdot a$ nennt man 5 bzw. 8 den **Koeffizienten (Zahlfaktor).** Unterscheiden sich Terme wie $5 \cdot x$, $6 \cdot x$ oder $3 \cdot x$ nur in ihrem Koeffizienten, nennt man sie **gleichartig.** Sie lassen sich dann mit Hilfe des Distributivgesetzes zusammenfassen.

$$3 \cdot x + 2 \cdot x = (3 + 2) \cdot x = 5 \cdot x \qquad\qquad 3 \cdot 17 + 2 \cdot 17 = (3 + 2) \cdot 17 = 5 \cdot 17$$

> Gleichartige Terme lassen sich durch Addieren oder Subtrahieren zusammenfassen, verschiedenartige dagegen nicht.

Beispiele

a) $6 \cdot x + 3 \cdot x + 2 \cdot x$
$= 11 \cdot x$

b) $a - b + a - b$
$= a + a - b - b$
$= 2 \cdot a - 2 \cdot b$

c) $12 \cdot x - 7 \cdot x$
$= (12 - 7) \cdot x$
$= 5 \cdot x$

d) $-4 \cdot x + 4 \cdot x$
$= (-4 + 4) \cdot x$
$= 0 \cdot x$
$= 0$

e) $7 \cdot x - 13 \cdot x + 3 \cdot x$
$= (7 - 13 + 3) \cdot x$
$= (7 + 3 - 13) \cdot x$
$= -3 \cdot x$

f) $2 \cdot x - 3 \cdot y + 4 \cdot x$
$= 2 \cdot x + 4 \cdot x - 3 \cdot y$
$= (2 + 4) \cdot x - 3 \cdot y$
$= 6 \cdot x - 3 \cdot y$

Bemerkung: Zwischen dem Koeffizienten und der folgenden Variablen darf der Malpunkt wegfallen: $3 \cdot x = 3x$.

Die „unsichtbare Eins": $\qquad a = 1 \cdot a = 1a \qquad\qquad$ daher: $\qquad x + 3x = \quad 1 \cdot x + 3 \cdot x = 4x$
$\qquad\qquad\qquad\qquad\qquad -a = (-1) \cdot a = -1a \qquad\qquad\qquad\qquad -x + 3x = -1 \cdot x + 3 \cdot x = 2x$

Terme wie $x + 3x$ und $4x$ liefern stets denselben Wert, wenn für die Variablen Zahlen eingesetzt werden. Solche Terme nennt man **gleichwertig (äquivalent)**.

Termumformungen wandeln einen Term in einen gleichwertigen Term um.

Aufgaben

2

Schreibe als Produkt.

a) $a+a+a+a$ b) $x+x$

c) $y+y+y$ d) $z+z+z+z+z$

e) $b+b+b+b+b$ f) $c+c+c+c$

3

Addiere.

a) $m+m+d+d+d$ b) $r+r+s+s+r$

$b+b+b+n+n$ $a+b+b+a$

$x+x+y+y+y+y$ $x+x+y+x$

$w+w+w+w+v+v$ $g+h+g+h+g$

4

Wo darf der Malpunkt wegfallen?

a) $3 \cdot x$ b) $7 \cdot y$ c) $m \cdot 4$

d) $5 \cdot 4 \cdot a$ e) $8 \cdot 10 \cdot a$ f) $6 \cdot x \cdot 7$

g) $m \cdot 5 \cdot 7$ h) $10 \cdot x^2$ i) $5 \cdot x \cdot 7 \cdot y$

5

Fasse zusammen.

a) $5x + 5x$ b) $8y + 9y$

c) $12z - 5z$ d) $22a - 9a$

e) $18b + 33b$ f) $28g + 46g$

g) $55x - 39x$ h) $61z - 27z$

i) $17a - 23a$ k) $11b - 25b$

6

a) $26z - 31z$ b) $31z - 39z$

c) $-18x + 9x$ d) $-33y + 18y$

e) $-37z + 29z$ f) $-5m + 17m$

g) $-16p + 42p$ h) $-6g - 15g$

i) $-13h - 8h$ k) $-32i - 25i$

7

Berechne. Achte dabei auf die „unsichtbare Eins".

a) $3x + x$ b) $r + 5r$

c) $m + m$ d) $y + 6y + y$

e) $s + s + 4s$ f) $7g - g$

g) $b + 11b + b$ h) $t + t + 9t + t$

8

a) $9c - c$ b) $8x - 7x$

c) $11r - 10r$ d) $25y - 24y$

e) $0,5a + 0,5a$ f) $0,5m + m$

g) $-n + 20n$ h) $0,8y - y$

+	x	3x	y	2y	5y
2x					
4x					
y					
3y					
$\frac{1}{2}y$					
5					
3,5y					
x^2					

9

Berechne jeweils den Termwert.

x	$3x + 7x$	$3x - 7x$
1,5		
-2		
$-0,1$		

10

Berechne jeweils den Termwert.

a	$+12$	-8	$0,6$	$-1,2$
$\frac{1}{2}a + 2a$				
$\frac{1}{2} + a - 2a$				

11

Schreibe als Term und vereinfache.

a) Die Summe aus dem Dreifachen und dem Achtfachen einer Zahl.

b) Das Zwölffache einer Zahl ist um die Hälfte dieser Zahl zu vermindern.

c) Die Summe aus dem Vorgänger und dem Nachfolger einer natürlichen Zahl.

12

Gib den Umfang an.

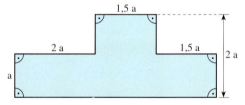

13

Fasse zusammen.

a) $12n + 9n - 3n$ b) $12n - 9n + 15n$

c) $8z + 7z - 3z$ d) $3y - 2y + 11y$

e) $48u - 31u + 16u$ f) $91u - 66u + 14u$

g) $83q + 68q - 151q$ h) $59q + 48q - 107q$

14

Ergänze.

a) $36a + 10a - \square = 20a$

b) $41c - 17c + \square = 30c$

c) $44e - \square + 12e = 19e$

d) $46f - \square - 18f = 19f$

e) $\square + 28g - 17g = 55g$

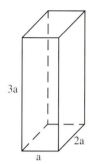

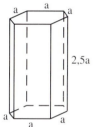

Bestimme die Summe der Kantenlängen.

$a+p+2q$	a	$a+2p+q$
$a+2p$	$a+p+q$	$a+2q$
$a+q$	$a+2p+2q$	$a+p$

$x-y$	$x+y-z$	$x+z$
$x+y+z$	x	$x-y-z$
$x-z$	$x-y+z$	$x+y$

15

Es entstehen „runde" Ergebnisse.

a) $8{,}6x - 11{,}5y + 0{,}8y - 10{,}1x + 9{,}2y$

b) $11{,}4m - 9{,}8k - 4{,}5m + 2{,}1k + 0{,}8m$

c) $-6{,}8b + 1{,}1c - 10{,}1c - 3{,}1b - 0{,}9c$

d) $16{,}53w - 18{,}29v + 7{,}68w - 6{,}71v - 24{,}21w$

e) $-30{,}62r + 25{,}08s - 43{,}9s - 9{,}38r - 1{,}18s$

16

a) $\frac{1}{4}a + \frac{1}{3}b + \frac{3}{4}a + \frac{2}{3}b + c$

b) $\frac{1}{2}c + \frac{3}{2}d + \frac{1}{8} + \frac{1}{4}c - \frac{3}{4}d - \frac{3}{8}$

c) $\frac{2}{5}p - \frac{1}{4}q + \frac{3}{8}r + \frac{3}{5}p - \frac{3}{4}q + \frac{1}{8}r$

d) $-\frac{3}{4}r - \frac{7}{12}p - \frac{3}{10}s - \frac{3}{4}r - \frac{17}{10}s + \frac{1}{4}p$

e) $-\frac{2}{9}x - \frac{7}{15}z + \frac{11}{30}y - \frac{28}{36}x + \frac{19}{30}y - \frac{16}{30}z$

17

Addiere die Terme wie im Beispiel.

$$\begin{array}{r} 3x + 7y \\ +\ \ 2x + \ \ y \\ \hline =\ \ 5x + 8y \end{array}$$

a) $4a + 3b$; $5a + b$

b) $6x + y$; $x + 2y$

c) $11x + 5y$; $10x - 4y$

d) $23a - 7b$; $12a - 8b$

e) $18f + 9g$; $-11f - 10g$

18

Berechne jeweils $a + b + c$.

a) $a = 2x$; $b = 2x - 3y$; $c = -x - y$

b) $a = 0{,}5r$; $b = 1{,}5r - 2$; $c = r - 1{,}5$

c) $a = t - 1$; $b = t - s$; $c = t - s - 1$

d) $a = 4$; $b = 40 - 2x$; $c = 4x - 24$

e) $a = 2m$; $b = -m$; $c = m - 1$

f) $a = 0{,}1 + s$; $b = 0{,}2 - 2s$; $c = 0{,}3$

19

Welche Fehler sind beim Umformen gemacht worden?

a) $4a + 6 = 10a$ b) $8x - x = 8$

c) $3y - 3 = y$ d) $-12r + r = -11$

e) $21p + q = 21p \cdot q$ f) $-32c + c = -32$

20

Wie heißen die Summen der magischen Quadrate auf dem Rand? Prüfe die Summe der Zeilen, Spalten und Diagonalen.

Seite an Seite

Zwei Figuren werden aneinander gelegt. Wir stellen Terme für die Umfänge der Teilfiguren und der zusammengesetzten Figur auf.

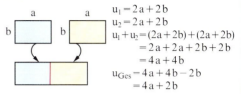

$u_1 = 2a + 2b$
$u_2 = 2a + 2b$
$u_1 + u_2 = (2a + 2b) + (2a + 2b)$
$= 2a + 2a + 2b + 2b$
$= 4a + 4b$
$u_{Ges} = 4a + 4b - 2b$
$= 4a + 2b$

Stelle für den Umfang jeder Figur einen Term auf. Berechne den Umfang der Gesamtfigur wie im Beispiel und prüfe das Ergebnis.

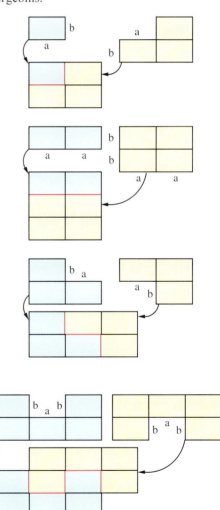

3 Multiplikation und Division von Termen

1

Die Wand über dem Spültisch soll mit rechteckigen Kacheln gefliest werden. Meister Baumann wählt die Kacheln so, dass genau 12 Stück in die Breite und 8 Stück in die Höhe passen.

Wie viele Kacheln werden benötigt?
Wie groß ist die Fläche aller Platten zusammen?
Drücke die gekachelte Fläche durch ihre gesamte Länge und Breite aus.

Eine Variable und ihr Koeffizient werden mit einer Zahl multipliziert, indem der Koeffizient mit der Zahl multipliziert wird.

$2x \cdot 5$
$= 2 \cdot x \cdot 5$ Vertauschungsgesetz
$= (2 \cdot 5) \cdot x = 10x$ Verbindungsgesetz

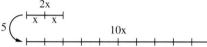

Terme mit verschiedenen Variablen werden multipliziert, indem die Koeffizienten multipliziert werden.

$2x \cdot 5y$
$= 2 \cdot x \cdot 5 \cdot y$ Vertauschungsgesetz
$= (2 \cdot 5) \cdot x \cdot y$ Verbindungsgesetz
$= 10x \cdot y$

Kommen beim Multiplizieren von Termen gleiche Variablen vor, werden diese als Potenz angegeben.

$x \cdot x$
$= x^2$

$x \cdot x \cdot x$
$= x^3$

$3x \cdot 5x$
$= 3 \cdot x \cdot 5 \cdot x$
$= (3 \cdot 5) \cdot x \cdot x = 15x^2$

> Ein Produkt aus Termen lässt sich vereinfachen, indem man die Koeffizienten und die Variablen getrennt multipliziert.
> Beim Dividieren durch eine Zahl wird der Koeffizient dividiert.

Unterscheide:

$a + a = 2a$

$a \cdot a = a^2$

$2a \cdot a = 2a^2$

Beispiele

a) $3m \cdot 5p$
     $= (3 \cdot 5) \cdot m \cdot p$
     $= 15m \cdot p$

b) $7x \cdot x \cdot y$
     $= 7 \cdot (x \cdot x) \cdot y$
     $= 7x^2 \cdot y$

c) $(10x \cdot y) : 5$
     $= (10 : 5) \cdot x \cdot y$
     $= 2x \cdot y$

d) $3m \cdot 6n + 5m \cdot n$
     $= (3 \cdot 6)m \cdot n + 5m \cdot n$
     $= 23m \cdot n$

Zur besseren Übersicht schreiben wir in Produkten mit mehreren Faktoren die Koeffizienten (Zahlfaktoren) an erster Stelle und ordnen dann die Variablen alphabetisch an.

e) $2ac \cdot 3bc$
     $= 2 \cdot 3 \cdot ac \cdot bc$ Koeffizienten voranstellen
     $= 2 \cdot 3 \cdot a \cdot b \cdot c \cdot c$ Variablen ordnen
     $= 6a \cdot b \cdot c^2$ vereinfachen

Beachte: $a + a = 2a$, aber $a \cdot a = a^2$.
Zwischen verschiedenen Variablen darf der Malpunkt entfallen: $c \cdot d = cd$.
Der Term $a + a^2$ kann nicht weiter vereinfacht werden.

Aufgaben

2

Multipliziere im Kopf.

a) $2x \cdot 3$
   $3y \cdot 2$
   $5z \cdot 4$

b) $3a \cdot 6$
   $4b \cdot 5$
   $6v \cdot 6$

c) $2w \cdot 7$
   $4t \cdot 8$
   $3u \cdot 10$

d) $3c \cdot 8$
   $5f \cdot 9$
   $4g \cdot 12$

e) $11t \cdot 5$
   $12s \cdot 7$
   $9r \cdot 9$

f) $15y \cdot 4$
   $16m \cdot 8$
   $18p \cdot 6$

3

a) $8 \cdot 6w$
   $9 \cdot 3a$
   $12 \cdot 6z$

b) $10 \cdot 4y$
   $8 \cdot 9c$
   $12 \cdot 10r$

c) $9 \cdot 11w$
   $13 \cdot 10f$
   $15 \cdot 9v$

d) $4 \cdot 26x$
   $35u \cdot 3$
   $18q \cdot 9$

e) $32m \cdot 6$
   $8 \cdot 25y$
   $4a \cdot 43$

f) $17p \cdot 9$
   $6 \cdot 24q$
   $18 \cdot 12s$

4

Fasse zusammen.

a) $r \cdot r$
   $v \cdot v$
   $x \cdot x$

b) $a \cdot a \cdot a$
   $b \cdot b \cdot b$
   $c \cdot c \cdot c$

c) $n \cdot n \cdot m$
   $m \cdot m \cdot n$
   $p \cdot q \cdot q$

d) $e \cdot f \cdot f$
   $m \cdot n \cdot t$
   $s \cdot d \cdot d$

e) $w \cdot w \cdot z \cdot z$
   $y \cdot y \cdot a \cdot a$
   $x \cdot b \cdot x \cdot b$

f) $g \cdot h \cdot h \cdot g$
   $r \cdot s \cdot s \cdot r \cdot r$
   $v \cdot w \cdot w \cdot v \cdot v$

5

Multipliziere im Kopf.

a) $8mn \cdot (-4n)$

b) $2a \cdot (-\frac{1}{2}ab)$

c) $3xy \cdot 0,2$

d) $\frac{1}{2}rs \cdot 2s$

e) $(-4uv) \cdot (-0,5n)$

f) $12a^2 \cdot \frac{1}{3}ab$

6

Berechne jeweils den Termwert.

a	$(-2a) \cdot 0,4$	$(-2a) \cdot (-0,4a)$
12		
0,5		
-1		

7

a) $0,2 \cdot 10a \cdot (-2)$

b) $6r \cdot (-0,5r)$

c) $40m \cdot 0,1mn$

d) $8s \cdot 0,5s^2$

8

a) $5u \cdot \frac{1}{2} u \cdot (-2uv)$

b) $10x \cdot (-\frac{1}{2}y) \cdot 0,2 \cdot (-5xy)$

9

Schreibe kürzer und vergleiche.

a) $5+5$; $5 \cdot 5$

b) $y \cdot y$; $y+y$

c) $a+a+a$; $a \cdot a \cdot a$

d) $cd \cdot cd$; $cd+cd$

e) $mn+mn+mn$; $mn \cdot mn \cdot mn$

f) $4uv+4uv$; $4uv \cdot 4uv$

10

Multipliziere.

a) $\frac{1}{4}b \cdot \frac{1}{2}c$

b) $\frac{1}{3}d \cdot \frac{3}{4}e$

c) $\frac{2}{3}g \cdot \frac{1}{3}h$

d) $\frac{3}{8}r \cdot \frac{2}{3}t$

e) $\frac{2}{9}p \cdot \frac{2}{9}q$

f) $\frac{3}{10}u \cdot \frac{7}{10}u$

g) $\frac{5}{8}x \cdot \frac{3}{5}y$

h) $\frac{5}{6}w \cdot \frac{4}{5}v$

i) $1\frac{3}{8}m \cdot 2\frac{2}{3}m$

11

Berechne die Termwerte für $x = -2$.

a) $10x \cdot (-4)$

b) $\frac{1}{2}x^2$

c) $\frac{3}{4}x \cdot (-4) \cdot x$

d) $0,2x \cdot 10x \cdot (-\frac{1}{2})$

12

a) $5y \cdot 2a \cdot (-3)$

b) $4b \cdot (-6) \cdot 4x$

c) $8a \cdot (-y) \cdot 9$

d) $8x \cdot 2 \cdot (-6b)$

e) $2m \cdot 9n \cdot (-5)$

f) $n \cdot 11m \cdot (-8)$

g) $6n \cdot (-7m) \cdot 2$

h) $(-11m) \cdot 5 \cdot 4n$

13

Ergänze.

a) $\square \cdot 7x = 28xy$

b) $\square \cdot 3r = 27rs$

c) $5b \cdot \square = 45bc$

d) $6g \cdot \square = 54gp$

e) $14q \cdot \square = 70q^2$

f) $15r \cdot \square = 120r^3$

g) $\square \cdot 16x^2 = 80x^2z$

h) $\square \cdot 13v = 91v^2w$

14

Ergänze die Tabelle.

a	2a	a^2	$2a \cdot (-\frac{1}{2}a)$
4			
-4			
		1	

15

Vereinfache so weit wie möglich.

a) $2xy \cdot 5a \cdot 3bx$

b) $6r \cdot 4uv \cdot 6vw$

c) $4x \cdot 8xy \cdot 5yb$

d) $16r \cdot 3uv \cdot 2vr$

e) $24cd \cdot 5ce \cdot 5de$

f) $6ux \cdot 6vx \cdot 6uv$

g) $7rms \cdot 7 \cdot 7sn$

h) $8rs \cdot 8st \cdot 8tu$

i) $9ac \cdot 9ac \cdot 9bc$

k) $10ghi \cdot 10ghi \cdot 10ghi$

·	2x	3y	4z	5a
2x				
0z				
5b				
3cd				

·	x	x^2	2x	xy
x				
3x				
y				
xy				

16

Ersetze die Kästchen. Es gibt mehrere Möglichkeiten.

Beispiel:
$$\square \cdot \square = 16x^2y$$
$$4x \cdot 4xy = 16x^2y$$
$$4x^2y \cdot 4 = 16x^2y$$
$$8xy \cdot 2x = 16x^2y$$

Gib jeweils drei Möglichkeiten an.

a) $\square \cdot \square = 18ab$ b) $\square \cdot \square = 22cd^2$

c) $\square \cdot \square = 32a^2c$ d) $\square \cdot \square = 42cde$

e) $\square \cdot \square = 60xy^2z$ f) $\square \cdot \square = 72x^2y^2$

g) $\square \cdot \square = 5,6pqr^2$ h) $\square \cdot \square = 9,6r^2s^2t$

17

Vereinfache.

a) $2a + a$ b) $2a \cdot a$ c) $2a - a$

d) $2a : 2$ e) $12m^2 - 2m^2$ f) $12m^2 \cdot (-2m)$

g) $12m^2 : 2$ h) $x^2 - x - 2x + x^2$

i) $x \cdot (-2x) \cdot (0,5)$ k) $4x^2 : (-2)$

l) $15r - 15$ m) $15r : (-15)$

18

Welche Lösung gehört zu welchem Term?

a) $0,5a \cdot 3b \cdot (-2c) \cdot 0,4b$ $-48a^2b^2c^2$

b) $1,2a^2 \cdot (-4b) \cdot 2c \cdot (-5bc)$ $-8,4a^2b^2c$

c) $0,8ab \cdot 2c \cdot (-0,3b) \cdot 6c$ $0,56a^2b^2c^2$

d) $4,2 \cdot b^2c \cdot 0,5a \cdot (-4a)$ $-1,2ab^2c$

e) $b \cdot (-0,1a^2) \cdot 0,7c^2 \cdot (-8b)$ $-0,92a^2b^3c^2$

f) $11,5ac \cdot 0,4b^2 \cdot (-0,2c) \cdot ab$ $-2,88ab^2c^2$

19

Rechne mit dem Taschenrechner.

a)

a	-2	$-0,5$	1	$\frac{3}{2}$
$a^2 + 2a$				

b)

a	-2	$-0,5$	1	$\frac{3}{2}$
$a^2 \cdot 2a$				

c)

a	-2	$-0,5$	1	$\frac{3}{2}$
$a^2 : 2$				

20

Dividiere.

a) $8de : 2$ b) $12x : 4$ c) $10rs : (-2)$

    $10g^2 : 5$ $7s^2 : 2$ $18w : (-6)$

    $9mn : 9$ $15pt : 3$ $21xy : (-3)$

d) $6ab : 0,2$ e) $wm : 2$ f) $-2tv : 3$

    $13rst : 0,1$ $t^2v : 3$ $3p^2q : 5$

    $8p^2q : 0,4$ $hg : 4$ $-6yz^2 : 9$

21

Schreibe kürzer als Produkt.

a) $cd + cd$ b) $nt + nt + nt$

c) $2vw + 2vw$ d) $31p + 41p + 1p$

e) $3uv + 8uv + 4uv$ f) $5ad + 6ad + ad$

g) $10de - 3de + de$ h) $12y^2 + 4y^2 - y^2$

22

Vereinfache.

a) $xy - yx$ b) $abc + bca + cab$

c) $rot + tor$ d) $otto + toto$

e) $abc + bac + cba - acb - bca - cab$

23

Fasse die Produkte zusammen.

a) $5ab + 3mn + 2ab + 6mn$

b) $4xy + 9gh + 7xy - 5gh$

c) $5ft - 3ft + 12ab + 8ab$

d) $16xy + 19a - xy - 12a$

e) $11ab - 4gh - 20ab + 5gh$

24

Berechne die fehlenden Angaben des Rechtecks.

	Länge	Breite	Umfang	Flächeninhalt
a)	$2a$	a	$\square$	$\square$
b)	$3a$	b	$\square$	$\square$
c)	$4a$	$1,5b$	$\square$	$\square$
d)	$5a$	$\square$	$\square$	$30ab$
e)	$\square$	$2b$	$6a + 4b$	$\square$

25

Die Seiten eines Quadrats mit der Länge x werden zuerst halbiert und anschließend verdoppelt.

Gib jeweils einen Term an

a) für den Flächeninhalt der beiden Quadrate.

b) für den Umfang der Quadrate.

26

Die Kanten eines Würfels mit der Länge a werden halbiert und anschließend verdoppelt.

Gib jeweils einen Term an

a) für die gesamte Kantenlänge des neuen Würfels.

b) für das Volumen des neuen Würfels.

c) für die Oberfläche des neuen Würfels.

Zauberquadrat
Prüfe die Produkte der Zeilen, Spalten und Diagonalen!
Suche Gruppen von 4 Feldern, die das magische Produkt ergeben.

ab	c	d	ab
ad	b	bc	a
bc	ad	a	b
1	ab	ab	cd

4 Terme mit Klammern

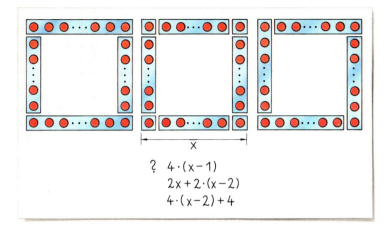

$$4 \cdot (x-1)$$
$$2x + 2 \cdot (x-2)$$
$$4 \cdot (x-2) + 4$$

1

Wir zählen die Gitterpunkte auf dem Rand von Quadraten. Dabei gibt es verschiedene Möglichkeiten, wie man die Anzahl der Randpunkte ohne ausführliches Abzählen rasch feststellen kann. Drei Möglichkeiten sind mit Hilfe von Termen angegeben:

$$4 \cdot (x-1)$$
$$2x + 2 \cdot (x-2)$$
$$4 \cdot (x-2) + 4$$

Zu welcher Abzählung gehört welcher Term? Wie viele Gitterpunkte liegen insgesamt auf dem Rand eines Quadrats, auf dessen Seiten je 100 Gitterpunkte liegen?

Kommen in Termen Klammern vor, lassen sich verschiedene Fälle unterscheiden:
Wird ein Klammerterm addiert (Plusklammer), können wir die Klammer weglassen und die Summanden addieren:

$$3x + (2y + 4x)$$
$$= 3x + 2y + 4x$$
$$= 7x + 2y$$

Wird ein Klammerterm subtrahiert (Minusklammer), erhalten die Summanden das entgegengesetzte Vorzeichen, wenn wir die Klammer weglassen:

$$4a - (-2a + 5b)$$
$$= 4a + 2a - 5b$$
$$= 6a - 5b$$

Beim Multiplizieren einer Summe mit einer Zahl oder einer Variablen wenden wir das Verteilungsgesetz (Distributivgesetz) an. Dabei wird jedes Glied des Klammerterms mit der Zahl oder Variablen multipliziert:

$$4 \cdot (x-3)$$
$$= 4 \cdot x - 4 \cdot 3$$
$$= 4x - 12$$

Addition einer Summe:	$a + (b+c) = a + b + c$
Subtraktion einer Summe:	$a - (b+c) = a - b - c$
Multiplikation einer Summe:	$a \cdot (b+c) = ab + ac$
Division einer Summe:	$(a+b) : c = a : c + b : c$

Beispiele

a) $6a + (5b - 3a)$
$= 6a + 5b - 3a$
$= 3a + 5b$

b) $6a - (5b - 3a)$
$= 6a - 5b + 3a$
$= 9a - 5b$

c) $6a \cdot (5b - 3a)$
$= 6a \cdot 5b + 6a \cdot (-3a)$
$= 30ab - 18a^2$

d) $(6b - 4a) : (-2)$
$= 6b : (-2) - 4a : (-2)$
$= -3b + 2a$

Die „unsichtbare" Eins:
$x = 1 \cdot x = 1x$
$-x = (-1) \cdot x = -1x$

Oft ist es vorteilhaft, bei der Addition von Produkten das Verteilungsgesetz in umgekehrter Richtung anzuwenden. In diesem Fall spricht man von **Ausklammern**.

e) $3a + 3b$
$= 3 \cdot (a + b)$

f) $2x + 5xy$
$= x \cdot (2 + 5y)$

g) $6ab + 8ac$
$= 2a \cdot 3b + 2a \cdot 4c$
$= 2a \cdot (3b + 4c)$

h) $5xy + 15xyz$
$= 5xy \cdot 1 + 5xy \cdot 3z$
$= 5xy \cdot (1 + 3z)$

Bemerkung: Malpunkte zwischen Faktoren und nachfolgenden Klammern können entfallen: $7 \cdot (a + b) = 7(a + b)$.

23

Aufgaben

2

Schreibe ohne Klammer.

a) $a + (e + b)$ b) $t + (r + s)$
c) $x + (y + 8)$ d) $m + (11 + n)$
e) $p + (d - f)$ f) $q + (s - r)$
g) $23 + (g - h)$ h) $v + (w - 25)$

3

a) $x - (y + z)$ b) $d - (c + e)$
c) $g - (h + 18)$ d) $32 - (p + q)$
e) $a - (b - c)$ f) $x - (y - z)$
g) $r - (10 - t)$ h) $50 - (k - m)$

4

Löse die Klammer auf.

a) $2a + (3f + c)$ b) $4b + (h + 5i)$
c) $m + (6q - 3w)$ d) $10d + (4p - 6s)$
e) $8t - (7u + v)$ f) $9e - (4r + k)$
g) $12 - (11p - 2z)$ h) $15b - (8n - 7g)$

5

a) $8w + (-5s + 16)$
b) $11a + (-3c - 4d)$
c) $43g - (-12f + 10h)$
d) $36u - (-2v - 29w)$

6

Schreibe ohne Klammern und fasse dann zusammen.

a) $(4a + 5b) + (2a + 3b)$
b) $(4a + 5b) + (2a - 3b)$
c) $(4a + 5b) + (-2a - 3b)$
d) $(4a + 5b) - (-2a - 3b)$

7

a) $9p + (12r - 6p) - 3r$
b) $8u + (3u - 9) + 9u$
c) $9a + (14 - 3a) + (2a - 5)$
d) $10m - (3m + 5n) - (n - 2m)$
e) $6u - (4v + 5u) + (-10u + 2v)$

8

a) $1,2c - (1,8d + 0,8c) + (0,5d - 1,7c)$
b) $(1,4d - 0,9c) - (0,8c - 2d) + 0,2c$
c) $3,5a - (1,2b + 2,7c) - (a + 0,8b)$
d) $4,3c + (6,1a - 1,9b) - (2,1b - 1,7c)$
e) $-5,9r - (1,3s - 2,3r) - (2,7s + 0,4r)$

9

Ergänze den fehlenden Term.

a) $a + 12 - b$ $= a \quad + (\ldots\ldots)$
b) $x - 7 + z$ $= x \quad + (\ldots\ldots)$
c) $8c - 2d - 5$ $= 8c \; + (\ldots\ldots)$
d) $5m - 4n - 3$ $= 5m - (\ldots\ldots)$
e) $8r - 9s + 10t$ $= 8r \; - (\ldots\ldots)$
f) $3k + 5b - 6m$ $= 3k \; - (\ldots\ldots)$
g) $10x + 2y + 5z$ $= 10x - (\ldots\ldots)$

10

Bei verschachtelten Klammern rechnet man von innen nach außen.

Beispiel:
$$2x - [3y - (4x + 5)]$$
$$= 2x - [3y - 4x - 5]$$
$$= 2x - 3y + 4x + 5$$
$$= 6x - 3y + 5$$

a) $x + [5y - (4u - v)]$
b) $3x + [2y - (6u + 5v)]$
c) $7a - [3b + 4c - (2a + 5b)]$
d) $6a - c + [-9b - (2a - 8c)]$
e) $4n - 5m - [7m - n - (2m + 10n)]$
f) $4n - 7m - [n - (2m + 10n)]$
g) $8r - 4t - [4t + (2r - 3t) - 2r]$

11

Die Ergebnisse lauten 2a, 3a, 4a, 5a und 6a.

a) $6b - 16a - [9b - 12a - (3b + 8a)]$
b) $12a + 9b + [-15a - (10b - 6a) + b]$
c) $19a - (6b + 3a) + [20b - (14a + 14b)]$
d) $6a - 3b - [a - (11b - 9a) - (9a - 8b)]$
e) $17a - 9b - [-14b - (2b - 11a) + 7b]$

12

Wende das Verteilungsgesetz an.

a) $4 \cdot (a + 6)$ b) $12 \cdot (a + 1)$
c) $10 \cdot (c - 7)$ d) $13 \cdot (b - 3)$
e) $15 \cdot (-s + 2t)$ f) $36 \cdot (-3x - y)$
g) $(2w + 3) \cdot 10$ h) $(9m - 10n) \cdot 5$
i) $(6m - 12n) \cdot 9$ k) $(-10a - 15b) \cdot 7$

13

a) $(5r + 4s) \cdot (-10t)$
b) $(a + 3b) \cdot (-8a)$
c) $(6e - 11f) \cdot (-6e)$
d) $(-9p - 3q) \cdot (-12q)$
e) $(-a^2 - ab) \cdot (-ab)$

?

$a + (a + a) =$
$a + (a - a) =$
$a - (a + a) =$
$a - (a - a) =$

?

$a + (-a + a) =$
$a + (-a - a) =$
$a - (-a + a) =$
$a - (-a - a) =$

14

Berechne.

a) $0,5p(3p-q)$ b) $16q(5p-0,5)$

c) $0,4s(-6t+8s)$ d) $(3t-s)\cdot0,8t$

e) $1,2s(1,5st+1,2)$ f) $(-0,6v+1,6)\cdot0,5v$

g) $1,8u^2(6w-0,1v)$ h) $(0,5p-0,4q)\cdot0,1pq$

15

Fülle die Lücke aus.

a) $4a(2a+\square)=8a^2+12ab$

b) $3x(\square-7x)=18xy-21x^2$

c) $(8pq-\square)5p=40p^2q-25q^2p$

d) $15b(4ab+\square)=60ab^2-45ab$

e) $20r(\square-7rs)=-80rs^2-140r^2s$

f) $(\square+13xy)\cdot3x=-48x^2+39x^2y$

16

Wo steckt der Fehler?

a) $8(5r+s)=40r+s$

b) $20z(3y-2z)=60yz-40z$

c) $18a(2b+a)=36ab+19a$

d) $15g(8h-6i)=120gh-9gi$

e) $(10z+8x)\cdot0,5x=5zx+8,5x^2$

f) $(6ab-4b)\cdot5b=30ab^2+20b^2$

17

Löse die Klammer auf und fasse zusammen.

a) $3(a+b)+6a-b$

b) $4z-6(2z+w)+8w$

c) $(5p-7q)\cdot12-15p+9q$

d) $-8r(11s-t)+32rt+50rs$

e) $20c(3a-5b)-(21bc+13ab)$

18

Lange Terme, kurze Ergebnisse!

a) $6(5m+4n)-4(2n+m)-5(5m+3n)$

b) $9a(5c-3b)+(7b-11c)\cdot4a$

c) $2(22s-18t^2)-(12t^2-15s)\cdot(-3)$

d) $(-12a+20b)\cdot15x-20x(14b-9a)$

e) $12m(8n+9m)-(16n+18m-p)\cdot6m$

19

Ordne die Ergebnisse richtig zu.

a) $\frac{2}{3}x(\frac{3}{5}y-\frac{3}{8})-\frac{2}{5}x(y-\frac{5}{4})$ $-x^2$

b) $(-\frac{1}{4}x+\frac{1}{6}y)\cdot\frac{2}{3}x-x(\frac{1}{9}y+\frac{5}{6}x)$ $-x$

c) $\frac{3}{4}x(\frac{1}{3}y-\frac{4}{9}x)-\frac{1}{3}(\frac{3}{4}xy-\frac{1}{2}x^2)$ $-\frac{1}{6}x^2$

d) $(\frac{1}{4}z+\frac{1}{2}y-\frac{1}{6}x)\cdot\frac{12}{11}-(\frac{3}{11}z+\frac{6}{11}y+\frac{9}{11}x)$ $\frac{1}{4}x$

20

Unterscheide durch Auflösen der Klammern.

a) $2a(3a+5b)$ und $2a(3a\cdot5b)$

b) $4z(x+6z)$ und $4z(x\cdot6z)$

c) $m(3n-7p)$ und $m(3n\cdot7p)$

d) $5r(8s\cdot3t)$ und $5r(8s-3t)$

e) $(2,5a\cdot7b^2)\cdot3c$ und $(2,5a+7b^2)\cdot3c$

f) $(1,2xy-1,2z)\cdot4y$ und $(1,2xy\cdot1,2z)\cdot4y$

21

Dividiere.

a) $(14-21x):7$ b) $(18z+9):3$

c) $(24y-12):6$ d) $(16a+36b):4$

e) $(32s^2+24t):8$ f) $(17pq-34):17$

g) $(28xy-70y^2):14$ h) $(65st+13s):13$

22

a) $(8uv-10u^2):0,5$ b) $(6+8x^2):0,2$

c) $(5ab^2-3ab):0,1$ d) $(12z+9zv):0,3$

e) $(5,6pq+7r):1,4$ f) $(-6,9+4,6t^2):2,3$

g) $(-1,44xy-6z):1,2$ h) $(9,1s^2t^2-6,5s):1,3$

23

Dividiere den Term. Multipliziere dazu mit dem Kehrwert.

a) $(2r+3s):\frac{1}{2}$ b) $(5x^2+6x):\frac{1}{3}$

c) $(7ab-9b):\frac{1}{4}$ d) $(-cd+d^2):\frac{1}{8}$

e) $(8m^2-10mn):\frac{2}{3}$ f) $(-6+12xy):\frac{3}{2}$

g) $(rs-8rs^2):\frac{4}{5}$ h) $(-25s+15t):\frac{5}{8}$

24

Klammere den Faktor 2 aus.

a) $6x+8$ b) $12y+10x$

c) $10s-16t$ d) $14ab+4c$

e) $6z-20xy$ f) $8p-34r^2$

g) $26xz+12$ h) $30y^2-2$

25

Klammere den angegebenen Faktor aus.

a) Faktor: 4   b) Faktor: y

   $16ab+40c$ $30xy-31y$

   $32a-28d$ $22y^2+17yz$

   $92gh-76i$ $64a^2y+y$

c) Faktor: ab   d) Faktor: $-x$

   $15ab+13ab$ $-6xy-11x$

   $29abc-10ab$ $-14xz+23x$

   $9ab^2+16a^2b$ $25ax-21x^2$

Gelber Kasten (Lösungen):

$2,7xy-[2xy-(20z+12xy+4a)]-[2a-(3z+3,5xy)+18,5xy]$

$1,3a-(0,5b-0,4c)-[0,6b-[0,2c-(1,2a-1,3b)-0,5b]-0,6c]$

$[9,3a-(12,4b-21,7)]:3,1-[(12,9b-17,2a):4,3]$

$0,4a[0,6a-1,2b-0,9]-[-0,36a-(1,6a+0,8b)\cdot0,3b]$

$3,5z+0,4x(2,5x-0,6)-[-0,24x-(0,5y-1,8)\cdot2y]-[-5z(0,2z-0,7)-3,6y]$

Für superstarke Rechner und Rechnerinnen!

26

Zerlege die Summanden in Faktoren und klammere dann aus. Kennzeichne die gemeinsamen Faktoren. Beispiel:

$4p^2q + 6pq^2 = 2 \cdot 2 \cdot p \cdot p \cdot q + 2 \cdot 3 \cdot p \cdot q \cdot q$
$= 2pq(2p + 3q)$

a) $8xy + 12x$ b) $21ab - 14abc$
c) $15zr - 20zr^2$ d) $26abc - 39bc$
e) $42x^2z - 14xyz$ f) $32gh^2 - 48g^2h$
g) $39cde - 52def$ h) $75ab^2c + 50a^2bc$

27

Hier wird jeweils der Faktor xy ausgeklammert. Ergänze im Heft.

a) $25axy - 3bxy = xy (........)$
b) $7mxy - m^2xy = xy (........)$
c) $16x^2y + 15xy^2 = xy (........)$
d) $xy + 5x^2y^2 = xy (........)$
e) $x^2y^2 - xy = xy (........)$

28

Klammere den Faktor -1 aus.

a) $-6r - 8s$ b) $-6r + 8s$
c) $6r - 8s$ d) $6r + 8s$
e) $-15x + 11$ f) $-20x - 13y$
g) $-12a - 10b$ h) $15z + 18y$

29

Wie wurde ausgeklammert? Ergänze.

a) $20a + 8a^2 = \square(5 + \square)$
b) $45pq + 27p^2q^2 = \square(5 + \square)$
c) $36cd - 54cdx = \square(4c - \square)$
d) $44x^2y - 99x^2z = \square(4y - \square)$
e) $-58zd + 29z^2e = \square(\square + ze)$

Gib die Oberfläche des Körpers in einem Term an.
Gibt es eine Säule, die dieselbe Oberfläche hat?

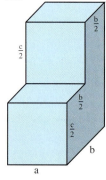

30

Verwandle in ein Produkt.

a) $4f^2 + 12fg + 8f$
b) $ab + 1,5ac - 3ad$
c) $21st - 18t^2s - 9s^2t$
d) $24pq + 32q^2rp - 56p^2q$
e) $26a^2b^2c^2 - 65a^2bc + 78abc^2$

31

a) $16xy^2z^3 - 8x^2y^2z^2 + 12x^2yz^2$
b) $-14ab - 35b^2 + 42a^2b$
c) $-50mn - 75m^2n^2 - 100m^3n^3$
d) $8xy - 8xz + 12y - 12z$
e) $24pq - 30q - 16p^2 + 20p$

32

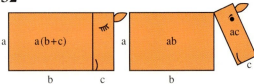

Zeichne die Figur mit $a = 4$ cm, $b = 6$ cm und $c = 1,5$ cm.

33

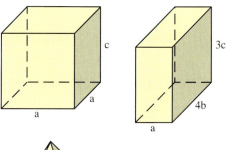

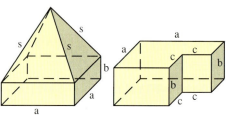

a) Drücke die Summe der Kantenlängen eines jeden Körpers in einem möglichst einfachen Term aus.
b) Gib die Oberflächen der beiden Quader in je einem Term an.
c) Gib die Oberfläche des vierten Körpers in einem Term an.
Was fällt dir auf?

34

Die Darstellung zeigt ein Quadernetz.

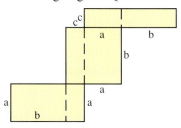

Gib einen Term für die Netzfläche an und vereinfache ihn. Vergleiche dann mit dem Term für die Oberfläche.

5 Grundmenge. Lösung. Lösungsmenge

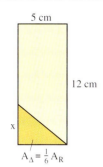

5 cm

12 cm

x

$A_\Delta = \frac{1}{6} A_R$

1

Eine unbekannte Zahl wird verdoppelt und um 11 vermindert. Die Differenz beträgt 2.
Bilde eine Gleichung und löse sie.
Wie heißt die unbekannte Zahl?

2

Vom Rechteck wird ein Dreieck abgeschnitten. Berechne x.
Kann man auch so viel abschneiden, dass 30 cm² übrig bleiben?

Die Zahlen, die für die Variable einer Gleichung eingesetzt werden dürfen, fassen wir in der
Grundmenge G zusammen. Bei Zahlenrätseln wird meistens eine natürliche Zahl gesucht,
damit ist die Grundmenge die Menge der natürlichen Zahlen, kurz: $G = \mathbb{N}$.
Setzen wir Zahlen aus der Grundmenge in eine Gleichung ein, so entsteht eine wahre (w)
oder eine falsche (f) **Aussage**.
$3x + 6 = 18$ mit $G = \mathbb{N}$.

Die Zahl oder die Zahlen, die zu einer wahren Aussage führen, nennen wir **Lösungen**
der Gleichung; wir fassen sie in der **Lösungsmenge** L zusammen: $L = \{4\}$.

x	$3 \cdot x + 6 = 18$	w/f
0	$3 \cdot 0 + 6 = 6$	f
1	$3 \cdot 1 + 6 = 9$	f
2	$3 \cdot 2 + 6 = 12$	f
3	$3 \cdot 3 + 6 = 15$	f
4	$3 \cdot 4 + 6 = 18$	w
5	$3 \cdot 5 + 6 = 21$	f

> Die Zahlen aus der Grundmenge, die beim Einsetzen eine wahre Aussage ergeben, nennt
> man **Lösungen** der Gleichung.

Beispiele

a) $5x + 7 = 22$ $G = \{1, 3, 5, 7, 9, \ldots\}$ bzw. $G = \{0, 2, 4, 6, 8, \ldots\}$

x	$5 \cdot x + 7 = 22$	w/f
1	$5 \cdot 1 + 7 = 12$	f
3	$5 \cdot 3 + 7 = 22$	w
5	$5 \cdot 5 + 7 = 32$	f
7	$5 \cdot 7 + 7 = 42$	f
	$\ldots$	

x	$5 \cdot x + 7 = 22$	w/f
0	$5 \cdot 0 + 7 = 7$	f
2	$5 \cdot 2 + 7 = 17$	f
4	$5 \cdot 4 + 7 = 27$	f
6	$5 \cdot 6 + 7 = 37$	f
	$\ldots$	

In der Grundmenge der ungeraden Zahlen hat die Gleichung die Lösungsmenge $L = \{3\}$.
In der Grundmenge der geraden Zahlen gibt es keine Lösung. Man sagt hier die Lösungsmenge ist leer und schreibt $L = \{ \}$. Man nennt dies dann eine **nicht lösbare Gleichung.**

b) $3 \cdot x + 6 = 3 \cdot (x + 2)$ mit $G = \mathbb{N}$
Jede Zahl der Grundmenge $\mathbb{N}$ führt zu einer
wahren Aussage. Die Lösungsmenge ist deshalb gleich der Grundmenge $L = \mathbb{N}$.
Diese Art der Gleichung nennt man **allgemein gültige** Gleichung.

x	$3 \cdot x + 6 = 3 \cdot (x + 2)$	w/f
0	$3 \cdot 0 + 6 = 3 \cdot (0 + 2)$	w
1	$3 \cdot 1 + 6 = 3 \cdot (1 + 2)$	w
2	$3 \cdot 2 + 6 = 3 \cdot (2 + 2)$	w
3	$3 \cdot 3 + 6 = 3 \cdot (3 + 2)$	w
4	$3 \cdot 4 + 6 = 3 \cdot (4 + 2)$	w

Bemerkung: Ist die Grundmenge nicht vorgeschrieben, rechnen wir in der Menge $\mathbb{Q}$ der
rationalen Zahlen. Für $L = \{ \}$ (leere Menge) kann man auch $L = \emptyset$ schreiben.
Die Variable wird häufig x genannt, kann aber auch mit anderen Kleinbuchstaben benannt
werden.

Aufgaben

3

Setze die Zahlen der Grundmenge ein. Wie heißt die Lösung?

a) $G = \{0,1,2,3,4,5\}$

x	$3 \cdot x - 5 = 7$	w/f
.	...	.

b) $G = \{3,6,9,12, \ldots\}$

x	$4 \cdot x - 18 = 2 \cdot x + 12$	w/f
.	...	.

c) $G = \{-1, -2, -3, \ldots\}$

x	$2 \cdot x - 3 = 4 \cdot x + 7$	w/f
.	...	.

4

Prüfe durch Einsetzen.

a) $8a - 17 = 5a + 1$ $L = \{6\}$

b) $12b + 24 = 12(b + 2)$ $L = \mathbb{Q}$

c) $1,5c - 2 = c - 2,25$ $L = \mathbb{N}$

5

Welche Zahl musst du für x einsetzen?

a)   b)

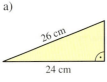

u = 62 cm   A = 96 cm²

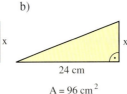

c)   d)

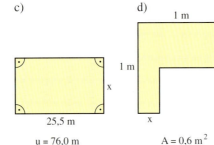

u = 76,0 m   A = 0,6 m²

6

Findest du Zahlen, die die Gleichung erfüllen? Wie heißt die Lösungsmenge?

a) $11x = 5x + 6x$ b) $1,2y - 1 = 1,2y + 3$

c) $7c - 2 = 4c + 3c$ d) $-11z + 9z = 2z$

e) $2x + 5 = x + 5$ f) $6x - 7 = 5x - 6$

7

Verändere die Gleichung so, dass die Lösungsmenge stimmt.

a) $10y - 8y = -20$ $L = \{5\}$

b) $x - 4 = 2x - 8$ $L = \{3\}$

c) $4x - 5x = -2$ $L = \{-2\}$

d) $5 - 3x = -4x$ $L = \{5\}$

8

Löse das Zahlenrätsel. Achte dabei auf die Grundmenge.

a) Addiere zu einer natürlichen Zahl die Zahl 15. Das Ergebnis ist 28.

b) Subtrahiere von einer natürlichen Zahl 13. Du erhältst 9. Wie heißt die Zahl?

c) Die Summe aus einer ungeraden Zahl und 17 beträgt 23. Wie heißt die Zahl?

d) Multipliziere eine ungerade Zahl mit 6 und subtrahiere 15. Du erhältst 27. Wie heißt die Zahl?

e) Addiere eine negative Zahl und 7. Verdopple das Ergebnis. Du erhältst -20. Wie heißt die Zahl?

9

a) Patrick behauptet: Wenn ich die Zahl der 10-Cent-Stücke, die ich bei mir habe, verdopple und 3 Münzen dazugebe, habe ich insgesamt 12 Geldstücke.

Was sagst du dazu?

b) Simone behauptet: Ich bin doppelt so alt wie meine Schwester Lara. Zusammen sind wir 26 Jahre alt.

Kann das sein?

10

Gibt es Lösungen für die Zahlenrätsel?

a) Die Summe aus einer natürlichen Zahl und 5 ergibt 3.

b) Addiere eine ganze Zahl und 9. Du erhältst 4.

c) Addiere zum Vierfachen einer ganzen Zahl 17. Du erhältst 31. Wie lautet die Lösung, wenn die Grundmenge $\mathbb{Q}$ ist?

d) Das 5fache einer Zahl ist um 20 größer als ihr 3faches. Wie heißt die Zahl für $G = \mathbb{N}$ und $G = \mathbb{Q}$?

6 Einfache Gleichungen

Felsenbühne Rathen

1
Bei einer Vorstellung der Freiluftbühne betrug die Gesamteinnahme 6 528 €. Die verkauften Karten verteilten sich wie folgt:

1. Rang	2. Rang	3. Rang
35	50	92

Der Eintrittspreis für den 2. Rang betrug das $1\frac{1}{2}$fache des Preises für den billigsten Platz, während der Preis für den 1. Rang das Doppelte des 2. Ranges ausmachte. Wie teuer waren die verschiedenen Karten?

In Gleichungen wie $3 \cdot x + 2 = 11$ oder $10 - 4 \cdot x = 8$ ist für die **Variable** diejenige Zahl aus einer bestimmten **Grundmenge** G gesucht, die – eingesetzt – zu einer **wahren Aussage** führt. Eine Gleichung der einfachsten Form wie $x = 7$ hat die Lösung 7.
Schwierigere Gleichungen müssen durch Äquivalenzumformungen in eine solche Form gebracht werden.

$$
\begin{array}{llll}
x - 3 = 5 \quad |+3 & x + 6 = 4 \quad |-6 & \frac{x}{4} = 7 \quad |\cdot 4 & 3 \cdot x = 15 \quad |:3 \\
x - 3 + 3 = 5 + 3 & x + 6 - 6 = 4 - 6 & \frac{x}{4} \cdot 4 = 7 \cdot 4 & (3 \cdot x) : 3 = 15 : 3 \\
x = 8 & x = -2 & x = 28 & x = 5
\end{array}
$$

Aus der einfachen Gleichung ist die Lösung schon ablesbar.
Für die Angabe der Lösung verwendet man manchmal auch folgende Schreibweise:

$$
L = \{8\} \qquad\qquad L = \{-2\} \qquad L = \{28\} \qquad\qquad L = \{5\}
$$

> Beim Lösen einer Gleichung sind Äquivalenzumformungen erlaubt:
> – auf beiden Seiten der Gleichung darf derselbe Term addiert oder subtrahiert werden
> – beide Seiten der Gleichung dürfen mit derselben Zahl (außer 0) multipliziert oder dividert werden.

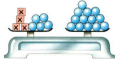

Beispiele

a)
$$
\begin{array}{ll}
4x + 5 = 13 & |-5 \\
4x = 13 - 5 & \\
4x = 8 & |:4 \\
x = 2 &
\end{array}
$$

b)
$$
\begin{array}{ll}
37 - 3x = 1 & |-37 \\
-3x = 1 - 37 & \\
-3x = -36 & |:(-3) \\
x = 12 &
\end{array}
$$

c)
$$
\begin{array}{ll}
7x - 11 = 3x + 13 & |+11 \\
7x = 3x + 24 & |-3x \\
7x - 3x = 24 & \\
4x = 24 & |:4 \\
x = 6 &
\end{array}
$$

d) Nach x auflösen:
$$
\begin{array}{ll}
3x + 2a = 5a + 6 & |-2a \\
3x = 3a + 6 & |:3 \\
x = (3a + 6) : 3 & \\
x = a + 2 &
\end{array}
$$

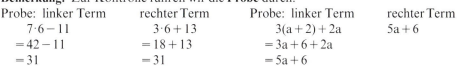

Bemerkung: Zur Kontrolle führen wir die **Probe** durch.

Probe: linker Term	rechter Term	Probe: linker Term	rechter Term
$7 \cdot 6 - 11$	$3 \cdot 6 + 13$	$3(a + 2) + 2a$	$5a + 6$
$= 42 - 11$	$= 18 + 13$	$= 3a + 6 + 2a$	
$= 31$	$= 31$	$= 5a + 6$	

Beachte: Wenn nichts anderes angegeben ist, ist $\mathbb{Q}$ die Grundmenge.

Aufgaben

2

Löse die Gleichung.

a) $2x - 10 = 12$ b) $5x - 13 = 17$
c) $7x - 18 = 24$ d) $9x - 8 = 55$
e) $12x + 22 = 58$ f) $15x + 19 = 64$
g) $11x + 29 = 84$ h) $25x + 37 = 112$

3

a) $16 + 6x = 58$ b) $15 + 3x = 6$
c) $43 + 12x = 7$ d) $18 - 4x = 10$
e) $7x - 18 = -53$ f) $26 + 14x = -30$
g) $41 - 9x = -31$ h) $-12 - 7x = -61$

4

a) $5x - 10 = 3x$ b) $8x - 18 = 2x$
c) $6x + 12 = -6x$ d) $10x + 56 = 3x$
e) $x + 21 = -6x$ f) $27 + 9x = 6x$
g) $-1x - 42 = -4x$ h) $-64 + 2x = -14x$

5

Löse die Gleichung.

a) $19y + 9 = 16y + 15$
b) $17 + 12x = 3x - 10$
c) $27 + 4z = 48 - 17z$
d) $12y - 8 = -9y + 34$
e) $17z + 30 = 190 - 15z$

6

Gib die Lösung an.

a) $2,5x + 7 = 4,5$ b) $4,2x - 7,1 = 5,5$
c) $14 + 3,8x = -5$ d) $16,6 - 2,2x = 1,2$
e) $8,6y - 25,3 = 0,5$ f) $-19 - 5,3y = 2,2$
g) $\frac{x}{8} + 10 = 13$ h) $\frac{x}{15} + 17 = 23$
i) $\frac{x}{7} - 18 = -25$ k) $\frac{1}{11}x - 36 = -38$

7

„Gekreuzte Gleichungen". Löst zu zweit.

a)

8	·	☐	+	8	=	32
·		·		·		·
4	·	☐	−	25	=	☐
−		−		+		+
☐	·	19	−	☐	=	☐
=		=		=		=
26	·	11	+	☐	=	540

b)

☐	·	☐	+	9	=	−3
·		·		·		·
6	·	☐	−	☐	=	17
−		−		−		+
12	·	5	+	☐	=	☐
=		=		=		=
6	·	−33	+	216	=	☐

8

Multipliziere zuerst mit dem Hauptnenner.

Beispiel: $\frac{1}{2}x + \frac{2}{3} = \frac{3}{4}$ $| \cdot 12$

$$(\tfrac{1}{2}x + \tfrac{2}{3}) \cdot 12 = \tfrac{3}{4} \cdot 12$$
$$6x + 8 = 9 \qquad |-8$$
$$6x = 1 \qquad |:6$$
$$x = \tfrac{1}{6}$$

a) $\frac{1}{3}x + \frac{1}{2} = \frac{4}{3}$ b) $\frac{3}{4}x - \frac{2}{3} = \frac{1}{12}$
c) $\frac{2}{5}x - \frac{7}{10} = \frac{9}{10}$ d) $\frac{x}{3} + \frac{x}{4} = 14$
e) $\frac{x}{2} - 2 = \frac{x}{3}$ f) $\frac{1}{2} - \frac{5}{24}x = \frac{7}{4}$
g) $\frac{4}{5}x + \frac{1}{15} = x - \frac{1}{3}$ h) $\frac{1}{6}x + \frac{9}{5} = -\frac{77}{60}x - 4$

9

Lösungen sind die ganzen Zahlen von -3 bis $+3$.

a) $18 + 7x - 13 = 17x + 6 - 11x$
b) $36 - 7x + 1 = 30 - 12x - 3$
c) $7x + 4 - 3x + 7 = -10 + x + 2 + 2x$
d) $10x + 35 - 4x - 53 = -27 + x + 11 + 4x$
e) $12x + 40 - 8x - 7 = 13 + 27x - 49$
f) $13x + 18 - 8x + 15 = 21x + 49$
g) $-9x - 27 + 11x + 21 = 13x - 31 + 6x + 25$

10

Die Lösung ist angegeben. Ergänze richtig.

a) $6x - \square = 2x$ $; 7$
b) $9x - \square = 5x$ $; 4$
c) $5x - \square = 7x$ $; 6$
d) $\square + 3x = 10x$ $; 5$
e) $-15x + \square = -5x$ $; 8$

11

Löse die Gleichung nach x auf.

Beispiel: $5x + 4a = 10a + 2x$ $|-2x$
$$3x + 4a = 10a \qquad |-4a$$
$$3x = 6a \qquad |:3$$
$$x = 2a$$

a) $x - 6a = 0$ b) $x + a - 2a = 0$
c) $x - 2a = 5a$ d) $9a = x + 10a$
e) $7x + a = 5x + 9a$ f) $3x - 2a = 7a - 6x$
g) $11a - 11x = x + 35a$
h) $8a - 8x = 6x - 8a$
i) $6x + 20a = 25a - 4x$
k) $-x - 23a = 13x - 16a$

7 Gleichungen mit Klammern

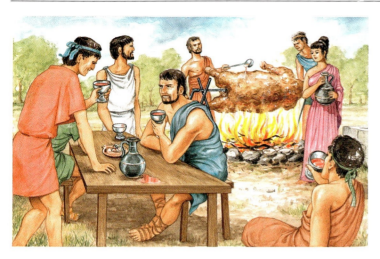

1

Eine aus dem Altertum überlieferte Aufgabe: Ein reicher Athener ließ zu einem Gastmahl 13 Ochsen und 31 Schafe schlachten. Der Preis für alle Schlachttiere betrug 166 Drachmen. Ein Ochse ist um 6 Drachmen teurer als ein Schaf.
Wie viel Drachmen kostet ein Schaf und wie viel ein Ochse?

2

Subtrahiere von einer gesuchten Zahl 5, verdreifache das Ergebnis und addiere anschließend 8. Als Ergebnis erhält man das Doppelte der ursprünglichen Zahl.

Kommen in einer Gleichung Terme mit Klammern vor, werden diese zuerst mit Hilfe von Termumformungen vereinfacht.

$$
\begin{aligned}
5(4x - 5) &= 23 - (12x - 16) && | \text{ Klammer ausmultiplizieren (Termumformung)} \\
20x - 25 &= 23 - (12x - 16) && | \text{ Minusklammer auflösen (Termumformung)} \\
20x - 25 &= 23 - 12x + 16 && | \text{ Zusammenfassen (Termumformung)} \\
20x - 25 &= 39 - 12x && | + 12x \\
32x - 25 &= 39 && | + 25 \\
32x &= 64 && | : 32 \\
x &= 2
\end{aligned}
$$

> Eine Gleichung löst man mit Hilfe von Äquivalenzumformungen:
> 1. Vereinfachen der Terme auf beiden Seiten.
> 2. Ordnen der **Summanden mit Variablen** auf der einen Seite und der **Summanden ohne Variablen** auf der anderen Seite.
> 3. Dividieren beider Seiten durch den Zahlfaktor der Variablen.

Beispiele

a) Addition und Subtraktion von Summen.

$$
\begin{aligned}
(4x + 20) - (3 + 5x) &= (x + 6) - (x - 7) \\
4x + 20 - 3 - 5x &= x + 6 - x + 7 \\
17 - x &= 13 && | -17 \\
-x &= -4 && | :(-1) \\
x &= 4
\end{aligned}
$$

b) Multiplikation von Summen.

$$
\begin{aligned}
12(2x + 1) - 15(x + 3) &= 30 \\
24x + 12 - 15x - 45 &= 30 \\
9x - 33 &= 30 && | + 33 \\
9x &= 63 && | : 9 \\
x &= 7
\end{aligned}
$$

c) Durch Multiplikation mit dem Hauptnenner werden Brüche beseitigt.

$$
\begin{aligned}
3 - \frac{5 + x}{7} &= 1 - \frac{9 - x}{14} && | \cdot 14 \\
3 \cdot 14 - \frac{5 + x}{7} \cdot 14 &= 1 \cdot 14 - \frac{9 - x}{14} \cdot 14 \\
42 - (5 + x) \cdot 2 &= 14 - (9 - x) \\
42 - 10 - 2x &= 14 - 9 + x \\
32 - 2x &= 5 + x && | - x \\
32 - 3x &= 5 && | - 32 \\
-3x &= -27 && | : (-3) \\
x &= 9
\end{aligned}
$$

Probe:

linker Term:	rechter Term:
$3 - \frac{5 + 9}{7}$	$1 - \frac{9 - 9}{14}$
$= 3 - \frac{14}{7}$	$= 1 - \frac{0}{14}$
$= 3 - 2$	$= 1 - 0$
$= 1$	$= 1$

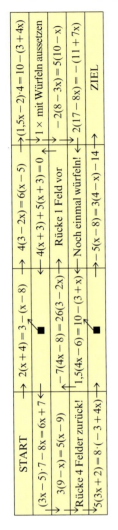

(3x − 5)·7 − 8x = 6x + 7 →
3(9 − x) = 5(x − 9) →
Rücke 4 Felder zurück! ↑
5(3x + 2) = 8·(− 3 + 4x) →

START →
2(x + 4) = 3 − (x − 8) →
− 7(4x − 8) = 26(3 − 2x) ←
1,5(4x − 6) = 10 − (3 + x) ←
− 5(x − 8) = 3(4 − x) − 14 →

4(3 − 2x) = 6(x − 5) →
4(x + 3) + 5(x + 3) = 0 →
Rücke 1 Feld vor →
Noch einmal würfeln! ←

(1,5x − 2)·4 = 10 − (3 + 4x) →
1 × mit Würfeln aussetzen →
− 2(8 − 3x) = 5(10 − x) →
2(17 − 8x) = − (11 + 7x) ←
ZIEL →

Spiel für 3 Personen.
Zwei Spieler würfeln abwechselnd mit einem Würfel, und es wird entsprechend der Augenzahl eine Figur in Richtung der Pfeile weitergesetzt. Je nachdem, wo die Figur zum Stehen kommt, muss eine Aufgabe gelöst bzw. eine Anweisung ausgeführt werden. Eine dritte Person kontrolliert die Ergebnisse (s. S. 155). Wurde falsch gerechnet, so tauschen Spieler und „Kontrolleur" ihre Rollen.

Bemerkung: Gleichungen, die für jede Zahl der Grundmenge erfüllt sind, nennt man **allgemein gültig.** Erfüllt **keine** Zahl aus der Grundmenge die Gleichung, nennt man diese **nicht erfüllbar.**

d)
$$4x + 8 = 4·(x + 2)$$
$$4x + 8 = 4x + 8 \qquad | -8$$
$$4x = 4x \qquad | : 4$$
$$x = x$$
$$L = \mathbb{Q}$$

e)
$$5x + 1 = 5·(x + 1)$$
$$5x + 1 = 5x + 5 \qquad | -1$$
$$5x = 5x + 4 \qquad | -5x$$
$$0 = 4$$
$$L = \{ \ \}$$

Aufgaben

3
Löse die Gleichung.
a) $(4 − 5x) + (10 + 6x) = 8$
b) $3x + 14 + (2x − 7) = 7x + (19 − 4x)$
c) $4x + (15 + 3x) + (25 + x) = 88 − 4x$
d) $12 = (25 − x) − (19 − 2x)$
e) $9x + 33 − (45 − 15x) = 15 − 3x$

4
a) $6x − (8x − 10) = 87 − (21 + 10x)$
b) $7 − (10 − 8x) = 23 − (4 + 14x)$
c) $(19x − 17) − (3x − 72) = − 13 + (13x + 83)$
d) $(17x + 22) − (5x + 9) = (11x + 15) − (22 − 21x)$
e) $(42x + 37) − (26 − 34x) = 26x + 211$

5
Gib die Lösung an.
a) $(x + 6)·8 = 32x$ b) $3(5 + 2x) = − 3$
c) $15(24 − 2x) = 15x$ d) $6(3x − 7) = 6x − 6$
e) $2(3y + 9) = 15y − 45$ f) $(3y − 5)·7 = 7 + 7y$
g) $43y + 4 = 15(5y − 4)$ h) $5y − 4(5y − 6) = 4$

6
Ordne die Lösung richtig zu.
a) $0,8(2u − 3) = (2u + 4)·0,6$ | 3
b) $0,3(u + 1) + 6u = 4,9 + 4u$ | − 1
c) $0,5(1 − 2u) = 2,5 − 0,6u$ | 2
d) $0,6 − 3(0,5 − 0,5w) − w = 0,6$ | − 5
e) $− 0,4w − (1 + 1,2w)·0,1 = 0,42$ | 12

7
Löse die Gleichung.
a) $4(2x + 3) = 3(3x + 2)$
b) $(12 − 3x)·2 = 9(7x + 18)$
c) $3(9 − y) = 5(y − 9)$
d) $(2 − 3y)·5 + (8 − y)·(− 4) = 0$
e) $22 − 2(4 − y) = (7 − 3y)·(− 10)$

8
a) $4(x + 3) − 15 = 2(x + 7) − 15x$
b) $3(2x − 18) − 4 = 3x − 4(3x − 8)$
c) $11 − 6(6x − 1) + 3(2 + x) = 8 − 3x$
d) $7(4a − 3) − (2a + 1)·9 = 2(a − 9)$
e) $8(2a − 1) − 17(3 − a) = 16(− 3a − 2)$

9
Die Lösungen lauten 27, − 7, 4, 1 und − 1.
a) $7m + 2(m − 12) = 2(m − 13) + 3(2m + 1)$
b) $8(m − 1) − 17(3 − m) = 4 − 12(3 − 2m)$
c) $4(m + 6) − 3(2m + 1) = 2(4m + 7) + 17$
d) $7(6n + 3) − 8(3 − 4n) = 12(2n + 3) + 161$
e) $8(2n − 3) − 5(2n + 8) = 38 − 4(1 − 5n)$

10
Gib die Lösungsmenge an. Beachte dabei die Grundmenge G.
a) $(4x − 7)·5 = (12x − 1)·3$ $; G = \mathbb{Z}$
b) $2(49 + 7x) = (19 − 9x)·3$ $; G = \mathbb{N}$
c) $7(8x + 3) − 8(7x − 3) = 0$ $; G = \mathbb{Q}$
d) $\frac{1}{4}(12x + 1) + \frac{1}{3}(9x − \frac{1}{4}) = \frac{1}{2}(4x + \frac{1}{3})$ $; G = \mathbb{Z}$
e) $3(x − 5) = \frac{7}{2} + 2x$ $; G = \mathbb{Q}$

11
Multipliziere zuerst mit dem Hauptnenner.
a) $\frac{x}{3} − \frac{2x}{5} + \frac{x}{2} = \frac{13}{50}$
b) $\frac{2x}{3} + \frac{5x}{6} + \frac{1}{3} = \frac{x}{6}$
c) $\frac{x}{7} − \frac{9x}{14} − \frac{4}{7} = − \frac{3x}{14}$
d) $\frac{1}{5} − \frac{1}{2} − \frac{x}{15} = \frac{x}{5} − \frac{x}{6} − \frac{7}{10}$
e) $\frac{3x}{4} + \frac{2x}{3} = \frac{7x}{6} + 6$
f) $\frac{x}{2} − \frac{3x}{10} + \frac{4x}{5} − \frac{5x}{6} = 2$
g) $\frac{x}{8} + \frac{x}{6} + \frac{x}{3} + \frac{x}{12} + 21 = x$

12

Löse die Gleichung.

a) $\frac{4}{3}x - \frac{2}{3} = 1 - (\frac{1}{2} - \frac{1}{8}x)$

b) $\frac{1}{4}x - (\frac{1}{2} + \frac{1}{4}x) = 1 - (\frac{1}{2}x - \frac{1}{2})$

c) $\frac{1}{2} - (\frac{x}{3} - x) = \frac{5}{3} - \frac{1}{2}x$

d) $\frac{4}{5}x - (1 - \frac{4}{3}x) = \frac{4}{5} + \frac{1}{3}$

13

a) $-\frac{1}{4}(12 + 8y) = \frac{1}{2}(y - 1)$

b) $3 + \frac{1}{2}(2 + 3y) = -2(-y)$

c) $3(\frac{1}{2}y - 1) - 2(6 - \frac{3}{2}y) = 0$

d) $4(\frac{1}{2}y - \frac{3}{2}) - (\frac{3}{5} - y) = \frac{4}{5}y$

14

Multipliziere mit dem Hauptnenner.

a) $\frac{x-4}{2} = \frac{x-1}{3}$ b) $\frac{x-5}{2} = \frac{x+5}{3}$

c) $\frac{x+3}{10} = \frac{x-6}{7}$ d) $\frac{x-4}{2} = \frac{4-x}{3}$

e) $\frac{2x-1}{3} = \frac{6-2x}{2}$ f) $\frac{x-5}{4} = 2 \cdot \frac{5-x}{3}$

15

a) $\frac{x+2}{3} + \frac{2x-5}{3} = 2$

b) $\frac{2x-5}{4} - \frac{x-1}{4} = 1$

c) $1 + \frac{5+x}{7} = \frac{9-x}{14} + 3$

d) $\frac{12x-1}{5} - 2 = \frac{13x-4}{7}$

16

a) $\frac{y}{18} - \frac{3y-19}{15} = \frac{12-y}{10}$

b) $\frac{9y+10}{5} - \frac{3y+5}{4} = \frac{4y-2}{10}$

c) $3 \cdot \frac{2+3y}{-2} - \frac{1-2y}{2} = -\frac{1}{2}$

d) $\frac{3-0,2x}{-0,1} = \frac{x+2}{3} + \frac{0,8x-1}{-0,5}$

17

Welche Gleichung ist allgemein gültig, welche nicht erfüllbar?

a) $4x = x + 3x$ b) $x - 2 = x + 2$

c) $\frac{1}{2}x = \frac{1}{2}$ d) $x - \frac{1}{2}x = \frac{1}{2}x$

e) $5x = 5x - 5$ f) $2x - x + 3x = 0$

g) $3(x + 1) = 3x + 3$ h) $2(x + 2) = 2x + 2$

18

Hat die Gleichung eine, keine oder unendlich viele Lösungen? ($G = \mathbb{Q}$)

a) $2x - 1 + 6(2x + 1) = 16x - (2x - 7)$

b) $3(x - 1) = 9x - 3(2x + 1)$

c) $10x - (\frac{1}{2} + 3x) = 2(\frac{7}{2}x - \frac{3}{4})$

d) $x + \frac{1}{3} - \frac{3x+2}{15} = 1$

e) $-\frac{1}{2}(x + 5) + \frac{7x+35}{14} = 0$

f) $\frac{-2x-3}{22} - \frac{1}{11} = -(\frac{3}{2}x - \frac{31x-5}{22})$

19

Löse die Gleichung nach x auf.

a) $x + a = 3a + 1$

b) $3x + 9b = x + b$

c) $2c + x = c + 2$

d) $4(5a - x) = 4(4a - 1)$

e) $3(a - x) = 2(3x + 6a)$

f) $4(b - x) = -3(b + x)$

g) $20x + 3(11c - 2) = 7(2 - c)$

20

Welche Werte kann man für a einsetzen, damit man entweder eine positive Zahl oder eine negative Zahl oder die Zahl 0 als Lösung erhält?

a) $2(x - 2a) = 0$ b) $3(x + 4a) = 0$

c) $\frac{x}{3} - \frac{x}{4} = a$ d) $9(1 + x) - 2a = 0$

e) $1 - (x - a) = 2(a - 3x)$

Zum Knobeln

Peter entnimmt einem Korb die Hälfte der Eier und ein halbes Ei. Anna nimmt nun aus dem Korb die Hälfte des Rests und ein Ei. Es sind jetzt noch 10 Eier im Korb. Wie viele Eier waren es anfangs?

Eine Anekdote erzählt von einem Rittmeister, der über die Zahl der bestellten Pferde antwortete: Mit der Hälfte der bestellten Pferde und einem halben fährt der König selbst. Mit der Hälfte des Rests und einem halben fährt die Königin, mit der Hälfte des bleibenden Rests und einem halben fahren die Diener. Das übrig gebliebene letzte Pferd benutzt der Vorreiter. Wie viele Pferde waren bestellt?

8 Textaufgaben. Anwendungen

1

Lauras große Schwester verteilt ihre Comic-Sammelbände. Jedes Kind soll 4 Hefte weniger bekommen als die Anzahl der Kinder beträgt. Da aber zwei Kinder keine Comics mögen, bekommen die Übrigen je ein Comicheft mehr.
Wie viele Kinder und wie viele Comics waren es?

2

Die Seitenlängen eines Rechtecks unterscheiden sich um 8 cm. Der Umfang beträgt 22 cm.
Wie lang sind die Rechteckseiten?

Beim Lösen von Textaufgaben muß man zuerst den Text in Terme übersetzen. Dabei helfen häufig Skizzen und Tabellen.

Lösungsschritte bei Textaufgaben:
1. Lege für die gesuchte Größe eine Variable fest
2. Übersetze die Angaben aus dem Text in Terme
3. Stelle die Gleichung auf
4. Löse die Gleichung
5. Überprüfe das Ergebnis am Text
6. Schreibe das Ergebnis auf

Beispiel:
Beim Schulfest nehmen die vier Klassen des 8. Schuljahres zusammen 900 € ein. Die Klasse 8a nahm 20 € mehr ein als Klasse 8c. Klasse 8b nahm 50 € mehr ein als Klasse 8a und die Klasse 8d wiederum $1\frac{1}{2}$-mal so viel wie Klasse 8c. Wie verteilen sich die Beträge?
Man kann auf verschiedene Weise lösen:

1. Einnahmen der Klasse 8c: x

2.

Klasse	8c	8a	8b	8d
Einnah-men	x	x + 20	x + 20 + 50	$\frac{3}{2}$x

3. Gleichung:

$$x + (x + 20) + (x + 20 + 50) + \frac{3}{2}x = 900$$
$$x + x + 20 + x + 70 + \frac{3}{2}x = 900$$
$$\frac{9}{2}x + 90 = 900$$
$$\frac{9}{2}x = 810$$

4. $\quad x = 180$

5. Probe: $180 + 200 + 250 + 270 = 900$
$$900 = 900$$

1. Einnahmen der Klasse 8a: y

2.

Klasse	8a	8c	8b	8d
Einnah-men	y	y − 20	y + 50	$\frac{3}{2}$(y−20)

3. Gleichung:

$$y + (y - 20) + (y + 50) + \frac{3}{2}(y - 20) = 900$$
$$y + y - 20 + y + 50 + \frac{3}{2}y - 30 = 900$$
$$\frac{9}{2}y = 900$$

4. $\quad y = 200$

5. Probe: $200 + 180 + 250 + 270 = 900$
$$900 = 900$$

6. Die Klasse 8a erzielte 200 €, Klasse 8b erzielte 250 €, Klasse 8c erzielte 180 € und Klasse 8d erzielte 270 €.

Aufgaben

Zahlenrätsel

Beispiel:

Addiert man zum 3fachen einer Zahl das Doppelte der um 2 vergrößerten Zahl, so erhält man das 4fache der um 3 vergrößerten Zahl.
Wie heißt die Zahl?

Gesuchte Zahl: x

Terme:
$3x$
$(x+2)\cdot 2$
$(x+3)\cdot 4$

Gleichung:
$$3x + (x+2)\cdot 2 = 4(x+3)$$
$$3x + 2x + 4 = 4x + 12$$
$$5x + 4 = 4x + 12$$
$$x = 8$$

Probe:
$3\cdot 8 + (8+2)\cdot 2 \qquad 4(8+3)$
$= 44 \qquad\qquad\qquad = 44$

Die gesuchte Zahl heißt 8.

3

Das 11fache einer Zahl, vermindert um das 8fache der um 2 vergrößerten Zahl, ergibt 56.

4

Dividiere die Summe aus einer Zahl und 7 durch 5. Man erhält dasselbe, wenn man die Differenz aus der Zahl und 7 mit 3 multipliziert.

5

Die Differenz der Quadrate von zwei aufeinander folgenden Zahlen beträgt 613.
Wie heißen die beiden Zahlen?

6

Zwei Zahlen unterscheiden sich um 12, ihre Quadrate um 840. Wie heißen die Zahlen?

7

a) Multipliziert man die um $\frac{1}{2}$ verminderte Zahl mit der um $\frac{3}{4}$ vermehrten Zahl, erhält man das Quadrat der Zahl.
Wie heißt die gesuchte Zahl?

b) Das Produkt von zwei aufeinander folgenden Zahlen ist genauso groß wie das Quadrat der ersten Zahl vermindert um 10.
Wie heißen die beiden Zahlen?

Altersrätsel

Beispiel:

Thomas und seine Mutter sind heute zusammen 65 Jahre alt. Vor 10 Jahren war die Mutter genau viermal so alt wie ihr Sohn. Wie alt sind beide?

	heute	vor 10 Jahren
Alter der Mutter in Jahren	x	$x-10$
Alter von Thomas in Jahren	$65-x$	$(65-x)-10$

Gleichung:
$x-10 = 4[(65-x)-10]$
$x-10 = 220 - 4x$
$5x = 230$
$x = 46$

Probe: Mutter heute 46, früher 36
Thomas heute 19, früher 9.

Thomas ist heute 19, seine Mutter 46 Jahre alt.

8

Herr Clause ist heute dreimal so alt wie seine Tochter Tina. In 4 Jahren wird er 8-mal so alt sein, wie Tina vor 7 Jahren war.
Wie alt sind Tina und ihr Vater?

9

Die Tante ist heute 3-mal so alt wie ihre Nichte und viermal so alt, wie die Nichte vor 5 Jahren war.
Wie alt sind beide heute?

10

An ihrem 50. Geburtstag stellt Frau Niedermeier fest, dass ihre drei Kinder zusammen ebenso alt sind wie sie selbst. Die Tochter ist um 6 Jahre älter als der jüngste Sohn, der gerade halb so alt ist wie sein älterer Bruder.
a) Wie alt ist die Tochter von Frau Niedermeier?
b) Wie alt sind die beiden Söhne?

11

Zum Knobeln

How old is Jimmy? Tom ist 24 Jahre alt. Er ist doppelt so alt wie Jimmy war, als Tom so alt war, wie Jimmy jetzt ist.

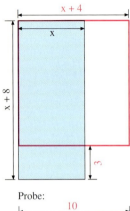

Probe:

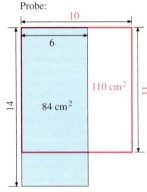

Geometrie

Beispiel:

Ein Rechteck ist um 8 cm länger als breit. Verlängert man die kürzere Seite um 4 cm und verkürzt gleichzeitig die längere um 3 cm, so nimmt der Flächeninhalt um 26 cm² zu. Wie lang sind die Seiten des ursprünglichen Rechtecks?

ursprüngliche kurze Seite: x

neue Breite: $x + 4$

neue Länge: $(x + 8) - 3$

Gleichung:
$$(x + 4) \cdot (x + 5) = x(x + 8) + 26$$
$$x^2 + 9x + 20 = x^2 + 8x + 26$$
$$x = 6$$

Das ursprüngliche Rechteck ist 6 cm breit und 14 cm lang.

12

Ein Rechteck ist $3\frac{1}{2}$-mal so lang wie breit. Verkürzt man die längere Seite um 5 m und verlängert gleichzeitig die kürzere um 4 m, so nimmt der Flächeninhalt um 34 m² zu. Berechne die ursprünglichen Seitenlängen.

13

a) Verkleinert man eine Seite eines Quadrats um 0,4 m, so entsteht ein um 7,76 m² kleineres Rechteck. Wie lang ist die Quadratseite?

b) Verlängert man eine Seite eines Quadrats um 1,6 dm und verkürzt die andere um 0,8 dm, entsteht ein Rechteck, dessen Flächeninhalt um 48 cm² größer ist als der des Quadrats.

14

Ein Rechteck ist $2\frac{3}{4}$-mal so lang wie breit. Verkürzt man die längere Seite um 29 m, und verlängert man gleichzeitig die kürzere Seite um 15 m, so nimmt der Flächeninhalt um 6 m² zu.
Wie lang sind die Seiten des ursprünglichen Rechtecks?

15

Die Kantenlänge eines Würfels wird um 3 cm verlängert. Damit nimmt die Oberfläche um 342 cm² zu. Berechne die Kantenlänge des ursprünglichen Würfels.

16

Die Kanten eines Quaders, der doppelt so lang wie breit und $2\frac{1}{2}$-mal so hoch wie lang ist, werden jeweils um 1 cm verlängert. Die Oberfläche des neuen Quaders ist um 70 cm² größer geworden. Berechne die Kantenlängen des ursprünglichen Quaders.

17

Wie groß muss x gewählt werden, damit der Umfang 42 m lang ist?

a)   b)

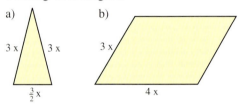

c)

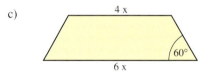

18

In einem rechtwinkligen Dreieck ist $\gamma = 90°$.
a) Berechne α aus $\beta = 20°, 60°, 47°$.
b) Aus welcher Gleichung lässt sich α berechnen, wenn β gegeben ist?

19

Ein gleichschenkliges Dreieck hat an der Basis die Winkel α und β und an der Spitze den Winkel γ.
a) Berechne γ aus $\alpha = 20°, 70°, 81°, 89°$.
b) Aus welcher Gleichung ist γ zu berechnen, wenn α gegeben ist?
c) Berechne α aus $\gamma = 30°, 50°, 120°, 178°$.
d) Aus welcher Gleichung ist α zu berechnen, wenn γ gegeben ist?

20

In einem gleichschenkligen Dreieck ist der Basiswinkel α
a) halb so groß   b) doppel so groß
wie der Winkel γ an der Spitze.
Aus welcher Gleichung lassen sich die Winkel α und γ berechnen?

Bewegungsaufgaben

Beispiel:

Jochen und Tabea, die 24 km voneinander entfernt wohnen, wollen sich ihre neuen Fahrräder vorführen. Beide fahren sich – nachdem sie gleichzeitig gestartet sind – entgegen. Jochen fährt mit einer Durchschnittsgeschwindigkeit von 16 km/h, Tabea mit 20 km/h. Wann treffen sie sich?

Gemeinsam benötigte Fahrzeit: x Std.

Jochens Strecke: $16 \cdot x$ km

Tabeas Strecke: $20 \cdot x$ km

Gleichung: $16x + 20x = 24$

$$36x = 24$$

$$x = \tfrac{2}{3}$$

Überprüfung: $16 \cdot \tfrac{2}{3} + 20 \cdot \tfrac{2}{3}$

$$= \tfrac{32}{3} + \tfrac{40}{3} = \tfrac{72}{3} = 24$$

Sie treffen sich nach 40 Minuten.

21

Zwei Autos fahren zur selben Zeit aus zwei 540 km entfernten Orten los. Nach wie viel Stunden und welcher Entfernung von dem jeweiligen Ort begegnen sie sich, wenn sie sich mit durchschnittlichen Geschwindigkeiten von 110 km pro Stunde bzw. 130 km pro Stunde entgegenfahren?

22

Um 10 Uhr fährt Miriam mit dem Rad in Rumdorf ab, eine Dreiviertelstunde später folgt ihr Jens mit dem Mofa. Miriam fährt mit einer Durchschnittsgeschwindigkeit von 16 km/h, Jens mit der 2,5fachen Geschwindigkeit. Wann wird Miriam von Jens eingeholt, und wie weit ist der Treffpunkt von Rumdorf entfernt?

23

Der Interregio 2197 fährt um 13.17 Uhr in Stuttgart ab und braucht für die Strecke nach Ulm 62 Minuten. Der Eilzug 3419, der um 13.35 Uhr ab Stuttgart ebenfalls nach Ulm fährt, braucht für dieselbe Strecke 1 Std. 14 Minuten und ist durchschnittlich um $14\tfrac{3}{4}$ km/h langsamer als der Interregio. Berechne die Reisegeschwindigkeit beider Züge. Wie lang ist die Bahnstrecke?

Aufgaben nach Adam Ries (1492–1549)

Insgesamt 21 Personen, Männer und Frauen, haben in einem Wirtshaus eine Zeche von 81 Pfennigen gemacht.
Wie viele Männer beziehungsweise Frauen sind es gewesen, wenn jeder Mann 5 Pfennige, jede Frau 3 Pfennige bezahlen soll?

Jemand hat Äpfel gekauft. Er begegnet drei Mädchen und gibt dem ersten Mädchen von den Äpfeln die Hälfte und zwei Äpfel dazu. Von den restlichen Äpfeln gibt er dem zweiten Mädchen die Hälfte und zwei dazu. Ebenso gibt er dem dritten Mädchen von den noch verbliebenen Äpfeln die Hälfte und noch zwei dazu. Danach ist ihm genau ein Apfel geblieben.
Wie viele Äpfel hatte er gekauft?

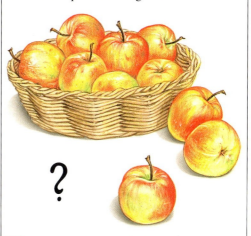

Einer hat Geld, verspielt davon $\tfrac{1}{3}$. Von dem, was ihm übrig geblieben ist, verbraucht er 4 Gulden. Mit dem Rest handelt er und verliert ein Viertel. Es bleiben ihm 20 Gulden.
Wie viel Gulden hat er anfänglich besessen?

Jemand legt sein Geld gewinnbringend an, wodurch es sich verdoppelt. Nachdem er einen Gulden ausgegeben hat, legt er das restliche Geld wieder an, wodurch es sich abermals verdoppelt. Nachdem er zwei Gulden ausgegeben hat, legt er das restliche Geld noch einmal an, wodurch es sich erneut verdoppelt. Nachdem er drei Gulden ausgegeben hat, verbleiben ihm 10 Gulden.
Wie viele Gulden hatte er anfangs?

9 Vermischte Aufgaben

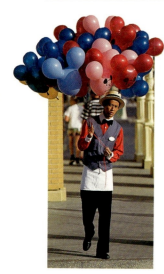

Lasst die Luft raus!
$x(2y - 3z)$
$-y(z + 2x)$
$+z(3x + y) = ?$

1

Vereinfache so weit wie möglich.

a) $(2x - 3y) - 5(x + y) - 10x + 2y$

b) $a - (2a - 5b) + 8a - 4(a - 2b)$

c) $\frac{1}{2}s - (-\frac{3}{2}s + \frac{5}{2}t) + 2\frac{1}{2}s - t$

d) $(8r + 2s - 3t) - (-5s - 8r + 3t)$

2

Klammere den angegebenen Faktor aus.

a) Faktor 4   b) Faktor -3
$44a^2 - 96ab$ $-9xy - 21xz$
$-32xy + 56st$ $30y^2 - 51z^2$

c) Faktor xy   d) Faktor 3x
$25x^2y - 16xy^2$ $27x^3y - 33xy^2$
$-7xyz + 12x^2y$ $-150x^3y + 240xy^3$

e) Faktor $-5xy$ f) Faktor a^2b
$-35xy + 10x^2y$ $12a^2b - 20a^2b^2$
$-105x^2y^2 - 85xy^2$ $-15a^3b^2 - 5a^2b^3$

3

Fülle die Lücken aus.

a) $35x^2 - 15xy = \square(7x - 3y)$

b) $36yz - 54z^2 = \square(4y - 6z)$

c) $-42ab - 77a = \square(6b + 11)$

d) $18ab - 108a^2b = \square(1 - 6a)$

e) $15x^2y - 45x^2y^2 = \square(-1 + 3y)$

f) $-24xy^2 - 120x^2y = \square(y + 5x)$

4

a) $25a - 15a^2 = 5a(\square - \triangle)$

b) $56xy + 35x = 7x(\square + \triangle)$

c) $-65ab + 39b = -13b(\square - \triangle)$

d) $36xy + 54y = \square(12x + \triangle)$

e) $5cd^2 - 20c^2d = \square(\triangle - 4c)$

f) $-49x^2y^2 - 28xy^2 = \square(7x + \triangle)$

5

Klammere geeignete Faktoren aus.

a) $32x - 24y$ b) $35ab - 28ac$
c) $22xy + 33yz$ d) $-45a^2b + 27ab^2$
e) $60st - 80s^2$ f) $-144m^2 + 108n^2$
g) $135v^2w^2 - 90vw$ h) $-56x^3y^2 - 84x^2y^3$

6

Klammere den Faktor -1 aus.

a) $-a - 2$ b) $-5 - x^2$
c) $-12a + b$ d) $-v + w^2$
e) $-x + 2xy - y$ f) $5a^2 + 4b^2 + 3c^2$

7

Zerlege die Summanden in Faktoren.
Klammere danach aus.

Beispiel: $\quad 28xy^2z - 20x^2yz^2$
$= 4 \cdot 7 \cdot x \cdot y \cdot y \cdot z - 4 \cdot 5 \cdot x \cdot x \cdot y \cdot z \cdot z$
$= 4xyz(7y - 5xz)$

a) $12ab - 32a + 16b$

b) $24x^2 + 60x - 48$

c) $50c^2d - 100cd^2 + 25cd$

d) $-42x^2yz + 63xy^2z - 84xyz^2$

e) $-32x^2y^3z^2 - 80x^3y^2z^2 + 112x^2y^2z^3$

8

Verwandle in ein Produkt.

a) $35mn - 21m^2n + 63mn^2$

b) $24xy^2 + 40x^2y - 48xy$

c) $27ab^2c - 81a^2b^3c^2 - 54a^2b^2c$

d) $-54a^2b^2c - 18ab^2c + 48abc^2 - 60abc$

e) $42x^3y^2z - 77x^2y^3z^2 - 14x^2y^2z^2 - 49x^2y^2z^3$

9

Klammere zunächst im Zähler aus und
kürze danach.

Beispiel: $\frac{5a + 15b}{5} = \frac{5(a + 3b)}{5}$
$\qquad\qquad = a + 3b$

a) $\frac{24x - 36y}{12}$

b) $\frac{8a - 16}{8}$

c) $\frac{12c - 15d + 18e}{3}$

d) $\frac{-2m - 6n}{-2}$

10

Berechne die nachfolgenden Termwerte für
$a = 2{,}5$ und $b = -0{,}5$.

a) $-(2a - 4b)$ b) $-2(2a - 3b)$

c) $\frac{1{,}75a + 0{,}25b}{0{,}75b}$ d) $\frac{1}{a} - \frac{1}{b}$

e) $1{,}83 \cdot a \cdot b$ f) $\frac{2a \cdot b}{0{,}97 - 0{,}113}$

g) $\frac{8{,}67 + 11{,}33}{a \cdot 0{,}4b}$ h) $\frac{4ab}{4a - 4ab}$

11

Marina sagt: „Addiere fünf aufeinander
folgende Zahlen und teile mir das Ergebnis
mit, dann kann ich dir die Zahlen nennen."
Kannst du Marinas Rechnung nachvollzie-
hen?

12

Löse die Gleichung.

a) $25x - 16 = 9x$ b) $8x - 72 = 2x$
c) $12x - 33 = 9x$ d) $17x - 60 = 5x$
e) $5x - 78 = 18x$ f) $4x - 70 = 18x$
g) $44 + 4x = 12x$ h) $39 + 9x = 15x$
i) $92 - 6x = -14x$ k) $160 - 5x = -37x$

13

Wie heißt die Lösung?

a) $\frac{7}{8}x + 3 = x$ b) $\frac{3}{4}x = 5 - \frac{1}{2}x$

c) $10 - \frac{2}{3}x = 7 + \frac{x}{3}$ d) $\frac{3}{11}x - 1 = \frac{5}{11}x$

e) $x = 9 + \frac{x}{4}$ f) $\frac{3}{4}x - 10 = \frac{1}{3}x$

g) $35 - \frac{3}{4}x = \frac{x}{2}$ h) $\frac{x}{4} = 14 - \frac{x}{3}$

14

Ergänze die Gleichung richtig.

a) $8x - \square = 5x$ $L = \{6\}$
b) $15x + \square = 8x$ $L = \{-5\}$
c) $\square \cdot x + 24 = 9x$ $L = \{-3\}$
d) $15x - \square = 9x$ $L = \{0,5\}$
e) $44x - 36 = \square \cdot x$ $L = \{1\}$

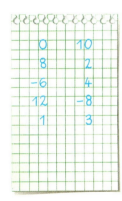

15

Löse die Gleichung.

a) $62x - 11 = 48x + 73$
b) $-85 + 17x = 35 - 3x$
c) $128x - 415 = 58x + 5$
d) $-152 - 87x = 118 - 132x$

16

a) $7,2x - 6,5 = 1,6x + 4,7$
b) $0,3y - 4,5 = 21,6y + 37,5$
c) $7,4 + 3,2z = 14,4z - 9,4$
d) $1,85 - 0,92x = 0,745 - 2,13x$

17

Welche Lösung gehört zu welcher Gleichung?

a) $\frac{2}{5}x - \frac{1}{3} = \frac{1}{20}x + \frac{2}{15}$ $-\frac{1}{3}$

b) $\frac{11}{4} + \frac{1}{6}x = -\frac{1}{6}x + \frac{3}{4}$ 2

c) $\frac{7}{6}x - \frac{5}{6} = \frac{1}{3}x + \frac{5}{6}$ -6

d) $0,4x + 0,6 = \frac{2}{3} + \frac{3}{5}x$ $\frac{4}{3}$

e) $4x + \frac{1}{2} - \frac{2}{3} - 2x = 3x + \frac{1}{3}$ $-\frac{1}{2}$

18

Löse die Gleichung.

a) $11 = (24 - y) - (19 - 2y)$
b) $19 - (7 - 4y) = 8y + (30 - 3y)$
c) $3y - 30 - (y + 28) = 3y - (2y + 4)$
d) $3,75x - (12,5 - 2,5x) = 4x - 17$

19

Ordne die Lösungen zu.

a) $\frac{2}{3} - (9x - \frac{1}{3}) = \frac{5}{3} - 11x$ $\frac{5}{12}$

b) $1 - (3x + \frac{2}{5}) = x - (\frac{9}{10} + 3x)$ $\frac{1}{3}$

c) $\frac{1}{8} - (4x - \frac{1}{8}) = \frac{1}{2} - (x + \frac{3}{2})$ $\frac{3}{2}$

20

Löse die Gleichung.

a) $4(x - 1) = 16$ b) $7(x - 1) = 14$
c) $4(x + 1) = 20$ d) $3(5x - 10) = 0$
e) $5(4x - 15) = 25$ f) $4(7x - 10) = -40$
g) $4(3 - 2x) = -5x$ h) $5(8x - 12) = 25x$

21

Die Lösungen findest du auf dem Rand.

a) $2(3x - 4) = 5x$
b) $-3(x - 5) = 15$
c) $6x = (5 - 2x) \cdot (-4)$
d) $6(4 - a) + 3a = 4a - 4$
e) $12(a - 1) = 52 - 14(a - 1)$
f) $6(4 + a) + 4(a - 18) = 12(2a + 3)$
g) $z - 2(z - 1) = 3z - (8 - 5z)$
h) $8(z + 3) + 7(z + 2) = 5z + 6(z + 1)$
i) $7z + 2(z - 12) = 2(z - 13) + 3(2z + 1)$
k) $7(4z - 11) - 5(1 + 2z) = 41 + 3(2z + 7)$

22

$x \cdot 3 + 2 = x$

23

Löse die Gleichung.
a) $5(3x-4)=7(2x-3)$
b) $3(6x-8)=11(2x-4)$
c) $8(3-4x)=4(-5x-6)$
d) $3(7x-9)=4(x-12)$
e) $2(7-x)=3(7-3x)$

24

a) $41-3(3+x)=(x+1)\cdot5-53$
b) $3x-2(5x-8)=9-4(3x+7)$
c) $8-7(3x+2)=9x-6(x+2)$
d) $8(3x-2)-7x-5(12-3x)=13x$
e) $5{,}5x-3(x-3)=1{,}5(9-x)+23{,}5$
f) $8(3{,}6x-2)-21{,}42=3{,}1(7x-5{,}2)$

25

Die Lösungen lauten 2, 4, 12, −11, −2, −1.
a) $3(3x-4)=2(x-13)+3(2x+1)$
b) $7(4x-11)-5(1+2x)=2(3x+31)$
c) $5(12+4x)-3(5+4x)=19-2(3-8x)$
d) $0{,}3(x+1)+6(x-0{,}8)-2{,}5=4(x-0{,}6)$
e) $26-(8x+10)=(-3-7x)\cdot6$
f) $3x-5(x+10)=2(x-2)-(x+40)$

26

Gib die Lösungsmenge an. Beachte dabei die Grundmenge.
a) $7-8x=10-5x$ $G=\mathbb{N}$
b) $2(x+1)-18=3x-12$ $G=\mathbb{Z}$
c) $2+5(2x-3)=2(4x+3)$ $G=\mathbb{Z}$
d) $3(2x+1)=6x+2$ $G=\mathbb{Q}$
e) $6(2x-3)=3(4x-6)$ $G=\mathbb{Q}$

27

Bestimme jeweils die Lösungsmenge für die drei Grundmengen $G=\mathbb{N}$; $G=\mathbb{Z}$; $G=\mathbb{Q}$.

a) $2x+3=-6+x$ b) $2x+2=2x+3$
   $3x+3=-6+x$ $2x+2=2(x+1)$
   $3x+3=-6+2x$ $2x+2=2(2x+1)$
   $3x-3=-6+3x$ $2x+2=2(3x+2)$
   $3x-3=-6+4x$ $2x+2=2(4x+2)$

28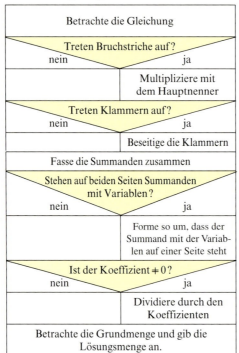

Beim Umformen sind Fehler passiert!
a) $5-6x=26+x$ b) $8(x-1)=6x+2$
     $-5x=21$ $8x-1=6x+2$
c) $5(5-x)=10(x-4)$ d) $3-(x-4)=5x+x$
   $25-x=10x-40$ $3-x-4=5x$

Entscheidungsdiagramm für das Lösen von Gleichungen

Betrachte die Gleichung		$\frac{11}{2}\cdot x-\frac{61}{6}=\frac{2}{3}\cdot\left(\frac{7}{2}x-1\right)$	
Treten Bruchstriche auf?		Treten Bruchstriche auf?	
nein	ja		ja
	Multipliziere mit dem Hauptnenner		$33x-61=4\left(\frac{7}{2}x-1\right)$
Treten Klammern auf?		Treten Klammern auf?	
nein	ja		ja
	Beseitige die Klammern		$33x-61=14x-4$
Fasse die Summanden zusammen			
Stehen auf beiden Seiten Summanden mit Variablen?		Stehen auf beiden Seiten Summanden mit Variablen?	
nein	ja		ja
	Forme so um, dass der Summand mit der Variablen auf einer Seite steht		$33x-14x=-4+61$ $19x=\ \ \ 57$
Ist der Koeffizient $\neq0$?		Ist der Koeffizient $\neq0$?	
nein	ja		ja
	Dividiere durch den Koeffizienten		$x=3$
Betrachte die Grundmenge und gib die Lösungsmenge an.		$L=\{3\}$	

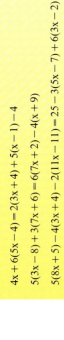

$4x+6(5x-4)=2(3x+4)+5(x-1)-4$

$5(3x-8)+3(7x+6)=6(7x+2)-4(x+9)$

$5(8x+5)-4(3x+4)-2(11x-11)=25-3(5x-7)+6(3x-2)$

Für bärenstarke Rechner und Rechnerinnen!

29

Kürze.

a) $\dfrac{2ab}{8a}$; $\dfrac{m^2}{5m}$; $\dfrac{12a+9b}{3}$

b) $\dfrac{4x^2-8xy}{2x}$; $\dfrac{16u+24v+32w}{8}$

c) $\dfrac{12m+16mn}{3m+4mn}$; $\dfrac{8a^2-10ab}{4a-5b}$

30

Finde den Hauptnenner, erweitere und vereinfache.

a) $\dfrac{1}{m}+\dfrac{1}{n}$ b) $\dfrac{2}{m}-\dfrac{1}{n}$

c) $\dfrac{x}{2}-\dfrac{x}{5}$ d) $\dfrac{1}{a}+\dfrac{1}{b}+\dfrac{1}{c}$

31

Berechne die jeweiligen Termwerte für $x=1,25$ und $y=-0,75$.

a) $2(x-y)$ b) $(x+y)-(x-y)$

c) $\dfrac{2x+4y}{x+2y}$ d) $\dfrac{1}{x}-\dfrac{1}{y}$

32

Ergänze die Tabelle.

r	s	$2r-s$	$2(r+s)$
$-1,2$	$-0,8$		
$0,35$	$1,15$		
$2,5$		0	
$2,5$			0

33

Rechne mit dem Taschenrechner, vorher Überschlag.

a) $\dfrac{12,25+8,37}{0,116\cdot15,7}$

b) $\dfrac{87,5-9,2}{0,8\cdot1,1\cdot0,9}$

c) $\dfrac{28,1\cdot10,5}{11,2-21,1}$

d) $\dfrac{2\cdot7,2-14,4}{88,8\cdot0,99}$

e) $\dfrac{1,04\cdot2,08\cdot3,12}{0,72\cdot0,84\cdot0,96}$

f) $\dfrac{0,72\cdot0,84\cdot0,96}{1,04\cdot2,08\cdot3,12}$

34

Setze folgerichtig fort und berechne die Summe der ersten fünf Summanden.

a) $\dfrac{1}{1\cdot2}+\dfrac{1}{2\cdot3}+\dfrac{1}{3\cdot4}+\ldots$

b) $\dfrac{1}{2}+\dfrac{2}{3}+\dfrac{3}{4}+\ldots$

c) $0,5+0,55+0,555+\ldots$

35

a) Wird eine Zahl um die Summe aus ihrem vierten und fünften Teil vermindert, so ist das Ergebnis 22.

b) Das 18fache einer Zahl, vermehrt um das 5fache der um 1 vergrößerten Zahl, ergibt 97. Wie heißt die Zahl?

36

Subtrahiert man von der Summe aus dem 5fachen einer Zahl und 15 die Summe aus dem 8fachen der Zahl und 40, erhält man dasselbe, wie wenn man von der Zahl 65 subtrahiert.

37

Aus einer alten indischen Aufgabensammlung (Bhaskaras um 1150 n. Chr.):
Von einem kleinen Schwarm Bienen ließen ein Fünftel sich auf einer Kadambalablüte, ein Drittel auf der Silindablume nieder. Der dreifache Unterschied der beiden Zahlen flog zu den Blüten de Kutaja. Eine Biene blieb übrig und schwebte in der Luft hin und her.
Wie viele Bienen zählt der Schwarm?

38

Frau Moll ist heute dreimal so alt wie ihre Tochter Lara. Vor 5 Jahren war sie viermal so alt. Wie alt sind beide heute?

39

Zum Knobeln.
Wie alt ist Tanja heute?
Alberto ist 27 Jahre alt. Er ist dreimal so alt, wie Tanja war, als Alberto doppelt so alt war, wie Tanja jetzt ist.

40

Ein Rechteck ist 5 cm länger als breit. Sein Umfang beträgt 34 cm.
Berechne die Seitenlängen und den Flächeninhalt.

41

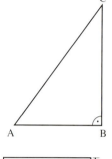

Die Maßzahlen der Seitenlängen des nebenstehenden rechtwinkligen Dreiecks ABC sind aufeinander folgende gerade Zahlen. Der Umfang beträgt 24 cm.
a) Wie lang sind die Seiten?
b) Berechne den Flächeninhalt.

42

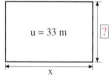

Die andere Seite des nebenstehenden Rechtecks ermisst nur 65 % der Seitenlänge x.
Berechne den Flächeninhalt des Rechtecks.

43

Susanne sagt zu Axel: „Wenn du mir sagen kannst, wie viele Aufkleber ich habe, erhältst du den dritten Teil weniger einen, oder, was dasselbe ist, den vierten Teil und noch einen dazu." Wie viele Aufkleber besaß Susanne?

44

Drei Schiffbrüchige auf einer einsamen Insel stoßen bei der Nahrungssuche auf eine Kokospalme. Zum Glück sitzt ein Affe auf der Palme und pflückt die Früchte ab. Der erste Seemann sammelt die Hälfte der Kokosnüsse und eine Kokosnuss dazu auf, der zweite die Hälfte des Rests und ebenfalls eine Kokosnuss zusätzlich, der dritte die Hälfte des nunmehrigen Rests und drei Kokosnüsse dazu. Nun ist der Baum leer gepflückt. Wie viele Früchte trug er ursprünglich?

45

a) Michael und Andreas fahren mit ihren Rädern um die Wette. Da Michael älter ist, gibt er Andreas einen Vorsprung von einer Minute. Michael fährt mit 36 km/h, Andreas mit 30 km/h. Nach wie viel Minuten und nach welcher Strecke wird Andreas von Michael eingeholt?
b) Welchen Zeitvorsprung braucht Andreas, wenn beide mit den angegebenen Geschwindigkeiten gleichzeitig im 24 km entfernten Zielort ankommen wollen?

Gleichgewicht auf der Wippe

Was muss anstelle des Fragezeichens auf die Wippe gesetzt werden, damit sie im Gleichgewicht ist?

Eine programmierbare Zeichenmaschine zeichnet Figuren von vor-
gegebener Form. Die Striche können nach rechts, links, oben bzw.
unten ausgeführt werden. Vor dem Start muss man ein Programm
eingeben, nach dem die Maschine zeichnen soll. Dabei werden
folgende Abkürzungen verwendet: ax bedeutet a Einheiten nach rechts, – ax bedeutet a Einheiten nach links,
ay bedeutet a Einheiten nach oben, – ay bedeutet a Einheiten nach unten.

EINE ZEICHENMASCHINE

Beispiel:
Die Figur wird nach dem Term
$3x - y + 2x - 3y - 5x + 4y$
gezeichnet.
Woran ist am Term zu erkennen, dass der
Zeichenstift wieder zum Ausgangspunkt S
zurückkehrt?

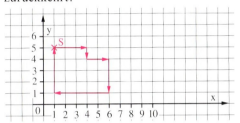

3

Zeichne die Figuren zu den Programmen.
a) $4y + 3x - 5y - 2x + y - x$
b) $-2x - 5y + 3x + 2y - x + 3y$
c) $x + y + x + y + x + y - 3x - 3y$

4

Es gibt auch Programme für räumliche
Bilder.

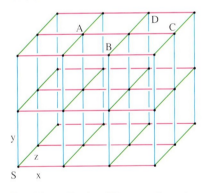

Der Term für den Weg von S aus lautet:
$2x + 2z + y - x + y + 2x - 2y - x + 2y - 2z$
Endet der Weg im Punkt A, B oder C?
Stelle einen Term auf für den Zeichenweg
von S nach D.

1

Gib die Programme für die Figuren an.

2

Hier wurde offensichtlich falsch
programmiert.
Wo liegen die Fehler im Programm?

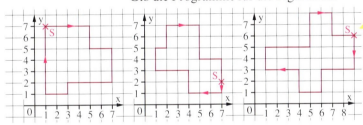

43

Rückspiegel

1
Löse die Gleichung.
a) $3x + 4 - 5x = 8x - 8 + 2x$
b) $\frac{2}{5}x - \frac{2}{3} = \frac{1}{3}x + \frac{1}{5}$
c) $14x - (8 + 3x) = 12 + (8 - 2x) - (5x + 7)$
d) $3y + (7y - 5) = 12y - (8y + 5) - (3y + 9)$
e) $\frac{1}{3}x - (-\frac{2}{3} - \frac{1}{8}x) = -(\frac{1}{2} + \frac{1}{8}x)$

2
a) $10x + 35 - 4x - 53 = 27 + x + 11 + 4x$
b) $6x + 4 - 3x - 7 = 10 + x + 2 + 3x$
c) $3(x - 4) + 17 = 5(x + 3) - 2(x + 5)$
d) $\frac{1}{5}(2x - 4) = \frac{1}{4}(3x + 5)$
e) $1,5(2t + 3) = 2,5t - (5,5 - 0,5t)$
f) $\frac{2}{5}(y + 24) - 5 = \frac{3}{4}(y + 15)$

3
Gib die Lösungsmenge an. Beachte dabei die Grundmenge.
a) $6(9u + 1) = 4(12u - 3)$ $\qquad$ $G = \mathbb{N}$
b) $25y - 3(4 - 5y) = 0$ $\qquad$ $G = \mathbb{Q}$
c) $4x(3x + 1) - 3x(4x - 1) = -14$ $\quad$ $G = \mathbb{Z}$
d) $80 - 4a(-a - 2) - 8a^2 = 0$ $\quad$ $G = \mathbb{N}$

4
Löse die Gleichung nach x auf.
a) $x + a = 3a + 1$
b) $2c + x = c + 2$
c) $3(a - x) = 2(3x + 6a)$
d) $4(b - x) = -3(b + x)$
e) $20x + 3(11c - 2) = 7(2 - c)$

5
Löse die Gleichungen nach a auf, dann nach b und danach nach c.
a) $4a + 3b = 7c$
b) $14a - 3c + 5b = 7c - 4b$
c) $3(5a - 2b) = 4(3a + 5b)$
d) $2a = (a + c)b$

6
Wandle die Summen in ein Produkt um.
a) $2a - 6b + 8c$ $\qquad$ b) $4x^2 - 8xy + 12x$
c) $17m^2 + 85mn$ $\qquad$ d) $-r - s - t$
e) $\frac{1}{2}a^2 + \frac{3}{2}ab + \frac{5}{2}ac + \frac{7}{2}ad$
f) $-1,2x^3 - 2,4x^2 - 3,6xy - 4,8x$

7
Verdoppelt man eine Zahl und addiert 6, so erhält man dasselbe, wie wenn man die Zahl vervierfacht und 8 subtrahiert. Wie heißt die Zahl?

8
Oliver gibt von seinem Taschengeld den dritten und den siebten Teil aus und hat dann noch 1 € mehr als die Hälfte übrig. Wie viel Taschengeld besaß Oliver?

9
Blumstadt hat 28 560 Einwohner. Die Zahl der volljährigen Bürger übertrifft die der Jugendlichen um zwei Fünftel. Wie viel jugendliche Einwohner hat die Stadt?

10
Frau Dietrich vererbt ein Drittel ihres Vermögens an ihre Enkel, die Hälfte an ihre Kinder und den Rest von 35 000 € an eine wohltätige Organisation. Wie hoch war ihr Vermögen?

11
Ein Frachtschiff verlässt seinen Hafen um 6 Uhr und fährt mit einer durchschnittlichen Geschwindigkeit von 10 Knoten. Ein Schnellboot, das $1\frac{1}{4}$ Stunden später startet, fährt mit einer Geschwindigkeit von 35 Knoten. Wann holt es das Frachtschiff ein?

12
In einem gleichschenkligen Dreieck ist der Winkel an der Spitze $\frac{1}{2}$-mal so groß wie ein Basiswinkel. Wie groß sind die Winkel?

13
Rechne mit dem Taschenrechner.
a) $\frac{1}{0,44}$; $\frac{1}{4,4}$; $\frac{2}{0,35}$; $\frac{3}{33}$
b) $\frac{2,4 \cdot 11,3}{0,77}$; $\frac{2,4}{11,3 \cdot 0,77}$; $\frac{0,77}{2,4 \cdot 11,3}$
c) $\frac{41,6 \cdot 0,98}{13,4 - 14,3}$; $\frac{11,8 - 9,99}{0,41 \cdot 88,1}$
d) $\frac{0,41 \cdot 88,1}{11,8 - 9,99}$; $\frac{1}{14,2 \cdot 0,7 \cdot 8,6}$

II Funktionen

Ptolemaisch general tafel/begreiffend die halbe kugel der weldt.

Die Mathematik des Altertums und des Mittelalters handelt im Wesentlichen von starren Formen und festen Größen. Die Probleme der Landvermessung führten zur Geometrie, ebenso die notwendigen Überlegungen bei der Errichtung von Bauwerken. Die Erfordernisse des Geld- und Handelswesens und der Verwaltung ließen die Rechenkunst (Arithmetik) entstehen.

Im Zusammenhang mit dem erwachenden Interesse an der Beschäftigung mit den Naturwissenschaften fragte man nun im 17. Jahrhundert mehr und mehr nach der Veränderung der Größen und ihren gegenseitigen Abhängigkeiten, insbesondere im Zusammenhang mit Bewegungsvorgängen. Es entstand der Begriff der Funktion. Wichtigste Grundlage dafür war die Einführung des Koordinatensystems.

Das Koordinatensystem ist eine Erweiterung des bisher aus der Geometrie bekannten Gitternetzes durch Hinzunahme der negativen Zahlen. Es wird nach dem französischen Mathematiker René Descartes (1596–1650) auch **kartesisches** Koordinatensystem genannt.

Die Idee, die Punkte und Linien mit Hilfe eines Gitternetzes festzulegen, hatten bereits die Ägypter vor fast 5000 Jahren.

Das vom Atlas vertraute Gradnetz und die Begriffe Länge (für die Ausdehnung von Ost nach West) und Breite (für die Ausdehnung von Nord nach Süd) benutzte schon Hipparchos aus Nicäa um 150 v. Chr.

Allerdings wurde diese Idee in der antiken Mathematik kaum aufgegriffen.

1 Zuordnungen

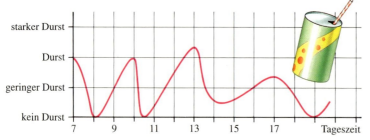

1

Die Grafik zeigt das Durstgefühl einer Schülerin während eines Tages in der Winterzeit.
Was kannst du über den Durst dieser Schülerin sagen?
Zeichne einen möglichen Verlauf für einen heißen Sommertag.

2

Bei einem Pkw wurde der Benzinverbrauch im 2., 3. und 4. Gang bei verschiedenen Geschwindigkeiten gemessen.
Stelle die Werte in einem Koordinatensystem dar und erkläre den Kurvenverlauf.

Geschwindigkeit km/h	20	30	40	50	60	70	80	90	100	110	120
2. Gang (l/100 km)	9,5	10	11	12	–	–	–	–	–	–	–
3. Gang (l/100 km)	8	7	7,2	8	9	10	11,2	–	–	–	–
4. Gang (l/100 km)	–	–	5,4	5	5,6	6,5	7,4	8,6	10	11,4	12,8

In vielen Bereichen des Alltags gibt es Situationen, in denen eine erste Größe eine zweite bestimmt. Man spricht dann von **Zuordnungen**. Stellt man Zuordnungen zeichnerisch in einem Koordinatensystem als **Graph** oder Schaubild dar, so lässt sich die Beziehung zwischen den zugeordneten Werten oft schneller erfassen.

> Werden zwei Größenbereiche oder Zahlenbereiche in Beziehung gesetzt, entstehen **Zuordnungen**. Ihre zeichnerische Darstellung in einem Koordinatensystem nennt man den **Graphen** einer Zuordnung.

Beispiel

In der Tabelle sind die Daten zum Papierverbrauch und Altpapieraufkommen in der Bundesrepublik Deutschland von 1950–1990 gegeben. Anhand einer Darstellung im Koordinatensystem lassen sich die zeitlichen Entwicklungen gut vergleichen.

Jahr	Papier- verbrauch	Altpapier- aufkom- men
1950	1,8 Mio. t	0,5 Mio. t
1960	4,3 Mio. t	1,3 Mio. t
1970	7,4 Mio. t	2,3 Mio. t
1980	9,5 Mio. t	3,6 Mio. t
1990	10,9 Mio. t	5,0 Mio. t

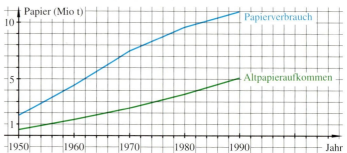

Der Papierverbrauch ist im Vergleich zum Altpapieraufkommen bis zum Jahr 1970 stärker angewachsen. Danach verlaufen die beiden Graphen fast parallel. Das bedeutet, dass die Herstellung von Altpapier genauso stark wie der Verbrauch von Papier insgesamt angestiegen ist.
Die Differenz zwischen Papierverbrauch und Altpapieraufkommen zeigt die Papiermenge an, die als Abfall beseitigt werden musste. Sie ist ab 1970 etwa konstant.
Auch das Verhältnis beider Papiermengen zueinander ist aufschlussreich. Während noch 1960 weniger als ein Drittel (1 : 3,3) des Papiers als Altpapier wieder verwertet wurde, ist dies 1990 immerhin fast die Hälfte (1 : 2,2).

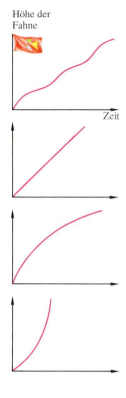

Höhe der
Fahne

Zeit

3

Links siehst du Darstellungen verschiedener Varianten eine Fahne zu hissen.
a) Erkläre, wie das Hochziehen jeweils durchgeführt wurde.
b) Bei welcher Möglichkeit wurde die Fahne am schnellsten hochgezogen?
c) Welcher Graph entspricht wohl am ehesten der Realität?

4

Ein Förster kommt mit seinem Hund von einem Kontrollgang zurück. Sobald der Hund das Forsthaus entdeckt, läuft er dem Förster voraus auf das Haus zu, dort macht er kehrt und springt seinem Herrn wieder entgegen. Das wiederholt er so oft, bis auch sein Herr am Haus angekommen ist.
Stelle die zurückgelegten Wege des Försters und des Hundes mit Hilfe zweier Graphen dar (1. Achse: Zeitachse, 2. Achse: Wegachse).

5

a) Zeichne in ein geeignetes Koordinatensystem (s. Randspalte) einen Graphen, der zeigt, wie groß die Geschwindigkeit eines Rennwagens ist, der die Nürburgringstrecke einmal durchfährt.
b) Woran kann man erkennen, welche Kurven am gefährlichsten sind?
c) Wie muss der Graph weitergezeichnet werden, wenn eine zweite Runde gefahren wird?

km/h

Start A   B   C   D   Ziel
km

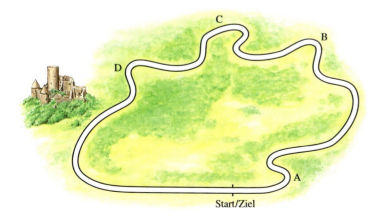

6

In verschiedene Flaschen fließt gleichmäßig Wasser. Zeichne die Füllkurven, die die Füllhöhe der Flaschen anzeigen.

7

Eine Gruppe von Bauarbeitern soll einen Parkplatz anlegen. Erkläre die verschiedenen Graphen.

8

Der Wert eines Autos nimmt jedes Jahr um 20 % ab.
a) Erstelle eine Tabelle für den Gebrauchtwert des Autos nach 1, 2, 3, 4, 5 und 6 Jahren und zeichne den Graphen.
b) Wann ist es am günstigsten, das Auto zu verkaufen? Denke bei deiner Entscheidung auch an die Reparaturbedürftigkeit des Autos.

9

Der Umsatz einer Firma betrug im Jahr 1996 32,5 Mio. €. Er stieg von 1996–2000 jährlich um 7 %.
a) Wie hoch war er in den Jahren 1997–2000? Trage die Werte in eine Tabelle ein und zeichne dann einen Graphen.
b) Versuche, den Graphen weiterzuzeichnen und dann die Umsatzzahlen für die Jahre 2001 – 2003 abzulesen.

2 Funktionen

1

Auf dem Blatt des Fahrtenschreibers wird die Geschwindigkeit eines Omnibusses aufgezeichnet. Lies die Geschwindigkeit um 21.00 Uhr möglichst genau ab. Zu welchen Zeiten hielt das Fahrzeug an? Welche Strecke legte es zwischen 20.30 Uhr und 22.00 Uhr zurück, wenn jeder Strich in dem gefärbten Bereich zwischen dem oberen und unteren Rand 5 km bedeutet?

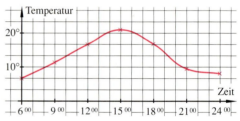

2

Die Länge der Schraubenfeder ändert sich mit der angehängten Last. Vervollständige die Wertetabelle und übertrage die Wertepaare in ein geeignetes Koordinatensystem.

Gewichts- kraft in N	Verlängerung der Feder in cm
0,5	1,7
1	3,4
1,5	☐
2	☐
☐	8,5
5	☐
6	20,4

Bei der Zuordnung zwischen der Tageszeit und der Temperatur an einem Ort handelt es sich um eine eindeutige Zuordnung. Jedem Zeitpunkt wird genau ein Temperaturwert zugeordnet. Eine eindeutige Zuordnung heißt **Funktion**.

Uhrzeit	6.00	9.00	12.00	15.00	18.00	21.00	24.00
Temp. in °C	7,4	12,1	17,3	21,5	17,3	10,0	8,6

Ordnet man umgekehrt den Temperaturen die entsprechenden Tageszeiten zu, entsteht zwar auch eine Zuordnung, jedoch keine Funktion, weil z. B. zu 17,3° C verschiedene Uhrzeiten gehören.

Unter einer **Funktion** versteht man eine Zuordnung, bei der zu jeder Zahl oder Größe aus einem ersten Bereich **genau eine** Zahl oder Größe aus einem zweiten Bereich gehört.
Die zugeordneten Zahlen oder Größen aus dem zweiten Bereich nennt man **Funktionswerte.**

Beispiele

a) Die Zuordnung   Zeit ↦ Wegstrecke ist eine Funktion.

Zeit in h	1	2	3	5	6
Weg in km	12	20	30	55	70

b) Die Zuordnung

      Körpergröße ↦ Körpergewicht
ist **keine Funktion**, da einer Größe aus dem ersten Bereich (165 cm) zwei Größen aus dem zweiten Bereich zugeordnet werden.

Größe in cm	165	160	165	172	161
Gewicht in kg	59	59	65	66	62

c) Die Zuordnung Parkdauer ↦ Parkgebühr stellt eine Funktion dar.

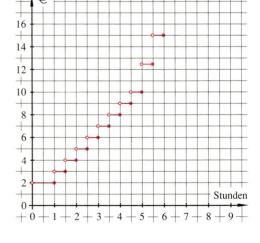

Drehzahl in 1000 pro min	Leistung in kW
1	11
2	25
3	40
4	48
5	52

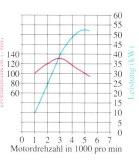

Drehmoment in Nm	Drehzahl in 1000 pro min
104	1
120	2
128	3
116	4
100	5

Aufgaben

3
Welche Zuordnungen sind Funktionen? Begründe deine Antwort.
a) Anzahl der Arbeitsstunden ↦ Lohn
b) Heizdauer ↦ Wassertemperatur
c) Heizölmenge ↦ Gesamtpreis
d) Bahnkilometer ↦ Fahrkartenpreis
e) Fahrkartenpreis ↦ Bahnkilometer
f) Motordrehzahl ↦ Motorleistung
g) Drehmoment ↦ Motordrehzahl
(Betrachte für f) und g) die Abbildungen auf dem Rand.)

4
Trage die zugeordneten Werte in eine Tabelle ein. Wähle ganze Zahlen von −3 bis 3. Liegt eine Funktion vor?
a) Zahl ↦ das Doppelte der Zahl
b) Zahl ↦ die Summe aus der Zahl und 1
c) Zahl ↦ das Dreifache der Zahl
d) Zahl ↦ Betrag der Zahl

5
Welche Zuordnungen sind Funktionen?
a) Seitenlänge eines Quadrats ↦ Flächeninhalt des Quadrats
b) Umfang eines Quadrats ↦ Seitenlänge des Quadrats
c) Umfang eines Rechtecks ↦ Breite des Rechtecks
d) Umfang eines Rechtecks ↦ Fläche des Rechtecks

6
Funktion oder keine Funktion? Begründe deine Antwort.

a)
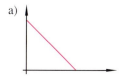

b)
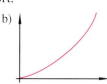

c)
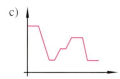

d)
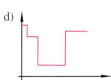

7
Welche Tabelle stellt mit Sicherheit keine Funktion dar? Begründe.

a)
1. Größe	2	3	4	5	7	10	12
2. Größe	10	9	6	5	9	2	12

b)
1. Größe	8	10	9	7	6	5
2. Größe	8	9	10	11	12	13

c)
1. Größe	65	31	54	78	65	94
2. Größe	7	1	2,5	1	3	14

d)
1. Größe	1,8	2,4	2,8	2,6	2,4	1,8
2. Größe	0,3	0,9	1,5	2,1	2,0	1,8

e)
1. Größe	1	2	3	4	5	6
2. Größe	−3	−4	−3	0	5	12

8

Das Verkehrsschild gibt an, dass die Straße auf 100 m Länge (horizontal gemessen) einen Höhenunterschied von 12 m überwindet.

a) Vervollständige die Tabelle im Heft.

Länge	100	500	1000	1200	1500	2000
Höhe	12	□	□	□	□	□

b) Zeichne den Graphen ins Koordinatensystem (1. Achse: 1 cm entspricht 200 m; 2. Achse: 5 cm entsprechen 100 m) und gib an, ob eine Funktion vorliegt.

9

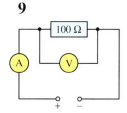

Der Schaltplan zeigt einen Stromkreis mit einem Widerstand, zu dem folgendes Messprotokoll aufgenommen wurde.

U (in V)	2	4	6	8	10
I (in A)	0,02	0,04	0,06	0,08	0,1

a) Übertrage die Messwerte in ein Koordinatensystem.
b) Überprüfe, ob eine Funktion vorliegt.

3 Koordinatensystem

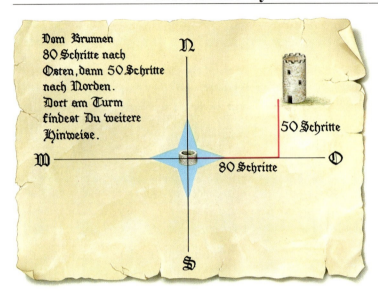

1
Übertrage den Plan auf kariertes Papier und markiere den Weg der Schatzsucher vom Brunnen bis zum Turm. Wähle für 10 Schritte die Länge 1 cm.
Vom Turm führt der Weg zum Schatz zunächst 120 Schritte nach Westen und dann 70 Schritte nach Süden.
Beschreibe die Lage des Schatzes in Bezug auf den Brunnen.

2
Zeichne zwei zueinander senkrechte Achsen und trage die Punkte A(2;2), B(10;7) und C(2;12) ein. Ergänze die drei Punkte durch den Punkt D zu einer Raute.
Reicht das Quadratgitter aus?

Bisher haben wir Punkte im Quadratgitter nur durch positive Zahlen gekennzeichnet.
Die negativen Zahlen ermöglichen jedoch auch Eintragungen von Punkten, die unterhalb der x-Achse und links von der y-Achse liegen. Die waagerecht verlaufende x-Achse und die darauf senkrecht stehende y-Achse werden nun zu Geraden, die man **Koordinatenachsen** nennt.
Die zur Geraden erweiterte x-Achse nennen wir auch **Abszissenachse**. Die zur Geraden verlängerte y-Achse ist die **Ordinatenachse**.

x-Wert
(1. Koordinate)
|
P(7; −3)
|
y-Wert
(2. Koordinate)

> Die Lage eines Punktes im Achsenkreuz wird durch seine zwei Koordinaten eindeutig bestimmt. Man nennt das Achsenkreuz **Koordinatensystem.**
> Die 1. Koordinate eines Punktes bezeichnet man als x-Wert, die 2. Koordinate als y-Wert.

Bemerkung: Als Einheit verwendet man im Allgemeinen 1 cm.

Beispiel
Der x-Wert beschreibt die Bewegung in waagerechter Richtung nach rechts (bei positivem Vorzeichen) oder nach links (bei negativem Vorzeichen).
Der y-Wert bestimmt die Bewegung in der dazu senkrechten Richtung nach oben oder nach unten.

A(3;4)   3 nach rechts; 4 nach oben
B(−4;3)   4 nach links; 3 nach oben
C(−2;−3)   2 nach links; 3 nach unten
D(4;−2)   4 nach rechts; 2 nach unten

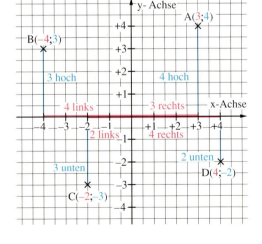

Bemerkung: Die beiden Achsen teilen die Zeichenebene in vier Felder, die man **Quadranten** nennt.

Aufgaben

3

Übertrage die Punkte in ein Koordinatensystem und verbinde sie zu einem Viereck.

a) A(-6; -3);   B(-1;1);
   C(-4;0);   D(-5; -1)

b) A(2,5; -4,5);   B(-1;4,5);
   C(-7,5;0,5);   D(-5,5; -0,5)

c) A(4,5;3,5);   B(-5,5; -0,5);
   C(-1; -5,5);   D(6; -2,5)

d) A(-8; -13);   B(-5; -9);
   C(6; -7);   D(-1,5;7)

e) A(0; -10);   B(10;0);
   C(10; -10);   D(-10;10)

4

Bestimme die Koordinaten der eingezeichneten Punkte. Beispiel: P(-4;3)

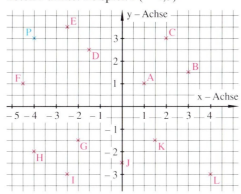

5

In welchem Quadranten liegt der Punkt?

a) P(-7;3)   b) Q(-9; -12)
c) R(4,7; -0,5)   d) S(-0,1; -0,9)
e) T(0; -8,5)   f) U(-1,6;0)
g) V(8,2; -8,2)   h) W(-6,5; -5,6)

6

Übertrage die Tabelle in dein Heft und fülle sie aus.

	Vorzeichen des	
	x-Werts	y-Werts
1. Quadrant		
2. Quadrant		
3. Quadrant		
4. Quadrant		

7

Die Punkte A, B und C sind drei Eckpunkte eines Vierecks. Bestimme den fehlenden Eckpunkt D.

a) Quadrat: A(5;3); B(5;6); C(2;6)
b) Rechteck: A(-2;4); B(-5,5;4);
   C(-5,5; -3)
c) Quadrat: A(-2;4); B(4;2); C(2; -4)
d) Rechteck: A(2;6); B(10;0); C(7; -4)

8

Zeichne das Viereck ABCD mit seinen Diagonalen in ein Koordinatensystem. In welchem Punkt schneiden sich die Diagonalen?

a) A(-1; -4); B(4;1); C(-5;4);
   D(-6; -4)
b) A(7; -7); B(8;0); C(0;5); D(-2; -5)

9

Zeichne das Dreieck mit A(7;1), B(6;5) und C(2;3) in ein Koordinatensystem.

a) Spiegle das Dreieck an der x-Achse.
b) Spiegle das Dreieck an der y-Achse.
c) Spiegle das Dreieck an der Geraden PQ mit P(-4;4) und Q(3; -3).

Bestimme jeweils die Koordinaten der Bildpunkte.

10

Übertrage die Punkte A(4; -2); B(7;2); C(-8; -2); D(-11; -6); E(-5;8) und F(1; -12) in ein Koordinatensystem. Zeichne die Verbindungsstrecken $\overline{AB}$, $\overline{BC}$, $\overline{CD}$ und $\overline{DA}$. Verbinde die Punkte E und F jeweils mit den Punkten A, B, C und D. Welche Figur entsteht?

11

Zeichne die Punkte A(1; -3); B(5; -3); C(7; -1,5) und D(3; -1,5) in ein Koordinatensystem und verbinde sie.
Verschiebe jeden Eckpunkt um vier Einheiten senkrecht nach oben.
Zeichne das Bildviereck A'B'C'D' und gib die Koordinaten an. Verbinde anschließend jeden Punkt mit seinem Bildpunkt. Welche Figur erhältst du?

4 Definitionsbereich. Wertebereich

1

Ordne den ganzen Zahlen von -5 bis $+5$ jeweils ihr Doppeltes zu.

2

Die Durchschnittsgröße der Schüler einer 8. Klasse wurde mit 1,72 m ermittelt. Abweichungen vom Durchnitt:
Anna: -5 cm; Mike: $+8$ cm; Peter: 0 cm.
Fertige eine solche Tabelle für 10 deiner Mitschüler an. Berechne vorher die Durchschnittsgröße.

Bei Aufgabe 2 handelt es sich um eine Funktion. Bei Aufgabe 1 ist jeder Zahl aus der Menge $D = \{-5; -4; \ldots +4; +5\}$ genau eine Zahl aus der Menge $W = \{-10; -8; \ldots; 0; \ldots; +8; +10\}$ **zugeordnet.**
Damit ergeben sich **geordnete Paare** $(-5; -10); (-4; -8); \ldots (0;0); \therefore (+5; +10)$.

> Die Menge D (x-Werte) nennt man **Definitionsbereich,** die Menge W (y-Werte) **Wertebereich** einer Funktion.
> Durch die jeweilige Zuordnung entstehen **geordnete Paare.**

Bemerkung: Es ist durchaus möglich, dass einem Element des Wertebereiches mehr als ein Element des Definitionsbereiches zugeordnet ist. Ordnet man zum Beispiel jeder ganzen Zahl ihre Quadratzahl zu, so gilt: $(-3)^2 = 9$ und $(+3)^2 = 9$.

Aufgaben

3

D sei die Menge der einstelligen natürlichen Zahlen. Jeder dieser Zahlen wird ihr Zehnfaches zugeordnet.
a) Gib den Wertebereich W an.
b) Gib alle geordneten Paare an, die bei dieser Funktion vorkommen.

4

Jedem Mädchen deiner Klasse ist ein bestimmtes Geburtsjahr zugeordnet.
a) Schreibe diese Zuordnung als Menge geordneter Paare.
b) Gib den Wertebereich an.

5

Gib die ersten zehn geordneten Paare der Malfolge der 7 an.

6

Stelle die geordneten Paare von Aufgabe 1 als Punkte in einem Koordinatensystem dar.

7

Jeder ganzen Zahl sei ihr Betrag zugeordnet.
a) Gib einige Elemente des Definitionsbereiches und die ihnen zugeordneten Elemente des Wertebereiches an.
b) Stelle die geordneten Paare als Punkte in einem Koordinatensystem dar.

8

Jeder natürlichen Zahl sei ihr Vorgänger zugeordnet. Nenne die ersten fünf Elemente des Definitionsbereiches.

9

Jeder rationalen Zahl r wird ihr Hundertfaches h zugeordnet.

a) Nenne einige ausgewählte Elemente des Definitionsbereiches.

b) Bilde die dazugehörigen Zahlenpaare.

c) Gib den Zusammenhang als Gleichung an.

10

Nach einer Klassenarbeit wird jedem Teilnehmer eine Zensur mitgeteilt.

a) Ist die Zuordnung Schüler $\longmapsto$ Zensur eine Funktion?

b) Wenn das zutrifft, was wären dann Definitions- und Wertebereich?

c) Ist die Zuordnung Zensur $\longmapsto$ Schüler eine Funktion?

Kurt $\rightarrow$ 1
Ina $\rightarrow$ 2

Manja $\searrow$
Gerd $\leftarrow$ 5

11

Jeder Seitenlänge eines Quadrates ist ein bestimmter Umfang zugeordnet.

a) Gib zum nebenstehenden Definitionsbereich den zugehörigen Wertebereich an.

b) Finde eine Gleichung für diese Zuordnung.

D = {1,5 cm; 2,0 m; 45 mm; 3,2 km; 0,4 m}

12

Ein unbemanntes Tauchboot taucht alle 5 s um 6 m in die Tiefe.

a) Nenne alle Elemente des Definitionsbereiches.

b) Stelle für 0 s; 5 s; 10 s; . . .; 50 s eine Tabelle der jeweiligen Tauchtiefe auf. Dabei ist die Tiefe mit negativen Vorzeichen versehen.

c) Veranschauliche den Sachverhalt in einem Koordinatensystem.

Zeit	Tiefe
5 s	− 6 m
10 s	
15 s	
20 s	
25 s	
⋮	⋮

13

Jemand hat am 31. 12. ein Guthaben von 2 500 € und will davon im folgenden Jahr monatlich 250 € abheben.

a) Ordne jedem Monat des Folgejahres den entsprechenden Kontostand zu.

b) Stelle den Sachverhalt in einem Koordinatensystem grafisch dar.

(Wähle als Einheit auf der Ordinate: 500 € ≙ 2 cm.)

Man kann jeden Bruch als geordnetes Paar natürlicher Zahlen schreiben.

Zum Beispiel: $\frac{3}{4} = (3;4)$;

$$1,2 = (12;10) = (6;5) = \ldots$$

Wie das letzte Beispiel schon zeigt, ergeben sich für jeden Bruch durch Kürzen oder Erweitern mehrere Darstellungsmöglichkeiten:

$$\frac{3}{4} = \frac{6}{8} = \frac{9}{12} = \frac{15}{20} = \ldots$$
$$(3;4) = (6;8) = (9;12) = (15;20) = \ldots$$

Stellt man die geordneten Paare als Punkte in einem Koordinatensystem dar, so liegen alle Punkte, die zu **einer gebrochenen Zahl** gehören, auf jeweils einem Strahl mit dem Anfangspunkt (0;0).

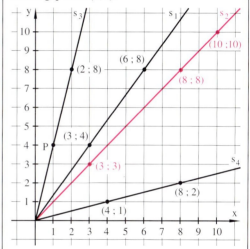

Welche Koordinaten hat der Punkt P?

Welche gebrochene Zahl stellt der Strahl s_3 und welche gebrochene Zahl stellt der Strahl s_4 dar?

Zeichne Strahlen für a) $\frac{1}{2}$ b) $\frac{4}{3}$ c) 2 in ein Koordinatensystem.

Der Strahl für die Zahl 1 ist sozusagen die Winkelhalbierende des ersten Quadranten. Wo liegen die **echten** und wo liegen die **unechten Brüche**?

Wie kann man alle zueinander **gleichnamigen Brüche** finden?

5 Funktionsgleichung

1

Bei einem Feuerwerk wird ein Feuerwerks-
körper senkrecht nach oben geschossen.
Die nach t Sekunden erreichte Höhe h in
Metern lässt sich näherungsweise mit der
Faustformel $h = -5t^2 + 45t$ bestimmen.
Durch Probieren kannst du herausbekom-
men, nach welcher Zeit der Feuerwerks-
körper seinen höchsten Punkt erreicht hat.

2

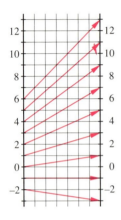

Zwischen den beiden Zahlengeraden ist eine
Funktion dargestellt. Wo endet der Pfeil,
der bei 13 beginnt? Drücke die Zuordnung
in Worten und mit einem Term aus.

Zu der Zuordnungsvorschrift einer Funktion, wie z. B. $x \mapsto 5 - x^2$, gehört die **Funktionsgleichung** $y = 5 - x^2$. Setzt man in diese Funktionsgleichung für x zum Beispiel die Werte 3
und -1 ein, erhält man die zugeordneten y-Werte:

Für $x = 3$: $\quad y = 5 - 3^2$ $\qquad\qquad$ Für $x = -1$: $\quad y = 5 - (-1)^2$
$\qquad\qquad\quad y = -4$ $\qquad\qquad\qquad\qquad\qquad\quad y = 4$

Die **geordneten Paare** $(3; -4)$ und $(-1; 4)$ erfüllen somit die Funktionsgleichung $y = 5 - x^2$.

In einer **Wertetabelle** kann man weitere geordnete Paare darstellen:

x	3	2	1	0	-1	-2	-3
y	-4	1	4	5	4	1	-4

> Eine Funktion lässt sich mit einer **Funktionsgleichung** darstellen. Mit ihr können für
> x-Werte aus dem Definitionsbereich die zugeordneten y-Werte aus dem Wertebereich
> berechnet werden.

Bemerkung: Als Schreibweise ist auch $f(x) = 5 - x^2$ üblich.
$\qquad\qquad\qquad$ Die y-Werte nennt man Funktionswerte und schreibt zum Beispiel $f(1) = 5 - 1^2$
$\qquad\qquad\qquad\qquad\qquad\qquad\qquad\qquad\qquad\qquad\qquad\qquad\qquad\qquad\qquad = 4$

Beispiele

a) Mit der Funktionsgleichung $y = \frac{1}{2}x + 1$
werden für die ganzzahligen x-Werte von
-3 bis 3 die y-Werte berechnet.
Mit Hilfe der berechneten Punkte wird der
Funktionsgraph gezeichnet.

x	-3	-2	-1	0	1	2	3
y	$-0,5$	0	0,5	1	1,5	2	2,5

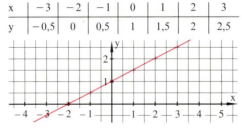

b) Mit der **Punktprobe** lässt sich feststel-
len, ob die Punkte $(3;16)$ und $(-1;1)$ auf
dem Funktionsgraphen liegen:
Für $x = 3$ gilt: $\quad y = 2 \cdot 3^2 - 2$
$\qquad\qquad\qquad\quad y = 16; \ f(3) = 16$
Das Wertepaar $(3;16)$ erfüllt die Gleichung
$y = 2x^2 - 2$, $(3;16)$ ist Punkt der Geraden.
Für $x = -1$ gilt: $\quad y = 2 \cdot (-1)^2 - 2$
$\qquad\qquad\qquad\qquad y = 2 - 2$
$\qquad\qquad\qquad\qquad y = 0; \ f(-1) = 0$
Das Wertepaar $(-1;1)$ erfüllt die Gleichung
$y = 2x^2 - 2$ nicht, $(-1;1)$ ist kein Punkt der
Geraden.

Bemerkung: Wenn nichts anderes gesagt ist, stammen die Werte für x aus $\mathbb{Q}$.

Wie heißen die Funktionsgleichungen?

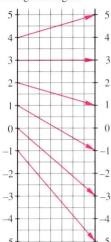

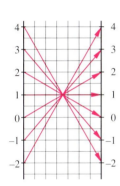

Aufgaben

3

Berechne die y-Werte der Tabelle und zeichne den Graphen.

a) $y = x - 3$

x	3	2	1	0	−1	−2	−3
y	☐	☐	☐	☐	☐	☐	☐

b) $y = -2x + 1$

x	4	3	2	0	−1	−2	−3
y	☐	☐	☐	☐	☐	☐	☐

c) $y = -1,5x - 2,5$

x	−4	−2	−1	0	1	2	3
y	☐	☐	☐	☐	☐	☐	☐

4

Fülle im Heft die Tabelle aus und zeichne den Graphen.

a) $y = x - 1,5$

x	−3	−2	−1	0	1	2	3
f(x)	☐	☐	☐	☐	☐	☐	☐

b) $y = -3x$

x	1	2	3	4	6	9	12
f(x)	☐	☐	☐	☐	☐	☐	☐

c) $y = \frac{1}{4}x^2$

x	−6	−5	−4	−3	−2	−1	0
f(x)	☐	☐	☐	☐	☐	☐	☐

5

Stelle die Wertetabelle für ganzzahlige x-Werte von −4 bis 4 auf. Zeichne den Graphen.

a) $y = 3x - 2$ b) $y = 2,5x + 1$
c) $y = -2x + 0,5$ d) $y = -x - 1,5$
e) $y = \frac{1}{2}x + 2$ f) $y = -\frac{1}{4}x - 1,5$
g) $y = (x - 1)^2$ h) $y = 2 - x^2$

6

Suche zu jeder Wertetabelle die Funktionsgleichung.

	x	−2	−1	0	1	2	3
a)	y	−4	−2	0	2	4	6
b)	y	−5	−4	−3	−2	−1	0
c)	y	−5	−3	−1	1	3	5
d)	y	−1	1	3	5	7	9
e)	y	10	9	8	7	6	5
f)	y	5	2	1	2	5	10
g)	y	8	2	0	2	8	18

7

Gib deinem Partner ebenfalls eine ausgefüllte Wertetabelle vor und lasse ihn die Funktionsgleichung bestimmen.

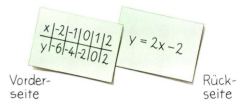

Vorderseite   Rückseite

8

Gib als Funktionsgleichung an.
Zu jeder Zahl x gehört
a) ihr Doppeltes   b) ihre Hälfte
c) ihr Dreifaches   d) ihre Gegenzahl.

9

Prüfe rechnerisch nach, ob die Punkte A(2|3), B(1,5|4), C(−3|0), D(−6|−4) zum Graphen der Funktionsgleichung gehören.

a) $y = 2x + 1$ b) $y = -x + 1,5$
c) $y = x^2 - 9$ d) $y = \frac{3}{4}x + 0,5$
e) $y = -0,6x - 0,6$ f) $y = x + 3$
g) $y = x^2 - 1$ h) $y = x^2 - 2x + 3$

10 €

Stelle die Funktionsgleichung auf.
Beispiel: Wenn 1 kg Äpfel 3 € kostet, beschreibt $y = 3x$ den Zusammenhang zwischen Gewicht und Preis.
a) 1 Liter Milch $\mapsto$ 0,89 €
b) 1 € $\mapsto$ 7 dkr (dänische Kronen)
c) 1 Yard $\mapsto$ 0,914 m
d) 1 Kilowattstunde $\mapsto$ 0,11 €

11 €

Die Firma *autocar* verlangt für die Vermietung eines Lkw pro Tag 95 € Grundgebühr. Der Kilometerpreis beträgt 0,50 €.
a) Drücke die Funktion
zurückgelegte Entfernung $\mapsto$ Gesamtkosten
mit einer Gleichung aus.
b) Stelle eine Wertetabelle auf für 20, 50, 80, 100, 120, 150, 200 km und zeichne den Graphen der Funktion.

12 €

Der Preis für ein Telegramm setzt sich aus einer festen Gebühr von 2,50 € und einer Wortgebühr (pro Wort) von

0,40 € für gewöhnliche Telegramme
0,80 € für dringende Telegramme
zusammen.

a) Drücke die Funktion

Anzahl der Wörter $\longmapsto$ Telegramm-
kosten

mit einer Gleichung aus.

b) Stelle eine Wertetabelle auf für 5, 10, 15, 20, 25 Wörter.

13 €

Jeden Tag erscheinen in den meisten Tageszeitungen die amtlichen Devisenkurse. Sie geben darüber Auskunft, zu welchem Kurs ausländisches Geld umgetauscht (Ankauf) oder deutsches Geld in ausländische Währung (Verkauf) eingetauscht werden kann.

a) Drücke die Funktionen in Funktionsgleichungen aus:

Euro-Betrag $\longmapsto$ Betrag in ausländischer Währung

und

Betrag in ausländischer Währung
$\longmapsto$ Euro-Betrag.

b) Bei einem Rücktausch muss man mit Verlust rechnen, da der Verkaufswert immer höher liegt als der Ankaufswert.

Drücke die Verlustrechnung in einer Funktionsgleichung aus.

Amtliche Devisenkurse

		Verkauf (€)	Ankauf (€)
Dänemark	100 dkr	14,0746	12,8287
Griechenland	100 Dr	0,3566	0,2737
Kanada	100 kan$	70,4225	61,3499
Schweden	100 skr	12,0525	10,6191
Schweiz	100 sFr	63,4518	61,1247
Türkei	100 000 TL	0,3268	0,1035
Ungarn	100 Ft	0,4700	0,3249
USA	1 US-$	1,0163	0,9443

14 €

Für die jährliche Wasserrechnung der Stadtwerke gelten folgende Gebühren:

Grundpreis	Wasser pro m³	Abwasser pro m³
37,80 €	2,00 €	2,10 €

(Hinweis: Bei der Berechnung wird die Abwassermenge der Brauchwassermenge gleichgesetzt.)

a) Gib eine Funktionsgleichung für die Gesamtkosten in einem Jahr an.

b) Stelle eine Wertetabelle für den Verbrauch von 150 m³ bis 250 m³ in Schritten von 10 m³ auf.

c) Zeichne die Werte in ein geeignetes Koordinatensystem.

15

Volumengleiche Stoffe können verschieden schwer sein. Die Dichte 2,7 von Aluminium z. B. gibt an, dass 1 dm³ Aluminium die Masse 2,7 kg hat. Gib die Abhängigkeit

Volumen $\longmapsto$ Masse

der Stoffe mit einer Gleichung an:

Kork	0,25	Gold	19,3
Ebenholz	1,2	Platin	21,45
Beton	2,4	Stahl	7,9
Silber	10,5	Quecksilber	13,55

16

Der Schall breitet sich in verschiedenen Stoffen unterschiedlich schnell aus. Beschreibe die Abhängigkeit von Zeit und Weg jeweils in einer Funktionsgleichung.

in Luft: 340 m pro Sekunde
in Wasser: 1 450 m pro Sekunde
in Stahl: 5 050 m pro Sekunde

17

Der Tank eines Pkw fasst 62 Liter Benzin. Der Durchschnittsverbrauch ist 8,4 l pro 100 km.

a) Wie viel Liter Benzin sind nach 50 km, 100 km, 200 km und 430 km gefahrener Strecke noch im Tank enthalten?

b) Mit welcher Funktionsgleichung lässt sich nach einer gefahrenen Strecke der restliche Tankinhalt berechnen?

c) Zeichne den Graphen in ein geeignetes Koordinatensystem.

6 Funktionen mit der Gleichung y = mx

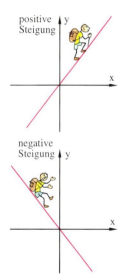

Die Pilatusbahn bei Luzern (Schweiz) ist die steilste Zahnradbahn der Welt.

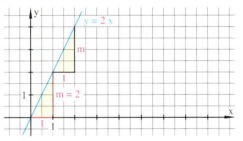

1

Die Steigung 12 % oder $\frac{12}{100}$ besagt, dass auf einer horizontalen Streckenlänge von 100 m ein Höhenunterschied von 12 m überwunden wird.

Lies die Steigungen der Bahnen ab und gib sie in Prozent an.

Drücke die Abhängigkeit

Streckenlänge $\longmapsto$ Höhenunterschied

jeweils in einer Funktionsgleichung aus. Woran erkennt man an den Gleichungen, welches die steilere Strecke ist?

Bei einer **proportionalen Zuordnung** lassen sich aus einem gegebenen Wertepaar weitere Wertepaare bestimmen. Bezahlt man für 3 Flaschen Saft einen Preis von 6,– €, dann kostet eine Flasche 2,– €. Der Quotient aus Preis und Anzahl bleibt mit 2,– € je Flasche immer gleich. Der Graph von y = 2x zeigt: Erhöht sich der x-Wert um 1, so vergrößert sich der y-Wert um 2. Setzt man in die Funktionsgleichung $y = \frac{3}{4}x$ für x den Wert 1 ein, so erhält man für y den Wert $\frac{3}{4}$. Ein Schritt nach rechts bedeutet somit $\frac{3}{4}$ Schritte nach oben. An dem Graphen kann man erkennen, dass man auch 4 Schritte nach rechts und 3 Schritte nach oben gehen kann, um denselben Verlauf der Geraden zu erhalten.

positive Steigung

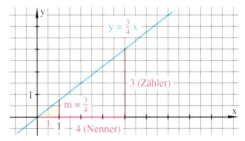

negative Steigung

Funktionen, bei denen die Elemente des Definitionsbereiches den Elementen des Wertebereiches proportional zugeordnet sind, haben die Gleichung y = mx. Dabei ist m der bekannte Proportionalitätsfaktor.

Der Faktor m wird **Steigungsfaktor** genannt, die Dreiecke heißen **Steigungsdreiecke**.

> Eine Funktion mit **y = m·x** ist eine **lineare Funktion**. Ihr Graph ist eine Gerade durch den Ursprung O(0;0). Der Steigungsfaktor **m** gibt die **Steigung** der Geraden an.

Beispiele

a) Zeichnen der Geraden mit der Funktionsgleichung $y = \frac{2}{3}x$.

Aus $m = \frac{2}{3}$ ergibt sich: P(3;2).

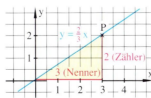

b) Bestimmen der Funktionsgleichung der Ursprungsgeraden durch P(2;−1).

Aus P(2;−1) ergibt sich: $m = -\frac{1}{2}$.

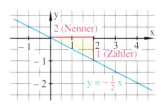

57

Bemerkung: Der Verlauf der Steigungen von Geraden durch den Ursprung lässt sich in vier Bereiche einteilen.

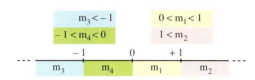

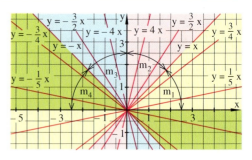

Aufgaben

2

Zeichne die Gerade einer linearen Funktion $y = mx$ durch den gegebenen Punkt.

a) $P(2;4)$ b) $P(6;1)$ c) $P(4,5;4,5)$

d) $Q(-3;2)$ e) $Q(-1;5)$ f) $Q(-8;2)$

3

Zeichne das Steigungsdreieck und die zugehörige Gerade. Gehe dabei vom Punkt $O(0;0)$ aus

a) um 1 nach rechts und 3 nach oben

b) um 2 nach rechts und 5 nach oben

c) um 1 nach rechts und 2 nach unten

d) um 3 nach rechts und 5 nach unten.

Gib jeweils die Steigung m und die Funktionsgleichung an.

4

Zeichne die Gerade einer linearen Funktion mit der Steigung m.

Beispiel: $m = 2$

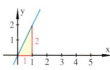

a) $m = 3$ b) $m = 4$ c) $m = 6$

d) $m = -1$ e) $m = -3$ f) $m = -5$

5

Zeichne die Gerade mit Hilfe der Steigung.

Beispiel: $y = -\frac{2}{5}x$

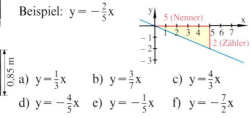

a) $y = \frac{1}{3}x$ b) $y = \frac{3}{7}x$ c) $y = \frac{4}{3}x$

d) $y = -\frac{4}{5}x$ e) $y = -\frac{1}{5}x$ f) $y = -\frac{7}{2}x$

6

Gib zu jeder Geraden die Steigung m und die Funktionsgleichung an.

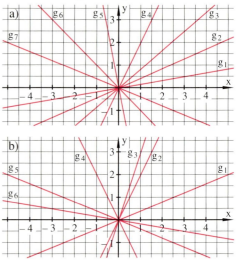

7

Eine Ursprungsgerade geht durch den Punkt P.

Bestimme den Steigungsfaktor m und gib die Funktionsgleichung an.

a) $P(5;4)$ b) $P(2;2)$ c) $P(-3;3)$

    $P(5;-4)$ $P(2;1)$ $P(-4;3)$

    $P(-5;4)$ $P(2;-1)$ $P(-5;3)$

    $P(-3;-2)$ $P(3;-4)$ $P(-1;-5)$

8 €

Zeichne die Funktionsgerade.

a) 1 Liter Milch kostet 0,80 €.

b) 1 Kilogramm Zucker kostet 1,10 €.

c) 1 Kilogramm Birnen kostet 2,50 €.

d) 1 Liter Normalbenzin kostet 0,95 €.

Bestimme die Steigung der Treppe.

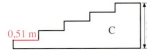

9

a) Ordne die Gleichungen nach der Eigenschaft „die Gerade ist steiler als".

$y_1 = 0,2x$ $\quad$ $y_2 = 1,2x$ $\quad$ $y_3 = x$

$y_4 = 5x$ $\quad$ $y_5 = \frac{1}{3}x$ $\quad$ $y_6 = \frac{4}{3}x$

b) Ordne die Gleichungen nach der Eigenschaft „die Gerade hat eine geringere Steigung als".

$y_1 = -\frac{2}{3}x$ $\quad$ $y_2 = -2,5x$ $\quad$ $y_3 = -0,5x$

$y_4 = -\frac{5}{4}x$ $\quad$ $y_5 = -x$ $\quad$ $y_6 = -3x$

10

Vergleiche den Verlauf der beiden Geraden, ohne zu zeichnen.

a) $y_1 = \frac{1}{3}x$ $\quad$ b) $y_1 = -4x$ $\quad$ c) $y_1 = -\frac{1}{4}x$

 $y_2 = \frac{1}{4}x$ $\quad$ $y_2 = -6x$ $\quad$ $y_2 = -\frac{1}{5}x$

d) $y_1 = \frac{2}{3}x$ $\quad$ e) $y_1 = \frac{9}{10}x$ $\quad$ f) $y_1 = -\frac{3}{4}x$

 $y_2 = 0,6x$ $\quad$ $y_2 = \frac{10}{9}x$ $\quad$ $y_2 = \frac{3}{4}x$

11

Welche Punkte liegen auf welchen Geraden? Zeichne oder rechne.

A(2;3)	$y = \frac{1}{2}x$
B($-2;-1$)	$y = -x$
C(5;0,5)	$y = 1,5x$
D($-2;4$)	$y = 0,1x$
E($-4,5;4,5$)	$y = \frac{2}{3}x$
F($-3;-2$)	$y = -2x$

12

Beide Punkte liegen auf einer Ursprungsgeraden. Bestimme die fehlende Koordinate durch Zeichnung.

a) S(2;-3) $\quad$ b) S($-2;-4$) $\quad$ c) S(-3;1)

 T(-4;□) $\quad$ T(1;□) $\quad$ T(1,5;□)

d) S(4;-1) $\quad$ e) S(1;3) $\quad$ f) S($-7;-3$)

 T(6;□) $\quad$ T(□;4,5) $\quad$ T(□;4,5)

Bestimme mit Hilfe des Karogitters die Steigungen der „Gebirgssilhouette".

13

Berechne die fehlende Koordinate der beiden Punkte einer Ursprungsgeraden.

a) A(4;6) $\quad$ b) C(5;3) $\quad$ c) E(1;9)

 B(□;9) $\quad$ D(2,5;□) $\quad$ F(□;13,5)

d) G(□;7,5) $\quad$ e) I(8;-10) $\quad$ f) L(6;□)

 H($-2;-3$) $\quad$ K(-6;□) $\quad$ M($-4,5$;7,5)

14

Zeichne den Graphen der Funktionsgleichung, indem du die Koordinaten eines weiteren Punktes bestimmst.

Beispiel: $y = \frac{3}{5}x$

Für x = 5 ergibt sich: $y = \frac{3}{5} \cdot 5$

$\qquad\qquad\qquad y = 3$ $\qquad$ P(5;3)

a) $y = \frac{1}{4}x$ $\quad$ b) $y = 4x$ $\quad$ c) $y = -2x$

d) $y = -\frac{2}{3}x$ $\quad$ e) $y = 1,2x$ $\quad$ f) $y = -0,4x$

g) $y = \frac{7}{4}x$ $\quad$ h) $y = -\frac{5}{7}x$ $\quad$ i) $y = 1,75x$

15

Bestimme die Ursprungsgeraden, die durch zwei, drei oder vier Punkte gehen. Zeichne im Heft. Wie heißen die zugehörigen Funktionsgleichungen?

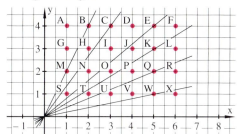

16

Zeichne beide Graphen in ein Koordinatensystem. Was fällt dir auf?

Berechne dann das Produkt aus beiden Steigungsfaktoren. Welchen Zusammenhang erkennst du?

a) $y_1 = \frac{1}{2}x$ $\qquad$ b) $y_1 = 3x$

 $y_2 = -2x$ $\qquad$ $y_2 = -\frac{1}{3}x$

c) $y_1 = \frac{3}{5}x$ $\qquad$ d) $y_1 = \frac{7}{4}x$

 $y_2 = -\frac{5}{3}x$ $\qquad$ $y_2 = -\frac{4}{7}x$

17

Spiegle die Geraden mit den Gleichungen

$y = 2x$; $y = \frac{2}{3}x$; $y = -4x$ und $y = -\frac{1}{5}x$

a) an der x-Achse

b) an der y-Achse

c) an der Geraden y = x

d) an der Geraden y = –x.

Gib die neuen Funktionsgleichungen an.

18 €

Der Pkw von Familie Friedrich verbraucht durchschnittlich im Stadtverkehr 9,5 ℓ und auf Landstraßen 7,5 ℓ Kraftstoff auf 100 km.
a) Stelle den Verbrauch für eine Tagesstrecke von 100 km in einem Koordinatensystem dar, wenn 60 % der Strecke zuerst im Stadtverkehr zurückgelegt werden.
b) Zeichne den Graphen für die Benzinkosten, wenn 10 ℓ Normalbenzin 8,49 € kosten.

19

Ein Jumbojet startet in Paris und legt mit einer Reisegeschwindigkeit von 800 km/h die 6000 km lange Atlantikroute nach New York zurück.
Zur selben Zeit startet eine überschallschnelle Concorde vom Kennedy Airport in New York aus, um mit einer Durchschnittsgeschwindigkeit von 2000 km/h nach Paris zu fliegen.
a) Gib die Abhängigkeit von Zeit und Weg für jedes Flugzeug mit einer Funktionsgleichung an.
b) Zeichne beide Graphen in ein Koordinatensystem.
(Hinweis: x-Achse: 1 cm entspricht 1 Stunde; y-Achse: 1 cm entspricht 1000 km)
c) Entnimm dem Schaubild, nach welcher Zeit und nach welchen Streckenabschnitten sich beide Flugzeuge begegnen.

20

Meerwasser hat einen durchschnittlichen Salzgehalt von 3,5 %.
a) Stelle die Salzmenge für 10, 20, 30, ... Liter Meerwasser grafisch dar.
b) Ermittle aus dem Schaubild, wie viel Liter Meerwasser 250 g Salz enthalten.

21

Der Wasserdruck nimmt mit der Tauchtiefe zu. Er beträgt in 10 m Wassertiefe 1000 mbar (Millibar), in 20 m Tiefe 2000 mbar usw.
a) Stelle die Funktion
   Tauchtiefe ⟼ Druck in mbar
grafisch dar.
b) Welcher Wasserdruck herrscht in 105 m Tiefe, der größten bisher vom Menschen ohne Hilfsmittel erreichten Tiefe?

22

Drei verschiedene Wassermengen mit derselben Ausgangstemperatur wurden mit leistungsgleichen Tauchsiedern erwärmt. Nach 90 Sekunden ergaben sich folgende Messwerte:

Masse in kg	Temperaturerhöhung in K
1	6
2	3
3	2

a) Stelle die Funktion
   Heizdauer ⟼ Temperaturerhöhung
in einem Koordinatensystem dar.
b) Nach welcher Zeit haben sich die Wassermengen jeweils um 36 K erwärmt?

23

An den Skalen eines Küchenmessbechers kann man außer dem Volumen in Liter auch die Mengenangaben verschiedener Grundnahrungsmittel ablesen.
Zu 300 cm³ gehören z. B. 180 g Mehl oder 270 g Zucker.
a) Stelle die beiden Funktionen im Koordinatensystem dar (50 cm³ entsprechen 1 cm, 50 g entsprechen 1 cm).
b) Welches Volumen besitzen 100 g Mehl?
c) Wie viel cm³ nehmen 200 g Zucker ein?

7 Funktionen mit der Gleichung y = mx + n

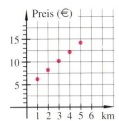

Preis (€)

1
Der Fahrpreis für eine Taxifahrt im Nahverkehr wird mit dem Taxameter berechnet.
Der Fahrpreis lässt sich grafisch darstellen. Für einige Entfernungen sind die Kosten im Schaubild zu sehen.
Warum verläuft die Gerade, die durch die Punkte geht, nicht durch den Ursprung?

2
Berechne die Werte der Funktion $y = 2x + 1$:

x	-3	-2	-1	0	1	2	3
y	☐	☐	☐	☐	☐	☐	☐

Vergleiche den Graphen von $y = 2x + 1$ mit dem von $y = 2x$.

Um den Graphen von $y = \frac{1}{2}x + 3$ zu zeichnen, stellen wir eine Wertetabelle auf.

x	-4	-3	-2	-1	0	1	2
y	1	1,5	2	2,5	3	3,5	4

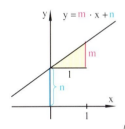

$y = m \cdot x + n$

Man sieht, dass die Gerade nicht durch den Ursprung geht.
Es handelt sich deshalb nicht um eine proportionale Funktion.
Die beiden Graphen von $y = \frac{1}{2}x$ und $y = \frac{1}{2}x + 3$ zeigen, dass jeder Punkt der ersten Geraden um 3 Einheiten in y-Richtung verschoben wurde. Da beide Steigungen gleich groß sind, verlaufen die Geraden parallel.

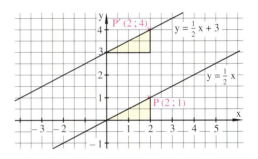

$P'(2;4)$ $y = \frac{1}{2}x + 3$
$y = \frac{1}{2}x$
$P(2;1)$

Eine Funktion mit der Gleichung $y = m \cdot x + n$ heißt **lineare Funktion**.
Ihr Graph ist eine Gerade mit der Steigung m, die im Punkt P(0;n) die y-Achse schneidet.
Die Konstante n nennt man den y-Achsenabschnitt der Geraden.

Beispiele
a) Der Graph der Funktion $y = 3x - 2$ kann mit Hilfe des y-Achsenabschnitts n und der Steigung m gezeichnet werden.

b) Aus dem Graphen kann man die Werte für die Steigung m und den y-Achsenabschnitt n der Funktionsgleichung ablesen.

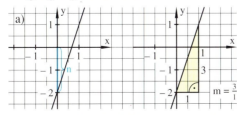

a) n $m = \frac{3}{1}$

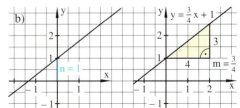

b) $y = \frac{3}{4}x + 1$ $n = 1$ $m = \frac{3}{4}$

$y = 2,5$
$n = 2,5$

Bemerkung: Ist für die Funktionsgleichung $y = mx + n$ die Steigung $m = 0$, erhält man die Gleichung $y = n$. Ihr Graph ist eine Parallele zur x-Achse.

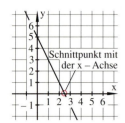

c) Gegeben ist die Funktionsgleichung $y = -2x + 5$. Der Schnittpunkt der Geraden mit der x-Achse ist gesucht. Er hat den Funktionswert $y = 0$.

$$0 = -2x + 5$$
$$2x = 5$$
$$x = 2{,}5 \text{ ist die \textbf{Nullstelle} der Funktion.}$$

Der Schnittpunkt der Geraden mit der x-Achse ist somit der Punkt (2,5;0).

Aufgaben

3

Bei welcher Zuordnung handelt es sich um eine lineare, wo sogar um eine proportionale Funktion? Begründe!
a) Kraftstoffmenge $\mapsto$ Kraftstoffpreis
b) Masse eines Briefes $\mapsto$ zugehöriges Porto
c) Wärmezufuhr $\mapsto$ Wassertemperatur
d) Bahnkilometer $\mapsto$ Fahrpreis
e) dehnende Kraft $\mapsto$ Verlängerung einer Schraubenfeder

4

Gib die Steigung m und den y-Achsenabschnitt n an.
a) $y = \frac{3}{4}x + 2$ b) $y = -\frac{1}{4}x + 1$
c) $y = -\frac{3}{2}x + 3$ d) $y = \frac{3}{5}x - 2$
e) $y = -\frac{5}{4}x$ f) $y = x$
g) $y = 2{,}5x - 1{,}5$ h) $y = 1{,}6x - 3$
i) $y = 3 - 2x$ k) $y = -3$

5

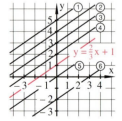

Die Gerade mit der Gleichung $y = \frac{2}{3}x + 1$ ist gegeben. Wie lauten die Funktionsgleichungen der Geraden ① bis ⑥?

6

Zeichne die Gerade mit Hilfe des y-Achsenabschnitts und eines Steigungsdreiecks.
a) $y = 2x + 1$ b) $y = 2x - 1$
c) $y = 3x - 2$ d) $y = 4x + 2{,}5$
e) $y = -x + 4$ f) $y = -2x + 0{,}5$
g) $y = -4x + 2{,}6$ h) $y = -3x - 1{,}8$

7

Lies aus der grafischen Darstellung von Aufgabe 6 die jeweiligen Schnittpunkte der Geraden mit der x-Achse ab.

8

Zeichne den Graphen mit Hilfe des y-Achsenabschnitts und eines Steigungsdreiecks.
a) $y = \frac{1}{4}x - 1$ b) $y = \frac{1}{3}x + 2$
c) $y = \frac{1}{5}x + 3$ d) $y = \frac{1}{6}x + 1$
e) $y = \frac{2}{3}x - 2$ f) $y = \frac{3}{4}x + 2{,}5$
g) $y = -\frac{4}{5}x + 0{,}5$ h) $y = -\frac{3}{7}x - 1$

9

Ermittle die Nullstellen rechnerisch.
a) $y = \frac{4}{5}x + 4$ b) $y = -\frac{3}{4}x + 1{,}5$
c) $y = -\frac{5}{4}x - 3$ d) $y = \frac{3}{2}x + 2{,}4$
e) $y = 1{,}8x + 1$ f) $y = -0{,}4x - 4$
g) $y = -2{,}6x - 0{,}6$ h) $y = -2{,}5 + \frac{3}{2}x$

10

Bestimme zeichnerisch die Funktionsgleichung der Geraden g, die durch den Punkt T geht und den y-Achsenabschnitt n aufweist.
a) $T(3;2); n = 1$ b) $T(-3;-1); n = 1$
c) $T(-2;-5); n = 1$ d) $T(1;2); n = 4$
e) $T(4;-7); n = 7$ f) $T(-6;0); n = 1{,}5$
g) $T(3;-5); n = -2$ h) $T(1;-4); n = -3$

11

Zeichne mit dem gegebenen y-Achsenabschnitt Geraden durch jeden der Punkte. Gib jeweils die Funktionsgleichung an.
a) $n = 2$
    $A(2;1); B(2;4); C(6;-2)$
b) $n = -3$
    $E(-2;3); F(4;11); G(5;0)$
c) $n = -1{,}5$
    $I(2,5;0); K(6;0,5); L(-1,5;1,5)$
d) $n = 1{,}8$
    $N(1;0,3); P(3;3,8); Q(-1,8;0)$

12

Kopfrechnen.
Bestimme die Funktionsgleichung im Kopf.

a) $P(0;1)$
   $P(1;2)$

b) $P(0;1)$
   $P(1;4)$

c) $P(0;1)$
   $P(1;-2)$

d) $P(0;2)$
   $P(1;3)$

e) $P(0;5)$
   $P(1;3)$

f) $P(0;-3)$
   $P(1;3)$

13

a) Wie lautet die Funktionsgleichung?
b) Berechne jeweils die Nullstellen und vergleiche mit der Zeichnung.

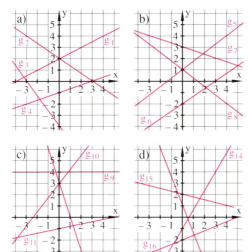

14

Welche Graphen der linearen Funktionen

① $y = \frac{3}{4}x - 2$

② $y = \frac{5}{3}x - 2$

③ $y = 4 + 0,75x$

④ $y = \frac{7}{2}x + 1,5$

⑤ $y = -2 + 3,5x$

⑥ $y = \frac{3}{2} + \frac{5}{3}x$

sind parallel?
Welche Graphen verlaufen durch denselben Punkt der y-Achse?

15

Zeichne $y = 2,5x - 2$ und bestimme eine Funktionsgleichung, deren Graph zur gegebenen Geraden parallel verläuft und
a) durch Punkt $P_1(0;4)$ geht
b) durch Punkt $P_2(3;3)$ geht
c) durch die Nullstelle $P_3(-1;0)$ geht
d) durch den Ursprung O geht.

16

Zeichne die Gerade und gib ihre Funktionsgleichung an. Die Gerade ist
a) die Winkelhalbierende im 1. Quadranten
b) die Winkelhalbierende im 2. Quadranten
c) die x-Achse
d) die Parallele zu $y = x - 2$ durch $P(3;1)$
e) die Parallele zu $y = 0$ durch $Q(-2;5)$.

17

Liegt einer von zwei vorgegebenen Punkten auf der y-Achse, kann die Funktionsgleichung wie im Beispiel berechnet werden:
Gegeben: $P_1(0;2)$ und $P_2(5;-3)$.
Aus $P_1(0;2)$ ergibt sich $n = 2$.
Die Koordinaten von P_2 werden in
$y = m \cdot x + 2$ eingesetzt:

$$-3 = m \cdot 5 + 2$$
$$-5 = 5m$$
$$m = -1$$

Die Gleichung heißt somit $y = -x + 2$.

a) $P_1(0;2)$
   $P_2(0;1)$

b) $P_1(0;-3)$
   $P_2(1;-4)$

c) $P_1(0;1)$
   $P_2(-2;2)$

d) $P_1(0;1)$
   $P_2(2;-2)$

e) $P_1(0;-1)$
   $P_2(2;-2)$

f) $P_1(0;6)$
   $P_2(3;2)$

2-Punkte-Form der Geradensteigung

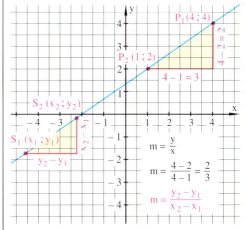

Die Gerade durch $P_1(x_1;y_1)$ und $P_2(x_2;y_2)$ hat die Steigung $m = \frac{y_2 - y_1}{x_2 - x_1}$.

Gib die Steigung an:
a) $P_1(1;2)$; $P_2(6;5)$
b) $P_1(1;2)$; $P_2(6;-1)$
c) $P_1(-2;-5)$; $P_2(2;-1)$

Fadenbilder

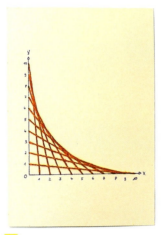

$①$ $10x + y = 10$
$②$ $9x + 2y = 18$
$③$ $8x + 3y = 24$
$④$ $7x + 4y = 28$
$\cdots$
$⑩$ $x + 10y = 10$

Mit Hilfe von Karton, Nadel und Wollfaden lassen sich Fadenbilder erstellen. Löse die Gleichungen nach y auf und zeichne zuerst den Teil der Graphen im 1. Quadranten auf, bevor du die Fäden auf dem Karton spannst.

Erstelle ebenso ein Fadenbild für die Gleichungen

$$4y = x + 8$$
$$3y = 2x + 12$$
$$2y = 3x + 12$$
$$y = 4x + 8$$

Spanne die Fäden nur jeweils für den Teil der Geraden, der zwischen den Achsen liegt. Spiegle anschließend die entstandenen Geradenstücke an den Achsen.

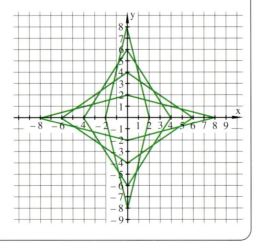

18
Bestimme die Nullstelle. Vergleiche Zeichnung und Rechnung.
Beispiel: $y = 2x - 3$

$$\text{Für } y = 0 \text{ gilt: } 0 = 2x - 3$$
$$x = 1{,}5$$

a) $y = -4x + 2$ b) $y = -3x - 6$
c) $y = \frac{1}{2}x + 1$ d) $y = -\frac{1}{3}x - 3$
e) $y = -2{,}5x - 5$ f) $y = 1{,}6x + 8$
g) $2y - 3x - 3 = 0$ h) $9 + 4x - 6y = 0$

19
Bestimme die Funktionsgleichung der Geraden, wenn die Nullstelle und ein Punkt gegeben sind.

a) $x_0 = 2$ b) $x_0 = 3$ c) $x_0 = 4$
   $A(4;2)$ $B(5;4)$ $C(2;6)$
d) $x_0 = 1{,}5$ e) $x_0 = -1$ f) $x_0 = -2$
   $D(4{,}5;-3)$ $E(-2;2)$ $F(-1;6)$
g) $x_0 = -2{,}5$ h) $x_0 = 0$ i) $x_0 = -4$
   $G(-1{,}5;1)$ $H(2;-4)$ $I(-3;-5)$

20
Mit Hilfe der Schnittpunkte mit der x- und y-Achse können viele Geraden leicht und genau gezeichnet werden.

Beispiel: $4x + 3y = 12$
Für $x = 0$ gilt $y = 4$ und $P_y(0;4)$
Für $y = 0$ gilt $x = 3$ und $P_x(3;0)$

a) $x + y = 4$ b) $x - y = 1$
c) $-x + y = -5$ d) $2x + 3y - 1 = 0$
e) $x - 11 + 2y = 0$ f) $2y + 3 = 3x$

21
Bestimme die Schnittpunkte mit der x-Achse und der y-Achse im Kopf.
a) $x + y = 2$ b) $x - y = 3$
c) $-x + y = -1$ d) $-x - y = -5$
e) $2x - y = 6$ f) $2y - x = -4$

22
Beschreibe die Funktionsgraphen und gib die Quadranten des Koordinatensystems an, die vom Graphen durchquert werden. Gib die Nullstelle an.
a) $y = 2x + 3$ b) $y = -2x - 3$
c) $y = -\frac{1}{2}x + 4$ d) $y = \frac{1}{2}x - 4$
e) $y = \frac{2}{3}x - \frac{1}{2}$ f) $y = -\frac{2}{3}x + \frac{1}{2}$

23 €

Ein Elektrizitätswerk liefert Strom für Betriebe zu folgenden Bedingungen:

	Verbrauchspreis ct/kWh	fester Leistungspreis €/Jahr
Tarif 1	13,2	61,00
Tarif 2	9,9	206,60

a) Stelle für beide Tarife Funktionsgleichungen für die Funktion
Verbrauch ↦ Rechnungsbetrag auf.
b) Zeichne die zugehörigen Graphen (x-Achse: 2 cm entspricht 1000 kWh; y-Achse: 1 cm entspricht 100 €).
c) Lies ab, bei welcher Verbrauchshöhe ein Tarifwechsel günstig ist.

24 €

Eine Fotohändlerin und ein Foto-Großlabor werben für das Entwickeln eines Farbfilmes mit den Angeboten:

	Entwicklungsgebühr	Preis pro Abzug
Fotohändlerin	4,25 €	0,37 €
Großlabor	2,50 €	0,44 €

a) Wie lauten die Funktionsgleichungen
Bilderzahl ↦ Gesamtkosten?
b) Zeichne beide Graphen (x-Achse: 1 cm entspricht 4 Bildern; y-Achse 0,5 cm entspricht 1 €).
c) Lies die Kosten ab für die Entwicklung von Filmen mit 16, 24, 36 Bildern.
d) Bei wie viel Aufnahmen sind die Angebote gleich günstig?

25 €

In 41% der Haushalte in der Bundesrepublik ist Heizöl der Energieträger Nr. 1.
a) Stelle den Preisverlauf des Heizöls innerhalb eines Jahres grafisch dar.
b) Zeichne den Graphen der Funktion
Heizölmenge ↦ Heizölpreis pro l
(x-Achse: 1 cm entspricht 1000 l; y-Achse: 1 cm entspricht 0,05 €).
c) Ist die Zuordnung
Heizölmenge ↦ Gesamtpreis
eine Funktion? Zeichne den Graphen, wenn 1000 Liter 1 cm und 100 € 0,5 cm entsprechen.

Durchschnittlicher Heizölpreis innerhalb eines Jahres

Monat	ct/l
Januar	29,37
Februar	30,04
März	30,67
April	29,69
Mai	29,28
Juni	26,19
Juli	27,28
August	29,13
September	31,07
Oktober	30,88
November	31,67
Dezember	29,88

Durchschnittlicher Heizölpreis

Menge (l)	Preis (ct)
bis 1500	35,80
bis 2500	31,48
bis 3500	29,80
bis 4500	28,26
bis 5500	27,24
bis 6500	26,78
bis 7500	26,40

26

Ein Flugzeug braucht bei Rückenwind 40 Minuten für eine Strecke von 480 Kilometern. Bei Gegenwind verlängert sich die Flugzeit um 5 Minuten.
a) Stelle die Flüge grafisch dar.
b) Lies aus den Steigungsdreiecken die Fluggeschwindigkeiten ab. Wie groß ist dann die Windgeschwindigkeit?

27 €

Frau Thomas benötigt einen Leihwagen. Die Autovermietung verlangt als tägliche Grundgebühr 70 €. Zusätzlich werden pro gefahrenen Kilometer 0,30 € berechnet.
a) Frau Thomas legt 220 km zurück. Wie teuer kommt sie diese Fahrt?
b) Wie heißt die Funktionsgleichung
Strecke ↦ Mietkosten?
c) Wie weit kann Frau Thomas fahren, wenn sie den Betrag von 150 € nicht überschreiten will?

28 €

Für 60 € erhält man bei einer Schweizer Bank 100 Schweizer Franken (sFr). Unabhängig vom Tauschbetrag wird für jeden Umtausch eine Umtauschgebühr von 5 sFr einbehalten.
a) Wie viel sFr erhält man für 75 €?
b) Wie viel Euro muss man für 270 sFr bezahlen?
c) Stelle die Funktionsgleichung
€-Betrag ↦ sFr-Betrag auf.

8 Vermischte Aufgaben

1

Welche Zuordnungen sind Funktionen?

a) Benzinmenge $\mapsto$ Benzinpreis
b) Zeit $\mapsto$ zurückgelegte Strecke
c) Regenmenge $\mapsto$ Monat
d) Luftdruck $\mapsto$ Uhrzeit
e) Tageszeit $\mapsto$ Pegelstand

2

Welche Tabelle gehört zu einer Funktion? Begründe.

a)
x	2	3	4	5	6	7
y	5	8	13	20	29	40

b)
x	2	1	0	1	2	3
y	-4	-1	0	1	4	9

c)
x	1,5	0,5	0	0,5	1,5
y	6	6	6	6	6

d)
x	$-1,2$	$-1,2$	$-1,2$	$-1,2$	$-1,2$
y	0,2	0,3	0,4	0,6	0,8

3

Stelle eine Wertetabelle auf und begründe, welche Zuordnung eine Funktion ist.

a) Zahl $\mapsto$ Hälfte der Zahl
b) Zahl $\mapsto$ Anzahl ihrer Teiler
c) Zahl der Teiler $\mapsto$ zugehörige Zahl
d) Kehrwert einer Zahl $\mapsto$ Zahl
e) Betrag einer Zahl $\mapsto$ Zahl

4

Stelle eine Wertetabelle auf für x-Werte von -3 bis 3 und zeichne den Graphen.

a) $y = 2x + 1$ b) $y = 4 - 1,5x$
c) $y = \frac{3}{x}$ d) $y = \frac{x}{4}$
e) $y = -\frac{1}{2}x^2$ f) $y = \frac{10}{x+1}$
g) $y = x^2 - x + 2$ h) $y = \frac{1}{4}x^3$

Zu welcher Mannschaftssportart passt dieses Weg-Zeit-Diagramm?

5

Drücke die Zuordnung in einer Funktionsgleichung aus.

a) Zahl $\mapsto$ die Summe aus dem Doppelten der Zahl und 3.
b) Zahl $\mapsto$ die Differenz aus dem Quadrat der Zahl und 1.
c) Zahl $\mapsto$ die Differenz aus der Hälfte der Zahl und dem Kehrwert der Zahl.

6 $^{€}$

Zeichne die Funktionsgerade für Menge und Preis. Wie heißt die Funktionsgleichung?

a) 1 Liter Saft kostet 1,40 €.
b) 1 Kilogramm Bananen kostet 1,90 €.
c) 1 Meter Stoff kostet 12,70 €.
d) 1 Karat (0,2 g) Gold kostet 1,70 €.

7

Ergänze die fehlenden Werte der Funktion. Wie heißt die zugehörige Gleichung?

a)
x	-2	-1	0	1	2	☐	☐
f(x)	0	1	2	3	☐	☐	☐

b)
x	1	2	3	4	0	$-$☐	$-$☐
f(x)	3	5	7	☐	☐	☐	☐

c)
x	3	2	1	0	-1	-2	☐
f(x)	7	2	-1	-2	☐	☐	☐

8

Prüfe durch Einsetzen der Koordinaten nach, ob die Punkte zum Graphen der Funktionsgleichung gehören.

	A(6;1)	B(0;2,5)	C(1;4)	D(10;3)
$y = \frac{1}{2}x - 2$	☐	☐	☐	☐
$y = 3 + x^2$	☐	☐	☐	☐
$y = \frac{4}{10-x}$	☐	☐	☐	☐
$y = \frac{x-5}{x-2}$	☐	☐	☐	☐

9

Zeichne den Graphen mit Hilfe eines Steigungsdreiecks.

a) $y = 2x$ b) $y = -3x$
c) $y = \frac{2}{3}x$ d) $y = -\frac{4}{5}x$
e) $y = \frac{x}{5}$ f) $y = 1,75x$

10

Zeichne zwei verschiedene Steigungsdreiecke mit dem angegebenen Steigungsfaktor auf Karopapier.

a) $m = 0,5$ b) $m = 2$ c) $m = -1$
d) $m = \frac{4}{5}$ e) $m = -1,6$ f) $m = \frac{7}{4}$

11

Zeichne das Punktepaar in ein Koordinatensystem. Liegt es auf einer Ursprungsgeraden? Überprüfe durch Rechnung.

a) $P_1(17;12)$ \qquad b) $P_1(11;19)$
$P_2(10;7)$ \qquad\quad $P_2(7;12)$
c) $P_1(9;13)$ \qquad\; d) $P_1(14;17)$
$P_2(7;10)$ \qquad\quad $P_2(9;11)$

12

Prüfe nach, ob die gesuchten Punkte zum Graphen einer Funktion mit der Gleichung $y = mx$ gehören.

a) Die Summe der Koordinatenwerte beträgt stets 12. $[P_1(1;11);\ P_2(2;10)\ldots]$
b) Das Produkt der Koordinatenwerte beträgt stets 12. $[P_1(1;12);\ P_2(2;6)\ldots]$
c) Die Differenz der Koordinatenwerte beträgt stets 3. $[P_1(3;0);\ P_2(4;1)\ldots]$
d) Der Quotient der Koordinatenwerte beträgt stets 2. $[P_1(4;2);\ P_2(3;1,5)\ldots]$

13

Wie lautet die Geradengleichung?

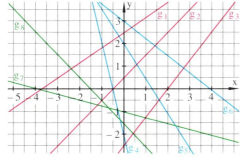

Klettermax geht die Wand hoch! Bestimme die Steigungen der Kletterabschnitte.

14

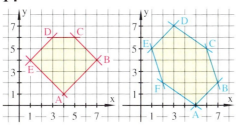

a) Wie heißen die Koordinaten der Eckpunkte?
b) Auf welchen Geraden liegen die Eckpunkte? Gib die zugehörigen Funktionsgleichungen an.

15

Zeichne die Gerade mit Hilfe des y-Achsenabschnitts und eines Steigungsdreiecks.

a) $y = 3x - 1$ \qquad b) $y = -4x + 2,5$
c) $y = \frac{2}{5}x + 4$ \qquad d) $y = \frac{7}{3}x - 1,2$
e) $y = 2,5x - 0,5$ \qquad f) $y = -1,3x + 4$

16

Bestimme den Schnittpunkt mit der x-Achse.

a) $x + y = 4$ \qquad b) $x + 2y = 10$
c) $3y - 2x = 12$ \qquad d) $3y - \frac{1}{2}x = -9$
e) $2x - 2y = 15$ \qquad f) $5x - 5y = -26$

17

Bestimme die Nullstellen. Zeichne dann die Gerade und vergleiche.

a) $3x + 2y = 6$ \qquad b) $6x - 3y = 9$
c) $5x - y + 10 = 0$ \qquad d) $3x - 4y - 18 = 0$
e) $\frac{y-1}{x-2} = 0,5$ \qquad f) $-4,5x + 3y + 9 = 0$
g) $\frac{y}{x} = 1,5$ \qquad h) $\frac{y-1}{x+1} = 2$

18

Am Pegel Konstanz wurden folgende Wasserstandshöhen für den Bodensee gemessen.

Tag	15. 10.	16. 10.	17. 10.	18. 10.	19. 10.	20. 10.
Höhe (m)	3,51	3,53	3,62	3,58	3,53	3,66

a) Trage die Messergebnisse in ein geeignetes Koordinatensystem ein.
b) Verbinde die Punkte und entscheide, ob eine Funktion vorliegt.

19

Ein Stein fällt in einen leeren Brunnenschacht. Der Weg, den der Stein beim Fall zur Zeit t zurückgelegt hat, ist s.
Die Funktion

Zeit t $\longmapsto$ Weg s

lässt sich näherungsweise mit der Formel s = 5 t² ausdrücken.
(Weg s in Metern, Zeit t in Sekunden.)
a) Erstelle eine Wertetabelle für die Zeit von 0,1, 2, 3, . . . 9 Sekunden.
b) Zeichne den Graphen.
c) Nach welcher Zeit würde der Aufprall bei einer Schachttiefe von 80 m zu hören sein?
d) Wie tief ist der Brunnen, wenn der Aufprall nach $3\frac{1}{2}$ s zu hören ist?

20

Ein Schaufellader eines Schotterwerks wird zu Beginn der Arbeitsschicht mit 290 l Treibstoff aufgetankt. Je Stunde verbraucht er 58 l.
a) Zeichne den Graphen der Funktion in ein geeignetes Koordinatensystem.
b) Stelle die Funktionsgleichung auf.
c) Lies aus dem Graphen den Treibstoffrest nach $1\frac{1}{2}$, $2\frac{1}{2}$, 3 und $4\frac{1}{2}$ Stunden ab.
d) Wie oft muss das Fahrzeug bei einer wöchentlichen Einsatzzeit von 50 Stunden Treibstoff auftanken?

21

a) Die rote Linie in dem Schaubild ist das (vereinfachte) Bild, das ein Flugschreiber bei einem Flug von Köln nach München (530 km) aufgezeichnet hat. Warum ist die Linie nicht gerade?
b) Die gerade Linie wurde nachträglich eingezeichnet. Welche Auskunft gibt sie?

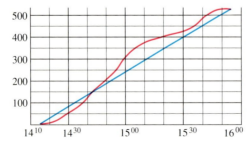

22

Eine Schraubenfeder ist in unbelastetem Zustand 20 cm lang. Wenn man Massestücke von 100 g anhängt, verlängert sie sich jeweils um 5 cm.
a) Stelle die Funktion

Belastung $\longmapsto$ Federlänge

bis zu einer Federlänge von 50 cm grafisch dar.
b) Gib die Funktionsgleichung an.

23

Eine Kerze brennt in der Zeit t von einer Stunde um 0,4 cm herunter. Ihr Brennverhalten kann mit der Funktionsgleichung $l = 24 - \frac{2}{5}$ t beschrieben werden.
a) Erkläre die Funktionsgleichung.
b) Wie lang ist die Kerze noch nach einer Brenndauer von 15 Stunden?
c) Nach welcher Zeit ist sie bis auf 10 cm heruntergebrannt?
d) Wann ist die Kerze ganz abgebrannt?
e) Kontrolliere deine Ergebnisse durch ein Schaubild (x-Achse: 1 cm entspricht 4 Stunden; y-Achse: 1 cm entspricht 2 cm Länge).

24

a) Damit Hühner bei einer Haltung im Freien genügend Auslauf haben, sollten pro Huhn wenigstens 1,5 m² Fläche zur Verfügung stehen.
Wie viel m² Fläche benötigt ein Kleintierhalter für seine 20 Hühner?
b) Er möchte die benötigte Fläche rechteckig einzäunen. Wie lang und breit kann das Rechteck werden? Stelle die Funktion

Länge des Rechtecks $\longrightarrow$ Breite des Rechtecks

in einem Koordinatensystem dar und entnimm daraus die geeigneten Maße.
c) Nachdem er sich für eine bestimmte Größe des Rechtecks entschieden hat, berechnet er die Anzahl der Zaunpfähle. Er ist sich über den Abstand der Pfähle aber noch nicht sicher. Erstelle deshalb eine Gleichung, mit der die Anzahl der Pfähle bei verschiedenen Abständen berechnet werden kann. Denke daran, dass immer ein Pfahl dazugezählt werden muss.

Doppelsitziges Leistungssegelflugzeug auch für Schulung und Kunstflug geeignet
18 m Spannweite
Gleitzahl: 40

Zu den wichtigsten technischen Merkmalen eines Segelflugzeugs gehört seine **Gleitzahl**, die durch die aerodynamische Formgebung und die Oberflächenbeschaffenheit festgelegt ist.

Unter der Gleitzahl versteht man die horizontale Entfernung, die bei einer bestimmten Sinkhöhe zurückgelegt werden kann. Bei einer Gleitzahl von 40 verliert das Segelflugzeug auf 40 m horizontale Streckenlänge 1 m an Höhe.

Hochleistungssegelflugzeug der FAI 15 m Klasse
15 m Spannweite mit Wölbklappen
Gleitzahl: 45

1

Stelle die Gleitzahlen der verschiedenen Flugzeuge und Vögel zeichnerisch in einem geeigneten Koordinatensystem dar. Überlege, wie weit die Flugzeuge und die Vögel aus 1500 m Höhe ohne Aufwind gleiten können.

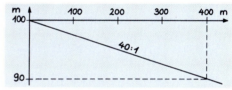

Um die Sinkhöhe beim Segelflug auszugleichen, ist jeder Pilot bemüht, durch Aufwind an Höhe zu gewinnen. Zu einem optimalen Flug gehört deshalb das gezielte Anfliegen von thermisch begünstigten Stellen der Erdoberfläche, wie z. B. Getreidefeldern oder unbewaldeten Hängen, über denen das Segelflugzeug durch Kreisen an Höhe gewinnt.

Hochleistungssegelflugzeug der FAI Standardklasse
19 m Spannweite
Gleitzahl: 41

Kondor
Gleitzahl: 35

Bussard
Gleitzahl: 16

Albatros
Gleitzahl: 24

Möwe
Gleitzahl: 14

2

Ein Segelflugzeug kreist in einem Aufwind, der mit der konstanten Geschwindigkeit von 2 m/s wirkt. Es hat über dem Flugplatz eine Höhe von 300 m. Der Pilot will auf 1000 m steigen. Wie lange ist die Steigzeit? Löse zeichnerisch (Zeitachse waagrecht).

3

Ein anderer Pilot steigt in 20 Minuten von 800 m auf 1880 m. Mit welcher Geschwindigkeit wirkt der Aufwind? Löse zeichnerisch.

69

Rückspiegel

1

Stelle eine Wertetabelle auf und zeichne den Graphen der Funktion.

a) $y = 2x - 1$ b) $y = -3x + 2$

c) $y = \frac{1}{2x}$ d) $y = \frac{1}{x} + 1$

2

Welcher Punkt gehört zum Graphen der Funktion?

$A(-1;1)$ $B(3;-4)$ $C(0;-5)$ $D(-2,5;8,5)$

a) $y = -6x - 6,5$ b) $y = \frac{4}{3}x + 4$

c) $y = 3x + 4$ d) $y = -5x - 5$

e) $y = -\frac{1}{3}x - 3$ f) $y = \frac{1}{x} + 2$

3

Zeichne jeweils eine parallele Gerade durch $P(-2;4)$. Gib deren Gleichung an.

a) $y = -x + 3$ b) $y = 1,5x$

c) $y = 2x + 1$ d) $2y - 2x - 2 = 0$

e) $y = 2$ f) $y : x = -2,5$

4

Stellt der Graph eine Funktion dar?

a)   b)

c)   d)

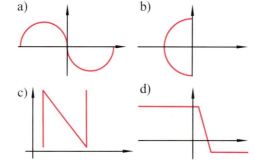

5

Zeichne die Geraden. Lies die Nullstellen ab. Kontrolliere rechnerisch.

a) $y = 1,5x$ b) $y = 0,5x - 2$

c) $y = -2x + 3$ d) $y = \frac{3}{2}x - 4,5$

6

Beide Punkte liegen auf einer Ursprungsgeraden. Bestimme die fehlende Koordinate durch Zeichnung.

a) $S(2;1,5)$ b) $S(-2;4)$ c) $S(2;0,5)$

    $T(4;\square)$ $T(-1,5;\square)$ $T(5;\square)$

7

Entnimm den Geraden Steigung und y-Achsenabschnitt und stelle die Funktionsgleichung auf.

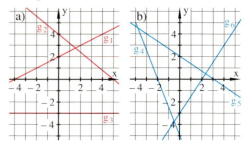

8

Zeichne den Graphen, ohne eine Wertetabelle aufzustellen.

a) $y = \frac{2}{3}x - 1$ b) $y = \frac{9}{4}x + 2$

c) $y = -4x + 0,5$ d) $y = -\frac{3}{2}x - 2,5$

9

Setze den Achsenabschnitt n und die Koordinaten des Punktes P in die Funktionsgleichung $y = mx + n$ ein und berechne die Steigung m.

a) $n = 1$ b) $n = 2$ c) $n = -1$

   $P(2;3)$ $P(-1;1)$ $P(4;5)$

10

Die Gerade schneidet die Koordinatenachsen in P_1 und P_2. Bestimme m und gib die Funktionsgleichung in der Form $y = mx + n$ an.

a) $P_1(2;0)$ b) $P_1(4;0)$ c) $P_1(-1;0)$

   $P_2(0;3)$ $P_2(0;-3)$ $P_2(0;-4)$

11

Bambusarten sind sehr schnell wachsende tropische Pflanzen.

a) Welche Höhe hat eine 2 m hohe Pflanze nach 8 Tagen erreicht, wenn sie pro Tag durchschnittlich um 90 cm wächst?

b) Stelle für die Funktion

     Anzahl der Tage $\longmapsto$ Höhe der Pflanze

die zugehörige Gleichung auf.

c) Zeichne den Graphen und lies ab, nach welcher Zeit die Pflanze die Höhe von 25,40 m überschreitet.

Chinesische Mathematiker

Isaac Newton (1643–1727)

Gabriel Cramer (1704–1752)

Adam Rifen.
Vihekauff.

Item/einer hat 100. fl. dafur wil er 100. haupt Vihes kauffen / nemlich / Ochsen/ Schwein/ Kälber/ vnd Geissen/ kost ein Ochs 4 fl. ein Schwein anderthalben fl. ein Kalb einen halben fl. vnd ein Geiß ein ort von einem fl. wie viel sol er jeglicher haben für die 100. fl.?

„ein Ort von einem fl" bedeutet ein Viertel von einem Gulden

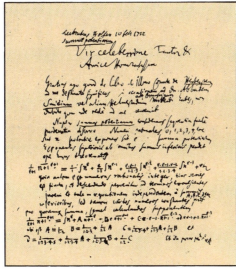

Seite aus einem mathematischen Schriftstück von Leibniz

Das Problem der 100 Vögel

Eine in vielen Varianten überlieferte Rätsel-aufgabe erscheint zum ersten Mal in „Arith-metischen Handbüchern" des Chinesen Chang Chin-Chin (um 475 n. Chr.).

„Für 100 Geldstücke sollen 100 Vögel gekauft werden. Ein Hahn kostet 5 Geld-stücke, eine Henne 3 Geldstücke und 3 Küken 1 Geldstück. Wie viele Tiere sind es von jeder Sorte?"

Diese Problemstellung findet man in vielen Kulturen, z. B. bei den Indern und den Ara-bern. Aber auch viele uns bekannte Mathe-matiker schufen häufig ihre persönliche Variante:
Ein Beispiel zeigt das Bild aus dem Rechen-buch von Adam Ries (1492–1559).
Während man zwar viele dieser Aufgaben durch geschicktes Probieren lösen kann, ist ein solches Verfahren doch jedes Mal recht aufwendig. So war es seit jehe ein Bestreben der Mathematiker, ein allgemeines Lösungs-verfahren zu entwickeln. Ein erster Ansatz ist in den oben genannten chinesischen Rechenbüchern zu finden.
Der Engländer Isaac Newton (1643–1727), der Schweizer Gabriel Cramer (1704–1752) und der Deutsche Gottfried Wilhelm Leibniz (1646–1716) haben die heute gebräuchlichen Verfahren entscheidend beeinflusst.

1 Lineare Gleichungen mit zwei Variablen

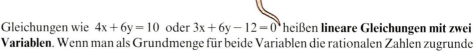

1

Ein Elefant wiegt 5 Tonnen, eine Maus 25 Gramm. Wie viele Elefanten und Mäuse wiegen zusammen 35 t 225 g?

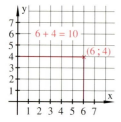

2

a) Die Differenz zweier natürlicher Zahlen beträgt 10. Wie können die beiden Zahlen heißen?
b) Markiere im Koordinatensystem Punkte, deren Koordinatensumme 10 beträgt.
c) Der Umfang eines Rechtecks beträgt 20 cm. Wie lang sind die beiden Seiten?

Gleichungen wie $4x + 6y = 10$ oder $3x + 6y - 12 = 0$ heißen **lineare Gleichungen mit zwei Variablen**. Wenn man als Grundmenge für beide Variablen die rationalen Zahlen zugrunde legt, gibt es im Allgemeinen unendlich viele Zahlenpaare, die die Gleichung erfüllen.

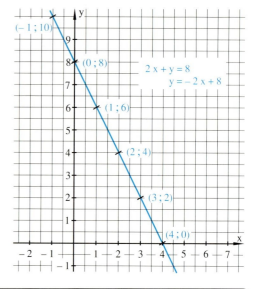

Zum Beispiel hat die Gleichung $2x + y = 8$ die Lösungen
$(-1; 10)$, $(0; 8)$, $(1; 6)$, $(2; 4)$, ...

Man kann die Zahlenpaare auch in einer Wertetabelle darstellen.

x	−1	0	1	2	3	4	5...
y	10	8	6	4	2	0	−2...

Alle **Lösungen** – als Punkte im Koordinatensystem – liegen auf einer Geraden.
Um die Gerade geschickt zeichnen zu können, stellt man die Gleichung nach y um und erhält die Funktionsgleichung der Form
$y = mx + n$.

Eine Gleichung der Form $ax + by + c = 0$ heißt **lineare Gleichung mit zwei Variablen**.
Lösungen dieser Gleichung sind Zahlenpaare, die die Gleichung erfüllen.
Die zugehörigen Punkte liegen auf einer Geraden im Koordinatensystem.

Beispiel

Wenn die Differenz zweier Zahlen 5 beträgt, kann man dies mit der Gleichung $x - y = 5$ ausdrücken. In einer Wertetabelle kann man Zahlenpaare darstellen, die die Gleichung erfüllen.

x	10	8	5,5	5	3
y	5	3	0,5	0	−2

Löst man die Gleichung nach y auf, erhält man die Geradengleichung $y = x - 5$.
Alle Punkte der Geraden stellen Lösungen der Gleichung dar.

Aufgaben

3

Gib jeweils mehrere Lösungen an.

a) Ein Paket kostet 8,40 € Porto. Es soll mit Briefmarken zu 1 € und zu 60 Cent frankiert werden.

b) Dora muss beim Einkaufen 52 € bezahlen. Sie bezahlt mit 10-Euro-Scheinen und 2-Euro-Stücken.

c) Auf einer Waage sollen mit 3-kg- und 5-kg-Gewichten 68 kg zusammengestellt werden.

d) Andreas möchte in seine Kiste nicht mehr als 30 kg packen. Er hat Kartons mit 5 kg und 2 kg Masse.
Wie kann er sie zusammenstellen?

4

Stelle eine Gleichung mit zwei Variablen auf.

a) Die Summe zweier Zahlen beträgt 9.

b) Die Summe einer Zahl und dem Dreifachen einer zweiten Zahl beträgt 10.

c) Die Differenz aus dem Dreifachen einer Zahl und dem Doppelten einer anderen Zahl beträgt 7.

d) Das Fünffache einer Zahl, vermehrt um die Hälfte einer zweiten Zahl, ergibt 134.

e) Vermindert man das 4,5fache einer Zahl um den 3. Teil einer anderen Zahl, so erhält man 4.

5

Würfle mit zwei Würfeln. Setze die beiden Augenzahlen für □ ein.

$$\square \cdot x + \square \cdot y = 30$$

Suche für x und y Zahlenpaare, die die Gleichung erfüllen.

6

Gib drei Lösungen für die Gleichung an. Rechne im Kopf.

a) $3x + 4y = 12$

b) $2x - 3y + 4 = 0$

c) $y = 2x + 5$

d) $-x + 3 = y + 2$

e) $x - 2y = 1$

7

Ordne die Texte den Schaubildern zu.

(1) Die Summe zweier positiver Zahlen beträgt 8.

(2) Addiert man zwei Zahlen, so erhält man 8.

(3) Werden zwei natürliche Zahlen addiert, so erhält man 8.

(4) Werden zwei ganze Zahlen addiert, so erhält man 8.

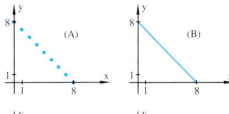

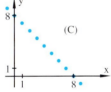
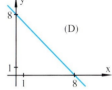

8

Stelle die Lösung zeichnerisch in einem Koordinatensystem dar.
Bestimme zwei Zahlenpaare. Prüfe mit einem weiteren Zahlenpaar.

a) $x + y = 7$ b) $2x + y = 9$

c) $x - 2y = 3$ d) $3x - y = 3$

e) $2x + 3y = 5$ f) $5x - 3y = 2$

9

Stelle die Gleichung um in die Form $y = mx + n$ und zeichne den Graphen.

a) $y - 2x = 5$ b) $y - x = 3$

c) $y + 3x = 6$ d) $y + 2x = 2,5$

e) $y - 4 = x$ f) $y + 3 = \frac{1}{2}x$

g) $x - y = 5$ h) $2x - y = 3$

10

Prüfe durch Zeichnung und Rechnung, welche Zahlenpaare welche Gleichung erfüllen.

$A(0;-3)$	(1) $y = \frac{1}{2}x + 1$
$B(3;-1)$	(2) $y = 3x - 1$
$C(1,5;3,5)$	(3) $y = \frac{3}{2}x - 3$
$D(-2;0)$	(4) $y = -2x + 5$

11

Forme die Gleichungen zunächst um.
Zeichne und prüfe sowohl in der Zeichnung als auch durch Rechnung, welcher Punkt auf welcher Geraden liegt.

(1) $2x - 3y + 3 = 0$ | $A(4;2)$
(2) $3x - y = 3$ | $B(2;-2)$
(3) $x + y = 0$ | $C(1,5;1,5)$
(4) $2y + x = 8$ | $D(-3;-1)$

12

Welche der Zahlenpaare sind Lösungen der Gleichung $3x - 2y + 1 = 0$?

a) $(0;0)$ b) $(3;1)$ c) $(1;-3)$
d) $(2;3,5)$ e) $(2,5;3)$ f) $(-1;-1)$
g) $(0;\frac{1}{2})$ h) $(-\frac{1}{3};0)$ i) $(3;5)$

13

Ergänze so, dass die Zahlenpaare Lösung der Gleichung $y = -4x + 3$ sind.

a) $(1;\square)$ b) $(0;\square)$ c) $(-2;\square)$
d) $(\square;4)$ e) $(\square;-10)$ f) $(1,5;\square)$

14

Zum Knobeln.
Welche Zahlenpaare erfüllen die Gleichung $x + 2y - 12 = 0$, wenn

a) beide Zahlen gleich sind?
b) die erste Zahl doppelt so groß wie die zweite ist?
c) die zweite Zahl um 3 größer ist als die erste Zahl?
d) die erste Zahl um 3 größer ist als die zweite?

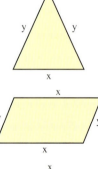
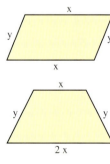
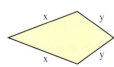

15

Stelle eine Gleichung auf und gib mindestens zwei Lösungen an.

a) Der Umfang eines gleichschenkligen Dreiecks beträgt 15 cm.
b) Der Umfang eines Parallelogramms beträgt 28 cm.
c) Der Umfang eines gleichschenkligen Trapezes beträgt 30 cm. Die untere Grundseite ist doppelt so lang wie die obere.
d) Der Umfang eines Drachens beträgt 30 cm.

16

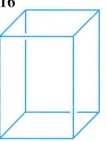
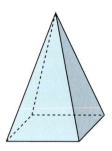

a) Aus einem Draht von 1 m Länge soll das Kantenmodell eines quadratischen Prismas hergestellt werden.
Stelle eine Gleichung für die Summe der Kantenlängen auf und gib drei verschiedene Lösungsmöglichkeiten an.
b) Die Summe aller Kantenlängen einer quadratischen Pyramide beträgt 40 cm.
Stelle eine Gleichung auf und gib drei verschiedene Lösungen für die Grund- und Seitenkanten an.
c) Die Kantensumme eines Prismas mit einem gleichseitigen Dreieck als Grundfläche beträgt 60 cm.
Gib drei Möglichkeiten für die Länge der Kanten an.

17

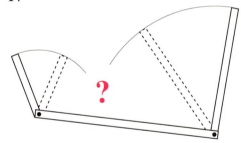

Der Umfang eines Dreiecks beträgt 25 cm. Die erste Seite ist 5 cm länger als die zweite Seite.

a) Zeichne alle Dreiecke dieser Art, bei denen die Maßzahlen der Seitenlängen ganzzahlig sind.
b) Stelle eine Gleichung für den Umfang mit nur zwei Variablen auf.
Denke daran, dass die erste Seite 5 cm länger als die zweite ist.
c) Warum darf die längste Seite nicht 15 cm lang sein?

2 Lineare Gleichungssysteme. Zeichnerische Lösung

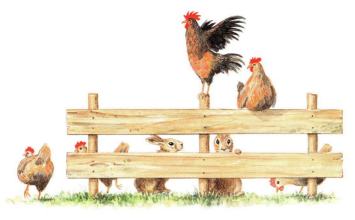

1

Die 9 Tiere in einem Stall, und zwar Hasen und Hennen, haben zusammen 24 Füße. Wie viele Hasen und Hennen sind es jeweils? Versuche zunächst, die Lösung durch Probieren mit Tabellen zu finden.

2

Zeichne die Graphen der beiden Funktionen $y = 2x - 2$ und $y = \frac{1}{2}x + 3$.
Setze den x-Wert und den y-Wert des Schnittpunkts der beiden Geraden in beide Gleichungen ein.

Zwei lineare Gleichungen mit zwei Variablen bilden zusammen ein **lineares Gleichungssystem**. Wenn man die Lösung dieses Gleichungssystems sucht, muss man für die beiden Variablen Zahlen finden, die beide Gleichungen erfüllen.

Beispiel:

(1) $x + y = 6$

x	0	1	2	3	4	5
y	6	5	4	3	2	1

(2) $x - y = 2$

x	0	1	2	3	4	5
y	-2	-1	0	1	2	3

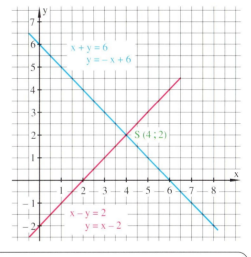

Den Tabellen kann man entnehmen, dass das Zahlenpaar (4;2) beide Gleichungen erfüllt.

Im Schaubild sieht man, dass diese Zahlen die Koordinaten des Schnittpunkts der beiden Geraden sind. Das Zahlenpaar bildet die Lösung des Gleichungssystems.

Ein **lineares Gleichungssystem** aus zwei linearen Gleichungen mit zwei Variablen hat dann eine Lösung, wenn sich die beiden zugehörigen Geraden schneiden.
Der x-Wert und der y-Wert des Schnittpunkts erfüllen sowohl die erste als auch die zweite Gleichung.

Beispiel

Die beiden Gleichungen

(1) $y = \frac{3}{2}x + 3$

(2) $y = -\frac{1}{2}x + 1$

bilden ein lineares Gleichungssystem.
Die beiden Geraden schneiden sich im Punkt S(-1;1,5).
Das Zahlenpaar (-1;1,5) ist die Lösung des Gleichungssystems.

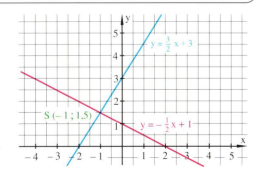

Aufgaben

3

Stelle das Gleichungssystem zeichnerisch dar und gib die Koordinaten des Schnittpunkts der beiden Geraden an.

a) $y = 2x - 3$
$\quad y = -3x + 7$

b) $y = x + 1$
$\quad y = -\frac{1}{2}x + 4$

c) $y = -2x + 1$
$\quad y = 2x + 5$

d) $y = -3x - 2$
$\quad y = x + 6$

e) $y = -\frac{1}{4}x - 2$
$\quad y = -\frac{7}{4}x - 5$

f) $y = \frac{4}{3}x + 3$
$\quad y = \frac{1}{3}x$

g) $y = \frac{1}{2}x + 1$
$\quad y = -x - \frac{1}{2}$

h) $y = 3x - 3$
$\quad y = -3x$

4

Löse das Gleichungssystem zeichnerisch und bestätige die Lösung, indem du die Koordinaten des Schnittpunkts in beide Gleichungen einsetzt.

a) $y = 2x + 1$
$\quad y = -2x + 5$

b) $y = x - 1$
$\quad y = -\frac{1}{3}x + 3$

c) $y = \frac{1}{2}x + 2$
$\quad y = -\frac{3}{2}x - 2$

d) $y = 3x + 6$
$\quad y = \frac{1}{3}x - 2$

5

Stelle beide Gleichungen in die Form $y = mx + n$ um und löse das Gleichungssystem zeichnerisch.

a) $2y - x = 4$
$\quad 2y + 3x = 12$

b) $y + 4x = 0$
$\quad y - 2x - 6 = 0$

c) $3x - y = -1$
$\quad x + y = -3$

d) $2x + 24 = 6y$
$\quad 2x + 9 = 3y$

e) $3y + x = 3$
$\quad y - x = 5$

f) $4y + 2x = 8$
$\quad 6y + 7x = 36$

6

Die drei Geraden schneiden sich in drei Punkten und bilden so ein Dreieck ABC. Bestimme durch Zeichnung die Koordinaten der drei Eckpunkte des Dreiecks.

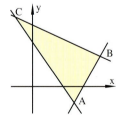

a) $y = \frac{1}{2}x$
$\quad y = -\frac{1}{2}x + 8$
$\quad y = \frac{5}{2}x - 4$

b) $y = x - 1$
$\quad y = -\frac{1}{2}x + 2$
$\quad y = \frac{1}{2}x + 4$

7

In welchem Quadranten liegt der Schnittpunkt? Gelingt dir die Antwort ohne Zeichnung?

a) $y = x$
$\quad y = -x + 3$

b) $y = x$
$\quad y = -x - 3$

c) $y = -x$
$\quad y = x + 3$

d) $y = -x$
$\quad y = x - 3$

e) $y = 2x$
$\quad y = x + 2$

f) $y = -2x$
$\quad y = -x - 2$

g) $y = 2x$
$\quad y = -x - 2$

h) $y = -2x$
$\quad y = x + 2$

8

Wie heißen die Koordinaten des Schnittpunkts? Versuche, sie ohne Zeichnung zu finden.

a) $y = x$
$\quad y = -x$

b) $y = x$
$\quad y = 4$

c) $y = x + 3$
$\quad y = -x + 3$

d) $y = \frac{1}{2}x + 5$
$\quad y = -\frac{4}{3}x + 5$

e) $y = 2x$
$\quad y = -x + 3$

f) $y = x$
$\quad y = -x + 2$

g) $y = x - 3$
$\quad y = -x + 3$

h) $y = \frac{1}{2}x$
$\quad y = -\frac{1}{2}x + 2$

9

Drei der vier Geraden haben einen gemeinsamen Punkt. Ermittle zeichnerisch die Koordinaten dieses Schnittpunkts und gib die Gerade an, die nicht durch den Punkt geht.

a) $y = x$
$\quad y = \frac{1}{2}x + 2$
$\quad y = -\frac{1}{4}x + 5$
$\quad y = -\frac{2}{3}x + 6$

b) $y = -\frac{2}{3}x$
$\quad y = -\frac{1}{3}x + 1$
$\quad y = \frac{1}{3}x + 2$
$\quad y = \frac{5}{3}x + 7$

10

Bestimme durch Zeichnung die Ursprungsgerade, die durch den Schnittpunkt der beiden Geraden geht. Wie lautet die Gleichung der Geraden?

a) $y = -\frac{1}{3}x + 5$
$\quad y = 2x - 2$

b) $y = -\frac{5}{3}x + 4$
$\quad y = \frac{1}{3}x - 2$

11

Die Koordinaten des Schnittpunkts haben jeweils eine Dezimalstelle. Zeichne besonders sorgfältig.

a) $y = \frac{1}{3}x + 4$
$y = 2x - 2$

b) $y - \frac{1}{5}x - 4$
$y = -3x + 4$

c) $y = -\frac{1}{2}x + 3$
$y = \frac{1}{3}x + 5$

d) $y = -x - 3$
$y = \frac{3}{2}x + 3$

12

Nicht bei jedem Gleichungssystem kann man die Lösung zeichnerisch exakt bestimmen.
Löse das Gleichungssystem näherungsweise auf eine Stelle nach dem Komma und setze diese zeichnerisch gefundenen Werte in die beiden Gleichungen ein.

a) $y = -\frac{1}{5}x + 3$
$y = 3x - 2$

b) $y = \frac{2}{7}x - 2$
$y = -\frac{3}{2}x + 5$

c) $y = \frac{5}{2}x - 1$
$y = -\frac{1}{3}x - 3$

d) $y = \frac{4}{3}x - 4$
$y = -\frac{5}{2}x + 4$

13

Übertrage das Schaubild ins Heft und bestimme die Koordinaten der Schnittpunkte möglichst genau.

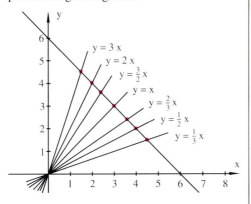

Kannst du das Gleichungssystem
1,23x + 3,21y = 4,44
3,21x + 1,23y = 4,44
zeichnerisch lösen oder hast du eine bessere Idee?

14

Zeichne zwei Parallelen zur Geraden $y = x$ durch die Punkte $P_1(0;3)$ und $P_2(0;-3)$ und bestimme zeichnerisch die Schnittpunkte dieser drei Geraden mit den beiden Geraden $y = -3x + 5$ und $y = -\frac{1}{3}x + 5$.

Treffpunkte

Bewegungen lassen sich zeichnerisch in einem Koordinatensystem darstellen.
Im Allgemeinen wird auf der x-Achse die benötigte Zeit t und auf der y-Achse der zurückgelegte Weg s abgetragen.

Wenn man die Bewegungen von zwei Autos, Fahrrädern oder Schiffen in ein Koordinatensystem einträgt, kann man ablesen, wann und nach welcher Entfernung die beiden sich treffen.

Beispiel:

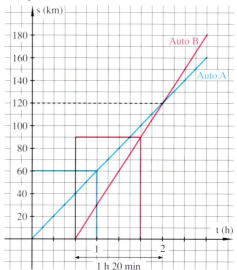

Auto A fährt mit 60 km/h. Auto B fährt 40 min später los, fährt aber mit 90 km/h. Auto B holt Auto A nach 120 km und 1 h 20 min ein.

Ein Schwertransporter fährt mit 40 km/h. Ein Lkw fährt doppelt so schnell. Wann holt der Lkw den Transporter ein, wenn er 30 min später losfährt?

Zwei Autos fahren gleichzeitig von zwei 50 km entfernten Orten in dieselbe Richtung los.
Wann überholt das weiter vom Ziel entfernte Auto das andere, wenn die Geschwindigkeiten der beiden Autos 50 km/h und 90 km/h betragen?

3 Gleichsetzungsverfahren

1
Löse das Gleichungssystem

(1) $y = \frac{3}{4}x - 1$

(2) $y = \frac{3}{5}x + 1$ zeichnerisch.

Wie genau kannst du die Lösung ablesen?

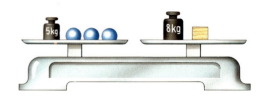

2
Lies aus dem Schaubild die Lösung des Gleichungssystems $y = -x + 201$
$\qquad\qquad\qquad y = x - 1$ ab.
Setze die Werte für x und y ein. Was fällt auf?

3
Sieh dir die zwei Waagen an und versuche herauszufinden, wie viel kg die kleinen Würfel wiegen.

Nicht alle Gleichungssysteme lassen sich zeichnerisch exakt lösen. Mit **rechnerischen Lösungsverfahren** ist dies aber möglich.
Wenn in einem Gleichungssystem beide Gleichungen nach derselben Variablen aufgelöst sind, kann man auch die Terme, die auf der anderen Seite stehen, **gleichsetzen**.

$3x - 2$	$=$	y
	y	$=$	$2x + 8$
$3x - 2$	$=$	$2x + 8$

Man erhält so eine Gleichung mit nur einer Variablen. Mit der Lösung dieser Gleichung, x = 10, kann man auch die zweite Variable berechnen. Man setzt x = 10 in eine der Ausgangsgleichungen ein und erhält y = 28.

> **Gleichsetzungsverfahren:** Man löst beide Gleichungen nach derselben Variablen auf. Durch Gleichsetzen erhält man dann eine Gleichung mit nur einer Variablen.

Beispiele

a) Wenn eine Gleichung bereits aufgelöst ist, wird die andere Gleichung nach derselben Variablen aufgelöst.

(1) $y = 4x - 2$
(2) $y - 3x = 5$ $| + 3x$
(1) $y = 4x - 2$
(2') $y = 3x + 5$

Gleichsetzen von (1) und (2'):
$4x - 2 = 3x + 5$
$\quad x = 7$
Einsetzen in (1):
$\quad y = 4 \cdot 7 - 2$
$\quad y = 26$
$\quad L = \{(7;26)\}$

b) Bei manchen Gleichungssystemen ist es geschickt, nach dem Vielfachen einer Variablen aufzulösen.

(1) $3x + 4y = 32$ $| - 4y$
(2) $3x + 7y = 47$ $| - 7y$
Auflösen:
(1') $3x = 32 - 4y$
(2') $3x = 47 - 7y$
Gleichsetzen von (1') und (2'):
$32 - 4y = 47 - 7y$
$\quad y = 5$
Einsetzen in (1'):
$\quad 3x = 32 - 4 \cdot 5$
$\quad x = 4$
$\quad L = \{(4;5)\}$

Aufgaben

4
Löse das Gleichungssystem rechnerisch.

a) $y = 3x - 4$
$y = 2x + 1$

b) $y = x + 9$
$y = 3x - 5$

c) $x = y + 5$
$x = 2y + 3$

d) $3y - 9 = x$
$2y - 4 = x$

e) $y = 4x + 2$
$5x - 1 = y$

f) $2y = 5x + 4$
$2y = 6x - 1$

g) $4x = 2y + 10$
$4x = 5y + 1$

h) $5y = 2x - 1$
$4x + 3 = 5y$

i) $6x = 25y - 1$
$12y + 12 = 6x$

k) $\frac{1}{2}x + 4 = \frac{1}{2}y$
$\frac{1}{2}y = \frac{3}{2}x - 2$

5
Löse die beiden Gleichungen des Gleichungssystems nach einer Variablen auf und löse rechnerisch.

a) $x + 2y = 3$
$x + 3y = 4$

b) $2x + y = 5$
$5x + y = 11$

c) $x + 6y = 24$
$x - 4y = 4$

d) $2y - 3x = 9$
$3x + y = 18$

e) $12x - y - 15 = 0$
$8x - y + 1 = 0$

6
Forme die Gleichungen geschickt um und löse mit dem Gleichsetzungsverfahren.

a) $3x - 2y = 3$
$3x - y = 5$

b) $2x + 4y = 2$
$3x + 4y = 5$

c) $2x - 5y = 7$
$3y = 2x + 3$

d) $5x + 3y = 30$
$4x = 3y - 3$

e) $5x = y + 6$
$5x - 12 = 2y$

f) $5x + 2y = 3$
$3x - 2y = 11$

g) $6x + 25y - 13 = 0$
$3x + 5y + 1 = 0$

7
Löse die Gleichungssysteme.
Zur Kontrolle: Die Summe aller x-Werte ist gleich der Summe aller y-Werte.

a) $5x = 2y + 7$
$2x + 2y = 14$

b) $6x - 3y = 27$
$6x + 2y = 62$

c) $4x - 2y = 14$
$7y = 4x + 1$

d) $3x + 12y = 30$
$9x - 30 = 15y$

e) $3x - 2y = -12$
$7y = 6x + 51$

f) $5x - 3 = 4y$
$24 - 2y = 6x$

8
Löse das Gleichungssystem rechnerisch. Achte beim Lösen darauf, dass möglichst geschickt umgeformt wird.

a) $x + 5y = 13$
$2x + 6y = 18$

b) $7x + y = 37$
$3x + 2y = 30$

c) $2x + 3y = 4$
$4x - 4y = 28$

d) $4x = 6y + 2$
$5y = 2x - 7$

e) $3x + 4y - 5 = 2x + 3y - 1$
$6x - 2y + 2 = 4x - 3y + 5$

9
Bei Gleichungssystemen können auch andere Gleichungsvariablen verwendet werden.
Löse das Gleichungssystem rechnerisch.

a) $a = 2b + 4$
$a = b + 5$

b) $21 + 6n = 3m$
$12m - 36 = 6n$

c) $s = 5 + t$
$s = 2t + 1$

d) $5p + 5q = 10$
$3p + 5q = 14$

e) $2a + 2b = 0$
$5a - 27 = 4b$

f) $7z + 5p = 9$
$10p - 5z = -20$

10
Löse beide Gleichungen des Gleichungssystems zunächst nach derselben Variablen auf.

a) $2x + 3y - 4 = 3x + 6y - 5$
$5x + 2y + 7 = 4x - 5y + 12$

b) $x + 5y + 2 = 6x + 4y - 12$
$6x + 3y - 4 = 2x + 2y + 9$

c) $2(x + 3) + 4y = 3(x - 2) + 7y$
$5x - 2(y + 3) = 4x + 8(y - 2{,}5)$

11
Bestimme die Koordinaten des Schnittpunkts exakt durch Rechnung und vergleiche mit dem Schaubild. Zeichne selbst.

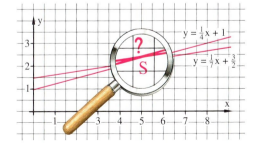

Wo schneiden sich die beiden Geraden?

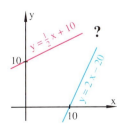

4 Einsetzungsverfahren

1

Wie kann man das Gleichungssystem
(1) $5x + y - 281x + 5 = 20$
(2) $y = 281x$
geschickt lösen?

2

Die beiden Waagen stehen im Gleichgewicht. Finde heraus, wie viel kg ein Würfel
wiegt.

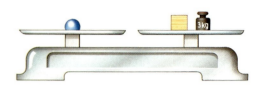

3

Das Vierfache einer Zahl vermehrt um das
Dreifache einer zweiten Zahl ergibt 18. Die zweite Zahl ist um 1 kleiner als die erste Zahl.
Stelle zunächst zwei Gleichungen auf und versuche, die Zahlen zu finden.

Um aus einem Gleichungssystem von zwei Gleichungen mit zwei Variablen eine Gleichung
mit einer Variablen zu erhalten, kann man eine Gleichung nach einer Variablen auflösen
und in der anderen Gleichung diese Variable durch den Term, der auf der anderen Seite der
ersten Gleichung steht, **ersetzen**.

Nachdem die Gleichung (2) nach y aufgelöst
ist, wird in Gleichung (1) für y der Term
$x - 3$ eingesetzt.
Mit der Lösung $x = 5$ kann man, wie bekannt, y berechnen. Man erhält $y = 2$.

(1) $3x + 2y = 19$
(2) $y = x - 3$
Einsetzen von (2) in (1):
(1') $3x + 2(x - 3) = 19$
$x = 5$

> **Einsetzungsverfahren:** Man löst eine Gleichung des Gleichungssystems nach einer Variab-
> len auf. Durch Einsetzen in die andere Gleichung erhält man eine Gleichung mit nur einer
> Variablen.

Beispiele

a) Hier wird die erste Gleichung nach y aufgelöst und in die zweite Gleichung eingesetzt.

(1) $y - x = 1$ $| + x$
(2) $6x - 3y = 6$
Auflösen:
(1') $y = x + 1$
(2) $6x - 3y = 6$
Einsetzen von (1') in (2):
$6x - 3 \cdot (x + 1) = 6$
$6x - 3x - 3 = 6$
$3x = 9$ $| : 3$
$x = 3$
Einsetzen in (1'):
$y = 3 + 1$
$y = 4$
$L = \{(3;4)\}$

b) Bei manchen Aufgaben ist es geschickt,
eine Gleichung nach dem Vielfachen einer
Variablen aufzulösen.

(1) $6x + 14y = -100$ $|-14y$
(2) $6x + 42y = -660$
Auflösen:
(1') $6x = -100 - 14y$
(2) $6x + 42y = -660$
Einsetzen von (1') in (2):
$-100 - 14y + 42y = -660$
$-100 + 28y = -660$ $| + 100$
$28y = -560$ $| : 28$
$y = -20$
Einsetzen in (1'):
$6x = -100 - 14 \cdot (-20)$
$x = 30$
$L = \{(30; -20)\}$

Aufgaben

4

Löse nach dem Einsetzungsverfahren.

a) $5x + y = 8$
$y = 3x$

b) $7x - y = -15$
$y = 2x$

c) $x + 2y = 49$
$x = 5y$

d) $2x - 3y = 7$
$2x = 5y$

e) $3x + y = 11$
$y = x + 1$

f) $5x + y = 45$
$y = 2x - 4$

g) $x - 2y = 7$
$x = 5y + 4$

h) $3y + x = 9$
$x = y - 5$

i) $2x + 3y = 9$
$2x = y + 1$

k) $3x + 5y = 17$
$5y = 6x - 1$

5

Löse eine Gleichung auf und setze zur Lösung in die andere ein.

a) $5x + y = 7$
$2x + y = 4$

b) $x + 3y = 5$
$x - 2y = 10$

c) $3x - 2y = 2$
$5x + 2y = 14$

d) $4x + 3y = 15$
$4x - 2y = 10$

e) $2x = 3y - 3$
$x - 3y = -9$

f) $5x - 3y = 1$
$x + 3y = 11$

g) $4x - 2y = 16$
$4y = 5x - 7$

h) $4x - 3y = 11$
$6y + 28 = 2x$

6

Löse eine der beiden Gleichungen geschickt auf und setze das Ergebnis in die andere Gleichung ein.

a) $5x + 2y = 20$
$3x - y = 1$

b) $7x + 3y = 64$
$6y - 8x = 40$

c) $11x - 6y = 39$
$2y + 17 = 5x$

d) $40 - 5x = 6y$
$4y + x = 8$

e) $5x + 28 = 3y$
$12y - 4x = 80$

f) $3(x - 3y) = 27$
$3(y - 4) = 4(x - 3)$

7

Wenn man die Wertepaare der Lösungen als Punkte ins Koordinatensystem einträgt, so stellt man fest, dass alle Punkte auf einer Geraden liegen.

a) $8x - 7y = 16$
$5x - 10 = 7y$

b) $6x + 9 = 5y$
$10y - 3x = -18$

c) $3x + 5y = 17$
$3x - 6y = 6$

d) $3x = y + 16$
$8x = 10y + 28$

e) $x - 3y = 4$
$5x = 2y - 6$

f) $6y + 5x = -6$
$8y = 10x - 8$

Wie heißt die Gleichung der Geraden?

Noch mehr Variablen

Es gibt auch lineare Gleichungssysteme mit drei Gleichungen und drei Variablen. Manche lassen sich mit dem Einsetzungsverfahren leicht lösen.

Beispiel:
(1) $x + y + z = 16$
(2) $x + y = 7$
(3) $x = 3$

Einsetzen von (3) in (2) und (1):
(1) $3 + y + z = 16$
(2) $\underline{3 + y = 7 \quad | -3}$
$ y = 4$

Einsetzen in (1).
(1) $3 + 4 + z = 16 \quad | -7$
$ z = 9$
$L = \{(3; 4; 9)\}$

Dieses Verfahren erinnert an viele aneinander gestellte Dominosteine, die alle umkippen, wenn man den ersten Stein umwirft.

Löse nun selbst einige Gleichungssysteme dieser Art.

$x + y - z = 7$
$x - y = 2$
$x = 5$

$2x + 3y + 4z = 9$
$x + 2y = 10$
$3x = 12$

$x - 2y + 2z = 10$
$2x + 4y = 28$
$2x = 35$

$2x + y - 3z = -7$
$3x - 4y = 4$
$6x = 0$

LEIB
FELS
ORT
INHALT
SPAR

↓

einsetzen

AP ▦ AFT
TRAN ▦ ENTE
SP ▦ ART
B ▦ EN
BE ▦ UNG

5 Additionsverfahren

1

Wenn man die Gewichte auf den beiden linken Waagschalen und die auf den beiden rechten Waagschalen jeweils auf einer zusammenlegt, ist die Waage wieder im Gleichgewicht.
Wie schwer ist ein Würfel?

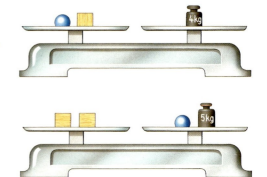

2

Kannst du das Gleichungssystem
(1) $x + y = 25$
(2) $x - y = 1$
geschickt lösen?

Wenn in einem Gleichungssystem in beiden Gleichungen eine Variable oder ein Vielfaches davon mit demselben Betrag, aber unterschiedlichen Vorzeichen vorkommt, kann man die Gleichungen geschickt **addieren**.

Durch diese Addition wird aus zwei Gleichungen mit je zwei Variablen eine Gleichung mit einer Variablen. Die Gleichung hat die Lösung $x = 3$.
Durch Einsetzen in eine der beiden Gleichungen erhält man $y = 1$.

$$
\begin{aligned}
4x + 3y &= 15 \\
+ \quad + \quad &+ \\
\underline{3x - 3y} &= \underline{6} \\
7x \qquad &= 21 \\
x &= 3
\end{aligned}
$$

> **Additionsverfahren:** Man formt beide Gleichungen so um, dass beim Addieren der Gleichungen eine Variable wegfällt.
> Es entsteht eine Gleichung mit nur einer Variablen.

Beispiele

a) Beide Gleichungen werden so umgeformt, dass die Variable x beim Addieren wegfällt.

$$
\begin{aligned}
(1) \quad & 2x + 3y = 9 && |\cdot 3 \\
(2) \quad & 3x - 4y = 5 && |\cdot(-2) \\
\hline
(1') \quad & 6x + 9y = 27 \\
(2') \quad & {-6x + 8y = -10}
\end{aligned}
$$

Gleichungen $(1')$ und $(2')$ addieren:
$$
\begin{aligned}
17y &= 17 && |:17 \\
y &= 1
\end{aligned}
$$
Einsetzen in (1):
$$
\begin{aligned}
2x + 3 \cdot 1 &= 9 && |-3 \\
2x &= 6 && |:2 \\
x &= 3 \\
L &= \{(3;1)\}
\end{aligned}
$$

b) Bei manchen Gleichungssystemen ist es geschickt, wenn man eine Gleichung mit (-1) multipliziert.

$$
\begin{aligned}
(1) \quad & 15x + 3y = 57 \\
(2) \quad & 7x + 3y = 33 && |\cdot(-1) \\
\hline
(1) \quad & 15x + 3y = 57 \\
(2') \quad & {-7x - 3y = -33}
\end{aligned}
$$

Gleichungen (1) und $(2')$ addieren:
$$
\begin{aligned}
8x &= 24 && |:8 \\
x &= 3
\end{aligned}
$$
Einsetzen in (1):
$$
\begin{aligned}
15 \cdot 3 + 3y &= 57 && |-45 \\
3y &= 12 && |:3 \\
y &= 4 \\
L &= \{(3;4)\}
\end{aligned}
$$

Bemerkung: Beim Vervielfachen der beiden Gleichungen des Gleichungssystems sucht man das kleinste gemeinsame Vielfache bei den Koeffizienten einer Variablen.

Ordne vor dem Addieren!
...x ...y = ...
...x ...y = ...

Aufgaben

3

Löse das Gleichungssystem mit dem Additionsverfahren.

a) $3x + y = 18$
$2x - y = 7$

b) $x + y = 19$
$6x - y = 9$

c) $4x + 3y = 2$
$5x - 3y = 16$

d) $12x - 5y = 6$
$2x + 5y = 36$

e) $14x - 7y = 7$
$7y + 3x = 27$

f) $4x + 3y = 14$
$5y - 4x = -30$

g) $3x + 4y = 5$
$14y - 31 = 3x$

h) $-28 - 5x = 6y$
$5x + 3y = -19$

4

Multipliziere eine Gleichung auf beiden Seiten so, dass vorteilhaft mit dem Additionsverfahren gelöst werden kann.

a) $3x + y = 5$
$2x - 2y = 6$

b) $5x - 3y = 16$
$6x + y = 33$

c) $4x + 3y = 35$
$-2x - 5y = -21$

d) $4x - 3y = 1$
$5x + 6y = 50$

e) $3x + y = 12$
$7x - 5y = 6$

f) $2x - 3y = 13$
$9y + 4x = 11$

g) $5y + 7 = 2x$
$6x - 9y = 3$

h) $9x - 35 = 7y$
$105 + 21y = 8x$

5

Wenn beide Gleichungen geschickt umgeformt werden, kann man das Additionsverfahren anwenden.

a) $5x + 2y = 16$
$8x - 3y = 7$

b) $5x + 4y = 29$
$-2x + 15y = 5$

c) $3x - 2y = -22$
$7x + 6y = 2$

d) $11x + 3y = 21$
$2x - 4y = 10$

e) $4x + 3y = 23$
$5y - 6x = 13$

f) $3y - 10x = 22$
$15x - 4y = -31$

g) $6x + 7y = 27$
$78 + 2y = 9x$

h) $15y - 6x = 39$
$3x - 52 = 25y$

6

Die Lösungen ergeben das Lösungswort auf dem Rand.

a) $4x + 3y = 29$
$3x - 4y = 3$

b) $3x - 7y = 32$
$-5x - 24y = 18$

c) $9x + 2y = 78$
$15y - 6x = -3$

d) $5x - y = -10$
$3y + 4x = 11$

e) $36 + 7y = 5x$
$10x - 42 = 4y$

f) $5y - 8x = -5$
$13 + 13y = 12x$

D (8;3)   N (0;-1)
E (-1;5)   U (6;-2)
R (5;3)   R (3;-3)

7

Bei manchen Gleichungssystemen ist es geschickter, die beiden Gleichungen zu subtrahieren.

Beispiel:

(1) $3x + 5y = 11$
(2) $3x - 3y = 3$

Gleichung (2) von (1) subtrahieren:

$8y = 8 \quad |:8$
$y = 1$

Einsetzen in (1):

$3x + 5 \cdot 1 = 11$
$x = 2$
$L = \{(2;1)\}$

Man nennt dieses Verfahren Subtraktionsverfahren.

Löse die Gleichungssysteme.

a) $6x + 7y = 53$
$4x + 7y = 47$

b) $5x + 3y = 13$
$5x - 2y = 22$

c) $15x + 2y = 7$
$25x + 2y = 17$

d) $3x + 4y = -26$
$4y - 15x = 10$

e) $8y + 3x = 4$
$36 + 8y = 7x$

f) $12x + 15 = 7y$
$-24 + 12x = 6y$

8

Wenn man die Lösungen der Gleichungssysteme addiert, erhält man die Zahl 50.

a) $8x + 3y - 47 = 0$
$4x - 2y - 6 = 0$

b) $14x - 5y + 3 = 2$
$4x + 15y - 26 = 23$

c) $5x - 2y + 36 = 4y$
$3y - 63 + 15x = 10x$

d) $10 - 4x + 6y = 5y$
$4x - 3y + 8 = 3x$

9

Forme die Gleichungen um und löse das Gleichungssystem.

a) $4(x - 2) + 3(y + 1) = 36$
$2(x - 4) + 5(y + 3) = 52$

b) $(x - 9) \cdot 4 + (10 - y) \cdot 3 = 18$
$(x + 3) \cdot 3 - (y + 1) \cdot 5 = 0$

c) $3(x + 1) + 14 - 6x = 5(y + 3)$
$4y + 5x - 3(y + 4) = 3(x - 2)$

d) $4(x + 4) + 5(y - 3) = 8(x - 2) - 2(y - 18)$
$7(x - 1) - 6(y + 3) = 2(x - 26) + 3(y + 1)$

„Locker einlaufen".
Löse das Gleichungssystem rechnerisch.

a) $y = 2x + 1$
$y = -x + 10$

b) $2x - y = 4$
$3x + y = 1$

c) $y = 3x - 15$
$2y = x + 10$

d) $3y + x = -1$
$y = x + 3$

e) $y + 3x = 7$
$x = y - 3$

f) $2x - 3 = y$
$3x + 2 = 2y$

g) $13x - 2y = 20$
$2x + y = 7$

h) $2x + 1 = 3y$
$4x - 5y = 0$

i) $2x + 3y = 0$
$x - 4y = 11$

k) $3x + 4y = 21$
$2x + 2y = 13$

l) $3x + 5y = -30$
$5x - 3y = 120$

m) $x + 2y = 2$
$9x + 14y = 64$

n) $7x + 6y = 1$
$6x - 7y = 13$

o) $3x - 2y = 59$
$4x - 104 = 9y$

„Langsam steigern".
Forme geschickt um.

a) $x = y + 5$
$\frac{y}{3} = x - 13$

b) $5x - 4y = 8$
$\frac{3}{2}x + y = 9$

c) $\frac{1}{2}x - 2 = \frac{1}{4}y$
$\frac{1}{3}x + 6 = 2y$

d) $\frac{1}{3}x + 3y = 29$
$3x - \frac{1}{5}y = -11$

e) $3y + 5x + 57 - 7x = 3x - 11y - 23$
$4y + 9x - y - 20 = 5x - 11 - 8x$

f) $10 + (4x-3) + (y+9) = 2x + (3y-16) + 19$
$6x + 2 + (2y - 20) = (18x - 3) + (18 - y) - 3$

g) $2(y - 2) = 4(x - 3)$
$3(y + 4) = 4(x + 1)$

h) $9(x - y + 1) = 0$
$10x + y = 4(x + y) + 3$

„Jetzt wird es noch einmal steiler."

a) $3(14 - 5x) - 2y = y + 3$
$2(9 - 2x) - y = y + 4$

b) $2(x + 1) + 3(y - 2) = 9$
$3(3 - x) + 1 - 2y = -2$

c) $34 - 4(x + y) = 10 - x - y$
$41 - 8(y - x) = 5 - y + x$

d) $3(4x - y) - 2(3x - 1) = -13$
$-2(3y - x) - 5(x - 2y) = 10$

e) $(x + 5)(y + 2) = xy + 130$
$(x + 3)(y - 2) = xy + 14$

f) $(2x - 1)(3y - 5) = (2x - 3)(3y - 1)$
$3(5x - 2) = 2(5y - 4) + 2$

g) $(x + 3)(y - 4) + 3 = x(y - 2)$
$(2x + 5)(y - 1) + 10 = 2y(x + 3) - 6$

h) $(3y - 1)^2 - 3xy = (5 + 3y)(3y - x) - 52$
$(2x + 3)^2 - xy = 3x(2x - y) - 2x(x - y) + 11y$

„Nun noch durch die Steinbrüche!"

a) $x + y = 1169$
$\frac{x - 9}{9} = y$

b) $x - y = 18$
$\frac{x}{5} + \frac{y}{3} = 10$

c) $\frac{x}{3} + \frac{y}{5} = 260$
$5x - 3y = 150$

d) $\frac{2x}{7} - \frac{3y}{5} = 5$
$\frac{x}{5} + \frac{2y}{25} = 1$

e) $\frac{3x}{5} + y = -1$
$\frac{x}{5} + y = 1$

f) $\frac{5x}{9} - \frac{2y}{3} = \frac{8}{9}$
$\frac{3x}{2} - 2y = 2$

g) $\frac{8x - 5}{3} + \frac{y + 7}{3} = 13$
$\frac{x + 2}{2} + \frac{y - 11}{6} = 2$

h) $\frac{x + 2}{3} - \frac{5y + 2}{18} = \frac{1}{2}$
$\frac{12x + 22}{15} + \frac{3y + 4}{3} = 1$

6 Geometrische Deutung der Lösungsmenge

1

Zwei Autos fahren mit derselben Geschwindigkeit von 60 km/h in die gleiche Richtung. Sie starten mit einem Zeitabstand von 10 Minuten.
Stelle dies in einem Schaubild dar.

2

Die Gleichung $y = 2x + 3$ bildet mit

(1) $y = \frac{1}{2}x + 4$

(2) $y = 2x + 1$

(3) $2y - 4x - 6 = 0$

jeweils ein Gleichungssystem.
Was lässt sich beim Vergleich der Schaubilder feststellen?

Es gibt lineare Gleichungssysteme, die eine, mehr als eine oder keine Lösung haben. Man unterscheidet daher drei Fälle:

1. Fall

(1) $x - 3y + 6 = 0$

(2) $2x - 3y + 3 = 0$

2. Fall

(1) $x - 3y + 6 = 0$

(2) $x - 3y + 9 = 0$

3. Fall

(1) $x - 3y + 6 = 0$

(2) $2x - 6y + 12 = 0$

Zum Zeichnen der Geraden formt man die einzelnen Gleichungen in eine Funktionsgleichung der Form $y = mx + n$ um:

(1') $y = \frac{1}{3}x + 2$

(2') $y = \frac{2}{3}x + 1$

(1') $y = \frac{1}{3}x + 2$

(2') $y = \frac{1}{3}x + 3$

(1') $y = \frac{1}{3}x + 2$

(2') $y = \frac{1}{3}x + 2$

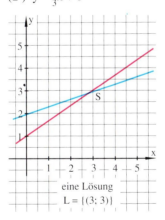

eine Lösung
$L = \{(3; 3)\}$

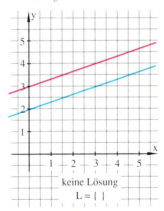

keine Lösung
$L = \{\ \}$

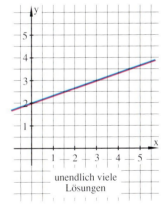

unendlich viele
Lösungen

Die Geraden **schneiden sich in einem Punkt**.
Die Koordinaten dieses Punkts ergeben die Lösung des Gleichungssystems.
Das Gleichungssystem hat **genau eine Lösung**.

Die Geraden **verlaufen parallel**, sie haben also keinen gemeinsamen Punkt. Dieses Gleichungssystem hat deshalb **keine Lösung**.

Zu beiden Gleichungen gehört **dieselbe Gerade**. Jedes Zahlenpaar, das die erste Gleichung erfüllt, erfüllt auch die zweite Gleichung. Das Gleichungssystem hat **unendlich viele Lösungen**.

Ein lineares Gleichungssystem mit zwei Variablen hat entweder eine, keine oder unendlich viele Lösungen. Die Lage der zugehörigen Geraden zeigt:
Es gibt **eine Lösung**, wenn die Geraden sich schneiden;
        keine Lösung, wenn die Geraden parallel und verschieden sind;
        unendlich viele Lösungen, wenn die Geraden aufeinander liegen.

Beispiele

a) Wenn man bei der rechnerischen Lösung eines Gleichungssystems eine falsche Aussage erhält, hat dieses Gleichungssystem keine Lösung.

(1) $y = 3x - 2$ Gleichsetzen von (1) und (2): $3x - 2 = 3x + 7$ $| - 3x$
(2) $y = 3x + 7$ $-2 = 7$

b) Wenn man bei der rechnerischen Lösung eines Gleichungssystems eine allgemein gültige Aussage erhält, gibt es unendlich viele Lösungen.

(1) $y = 3x - 2$ Einsetzen von (1) in (2): $2(3x - 2) - 6x + 4 = 0$
(2) $2y - 6x + 4 = 0$ $6x - 4 - 6x + 4 = 0$
                                                                       $0 = 0$

Aufgaben

3

Zeige durch die grafische Lösung, dass das Gleichungssystem keine Lösung hat.

a) $y = 2x + 5$
    $y = 2x - 1$

b) $y = -\frac{1}{2}x + 4$
    $y = -\frac{1}{2}x$

c) $2x + 3y = 6$
    $2x + 3y = -6$

d) $x - 2y = 4$
    $x - 2y = -2$

e) $3x + y = -2$
    $6x + 2y = 4$

f) $12x - 3y = 15$
    $8x - 2y = 2$

4

Zeige durch die grafische Lösung, dass das Gleichungssystem unendlich viele Lösungen hat.

a) $y = 2x - 4$
    $2x - y = 4$

b) $y = \frac{2}{3}x - 2$
    $2x - 3y = 6$

c) $x + y = 5$
    $2x + 2y = 10$

d) $x - \frac{1}{2}y - 3 = 0$
    $2x - y - 6 = 0$

5

Was muss man für □ einsetzen, damit die beiden Gleichungen ein Gleichungssystem ohne Lösung bilden?

a) $y = \square x + 5$
    $y = 2x - 5$

b) $y + \square x = 3$
    $y = 2x - 5$

c) $2y = \square x - 3$
    $y = 2x - 5$

d) $6x - \square y = 1$
    $y = 2x - 5$

6

Überprüfe zeichnerisch, ob das Gleichungssystem eine, keine oder unendlich viele Lösungen hat.

a) $y = \frac{5}{3}x + 1$
    $y = \frac{5}{3}x - 1$

b) $y = \frac{5}{3}x + 2$
    $y = -\frac{5}{3}x + 2$

c) $y = \frac{5}{3}x + 3$
    $y - \frac{5}{3}x = 3$

d) $2x - 3y - 6 = 0$
    $3x - 2y - 6 = 0$

e) $x - 2y - 3 = 0$
    $y = \frac{1}{2}x - 3$

f) $y = \frac{1}{7}x + 2$
    $7y = x + 14$

7

Bilde aus den vorgegebenen Gleichungen jeweils zwei Gleichungssysteme mit einer Lösung, mit keiner Lösung und unendlich vielen Lösungen. Zeichne.

$y = \frac{1}{2}x + 5$ $4x - 2y - 10 = 0$ $y = \frac{1}{5}x + 3$

$2y = x + 10$ $y = -\frac{1}{2}x + 5$ $2x - y = 0$

$y = -2x - 5$ $2x + 4y - 20 = 0$

$5x - 2 = y$ $y = -5x + 2$

$5y - 2 = x$ $x - y - 5 = 0$

7 Vermischte Aufgaben

1

Löse das Gleichungssystem mit dem Gleichsetzungsverfahren.

a) $y = x + 2$
$y = 3x - 12$

b) $y = 4x - 9$
$3x - 5 = y$

c) $x = 5y + 2$
$x = 3y - 2$

d) $2y = 6x - 30$
$2y = 5x - 26$

e) $3x = 7y - 13$
$3x = 12y - 18$

f) $5x = 2y + 79$
$19 - 3y = 5x$

g) $y = 5x + 24$
$y - 3x = 16$

h) $x = 4y - 3$
$y - x = 12$

i) $5y + 3x = 44$
$3x = 4y + 8$

k) $2y + 8x = -50$
$2y - 5x = 2$

l) $3x + 4y + 29 = 5x - 3y - 10$
$5x - 2y + 17 = 7x - 9y - 22$

4

Suche zur rechnerischen Lösung des Gleichungssystems ein geeignetes Verfahren.

a) $5x - 19 = y$
$3x - 11 = y$

b) $3x + y = 32$
$y = x - 4$

c) $3x + 2y = 10$
$2x - 2y = 20$

d) $7y + 3x = 67$
$5y + 3x = 47$

e) $3x + 5y = 34$
$2x + 19 = 5y$

f) $4x = 7y + 28$
$4x = 3y + 28$

g) $2x = 12 - 3y$
$5x = 9 + 3y$

h) $9x - 44 = 11y$
$y = 5x - 50$

i) $3x + 27y - 120 = 0$
$3x + 7y - 60 = 0$

k) $9x - 4y = 99$
$3x - 5y = 0$

l) $10x + 5y - 62 = 13y - 5x + 16$
$3x - y - 11 = 2y - 2x + 12$

2

Löse das Gleichungssystem mit dem Einsetzungsverfahren.

a) $5x + y = 48$
$y = 3x$

b) $x + 3y = 56$
$x = 4y$

c) $4x + y = 27$
$y = x + 2$

d) $x + 3y = 20$
$x = y - 4$

e) $2x + 3y = -5$
$2x = y - 1$

f) $4x + 3y = 68$
$3y = x - 2$

g) $3x - y = -10$
$y = x + 4$

h) $5x - y = 6$
$y = 2x - 3$

i) $2x + 5y = 105$
$y = 2x - 3$

k) $3x - 2y = 19$
$x = 2y + 1$

l) $5x + y = 13$
$3x + 2y = 40$

m) $4y - x = 10$
$5y + 3x = -30$

5

Forme um und löse das Gleichungssystem.

a) $5(4x + 3y) + 7 = 42$
$4(5x + 4y) - 15 = 17$

b) $10(x + y) = 77 - x - y$
$2(5x - 1) + y = 2(10y + x)$

c) $3(x - 2) + y + 5 = -2$
$4(x + 3) + 3(y - 1) = 11$

d) $5(x - 2y) + (y + 3) = 32$
$-(y - 5) - (10 - x) = 0$

e) $4(x + 1) - 3(y - 1) = 0$
$3(x - 3) - (y + 2) = 0$

f) $8(y - 2) - 12(x - 1) = 0$
$15(y + 1) - 18(x + 2) = 0$

g) $x(y - 7) = xy - 55$
$7x - 5y = 0$

3

Löse das Gleichungssystem mit dem Additionsverfahren.

a) $2x + 3y = 19$
$8x - 3y = 31$

b) $4x + 3y = 53$
$-4x - 2y = -46$

c) $5x - 7y = 44$
$3x + 7y = 4$

d) $6y - 3x = 39$
$y + 3x = -4$

e) $4x + 3y + 3 = 0$
$3x - 3y + 18 = 0$

f) $2x + y = 3$
$y - 2x = -13$

g) $6x + 13y = 31$
$-13y + 4x = -1$

h) $5x + 3y = 60$
$5x - 2y = 35$

i) $8x + 3y = 14$
$11x + 3y = 8$

k) $2x - 3y = 18$
$5x + 2y = 7$

l) $6x - 4y + 3 = 3x - 5y + 20$
$5x + 2y - 3 = 8x + 5y - 18$

m) $3(4x + 1) + 5y = 2x + 3(y - 1) + 60$
$4(x + 2) + 3y = 3x + 5(y + 3) - 6$

6

Jetzt geht's „in die Brüche".

a) $\frac{x+y}{2} = 113$
$x - y = 126$

b) $\frac{x}{8} + \frac{y}{9} = 8$
$x + y = 70$

c) $\frac{x-6}{5} = \frac{y}{7}$
$4x - 3y = 0$

d) $\frac{3x+3}{4} = \frac{y}{2}$
$2x - y = 4$

e) $\frac{x+y}{3} = 6$
$\frac{x}{6} - \frac{y}{3} = \frac{1}{2}$

f) $\frac{x}{4} + \frac{y}{6} = \frac{7}{12}$
$\frac{x}{6} - \frac{y}{8} = -\frac{1}{12}$

g) $\frac{x+y}{2} + \frac{x-1}{3} = 4$
$\frac{2x-3y}{2} - \frac{5y-x}{3} = -1$

h) $\frac{y+3}{8} - \frac{x+6}{16} = \frac{5}{4}$
$\frac{y+4}{12} + \frac{x+2}{4} = \frac{1}{2}$

7

Löse das Gleichungssystem zeichnerisch.

a) $y = 2x - 4$
   $y = -3x + 6$

b) $y = \frac{1}{2}x - 2$
   $y = -2x + 3$

c) $y = -\frac{3}{2}x + 3$
   $y = \frac{1}{2}x - 5$

d) $y = \frac{1}{2}x - 4$
   $y = -\frac{1}{2}x + 2$

e) $y = -\frac{2}{3}x + 4$
   $y = \frac{4}{3}x - 2$

f) $y = -\frac{2}{5}x - \frac{4}{5}$
   $y = -\frac{5}{2}x + \frac{11}{2}$

8

Forme die Gleichungen um und löse das Gleichungssystem zeichnerisch.

a) $y + 2x + 6 = 0$
   $y - x + 3 = 0$

b) $y + \frac{1}{2}x = 5$
   $y - x = -1$

c) $2y = \frac{1}{2}x - \frac{11}{2}$
   $3y = -2x$

d) $2x - y = 7$
   $5x + 2y = 10$

e) $7x + 6y = 1$
   $6x - 7y = 13$

f) $3x - 8y = -4$
   $7x + 2y = 1$

g) $y - 0{,}5x - 1 = 0$
   $2y + 6x - 16 = 0$

9

Stelle durch Zeichnung fest, ob das Gleichungssystem eine, keine oder unendlich viele Lösungen hat.

a) $y = 3x - 4$
   $y = 3x + 1$

b) $y = \frac{1}{2}x - 3$
   $y = -\frac{1}{2}x + 3$

c) $2x + 3y = 9$
   $y = -\frac{2}{3}x + 3$

d) $y = \frac{2}{5}x + 4$
   $y = -\frac{2}{5}x + 4$

e) $2y = 3x - 5$
   $y = \frac{3}{2}x + 1$

f) $8x - 6y + 12 = 0$
   $-3y + 6 + 4x = 0$

g) $2x + 3y - 4 = 3x + 4y - 5$
   $2y - 5x - 2 = -2x + 5y - 5$

10

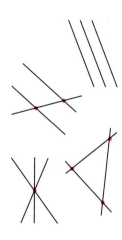

Drei verschiedene Geraden können keinen, einen, zwei oder drei Schnittpunkte haben. Zeichne und stelle fest, welcher der vier Fälle vorliegt.
Bestätige dein Ergebnis durch Rechnung, indem du die drei möglichen Gleichungssysteme untersuchst.

a) $y = 2x - 2$
   $y = -x + 4$
   $y = \frac{1}{2}x + 1$

b) $y = \frac{1}{2}x + 3$
   $y = \frac{1}{2}x - 2$
   $y = \frac{1}{2}x$

c) $y = -\frac{2}{3}x + 8$
   $y = \frac{3}{5}x + \frac{2}{5}$
   $y = \frac{5}{2}x - \frac{3}{2}$

d) $2y = 3x + 4$
   $3y = -\frac{3}{2}x + 12$
   $4y = 6x - 8$

11

Entnimm die Gleichungen der parallelen Geraden aus der Zeichnung. Übertrage die Zeichnung in dein Heft und ermittle die Koordinaten der Schnittpunkte auf eine Dezimalstelle genau.

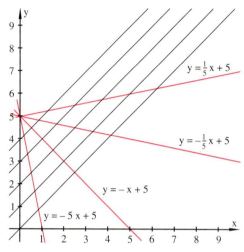

12

Runden kann gefährlich sein!
Das Gleichungssystem

$$y = \frac{1}{3}x + 2$$
$$y = \frac{3}{10}x - 1$$

soll zeichnerisch und rechnerisch gelöst werden.

a) Wandle die Brüche in Dezimalbrüche um und runde auf eine Dezimalstelle. Löse zeichnerisch und rechnerisch.

b) Runde auf zwei Stellen nach dem Komma und löse erneut. Hast du eine Idee für die zeichnerische Lösung?

c) Löse das Gleichungssystem rechnerisch ohne zu runden.

13

Kleine Ursache – große Wirkung!
Löse beide Gleichungssysteme rechnerisch.

A $123x - 124y = 61$
      $248x - 250y = 123$

B $123{,}01x - 124y = 61$
      $248x - 250y = 123$

Vergleiche die Ergebnisse.
In welchen Quadranten liegen die Schnittpunkte?

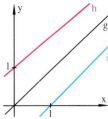

14

Die Geraden g, h und i haben die Gleichungen $y = x$, $y = \frac{98}{99}x + 1$ und $y = \frac{101}{100}x - 1$.

Die Geraden g und h schneiden sich im Punkt A, die Geraden g und i im Punkt B. Liegt A zwischen O und B oder B zwischen O und A?

15

Wenn man die Koordinaten der Punkte P und Q in die Gleichung $y = mx + n$ einsetzt, erhält man zwei Gleichungen mit den zwei Variablen m und n.

Wenn man das Gleichungssystem löst, kann man die Gleichung der Geraden finden, die durch die Punkte P und Q geht.

Beispiel: P(2;2) und Q(4;3)

P(2;2) ergibt (1) $2 = 2m + n$

Q(4;3) ergibt (2) $3 = 4m + n$

Aus $m = \frac{1}{2}$ und $n = 1$ erhält man die Gleichung $y = \frac{1}{2}x + 1$.

Finde die Gleichung für
a) P(1;2) und Q(5;6)
b) P(3;4) und Q(6;1)
c) P(-1;2) und Q(3;7)
d) P(-5; -3) und Q(1;9).

16

Die Summe aus dem Zweifachen einer Zahl und dem Dreifachen einer anderen Zahl beträgt 18. Das Dreifache der ersten Zahl vermehrt um das Doppelte der zweiten Zahl ergibt 17. Wie heißen die beiden Zahlen?

17

Die Zehnerziffer einer zweistelligen Zahl ist das Doppelte der Einerziffer. Vertauscht man die Ziffern, entsteht eine um 27 kleinere Zahl.
Wie heißt die ursprüngliche Zahl?

18

Die Quersumme einer zweistelligen Zahl ist 15, die Differenz der Ziffern ist 3. Welche Zahl kann das sein?
(Hinweis: Es gibt zwei Möglichkeiten.)

19

Der Winkel an der Spitze eines gleichschenkligen Dreiecks ist doppelt so groß wie ein Basiswinkel.
Wie groß ist dieser Winkel?

20

Aus einem 24 cm langen Draht soll ein Rechteck gebogen werden, dessen kurze Seite 2 cm kürzer als die lange Seite ist.
Wie groß ist der Flächeninhalt dieses Rechtecks?

21

In einem allgemeinen Trapez ABCD, wobei $\overline{AB} \| \overline{CD}$ ist, sind die Winkel α und β zusammen 120°. Die Winkel α und γ sind zusammen 200°.
Wie groß ist jeder der vier Winkel?

22

Der Flächeninhalt eines Trapezes mit einer Höhe von 8 cm beträgt 96 cm². Die untere Grundseite ist 6 cm länger als die obere Grundseite.
Wie groß sind die beiden Seiten?

23

In den Vereinigten Staaten wird die Temperatur in °Fahrenheit gemessen. Bei der Umrechnung von °Celsius in °Fahrenheit muss zu einem bestimmten Betrag jeweils ein Vielfaches der °Celsius-Zahl addiert werden.
Wie lautet die Umrechnungsformel, wenn 68°F = 20°C und 104°F = 40°C ist?

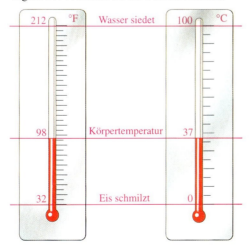

Kosten und Kostenvergleiche

Beispiel:
Das Elektrizitätswerk liefert Strom zu verschiedenen Bedingungen.

	Preis in ct/kWh	Grundbetrag (€)
Tarif 1	22,5	81,00
Tarif 2	13,5	175,00

Wenn man die Kosten in Abhängigkeit vom Verbrauch in einem Koordinatensystem darstellt, kann man ablesen, ab wie viel kWh der Tarif 2 günstiger ist.

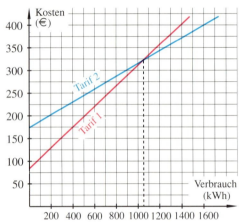

Ab etwa 1050 kWh ist der Tarif 2 günstiger. Zur exakten Bestimmung der kWh-Anzahl muss man das Gleichungssystem
(1) $y_1 = 81 + 0,225x$
(2) $y_2 = 175 + 0,135x$
rechnerisch lösen.

24

Eine Firma bezieht von zwei Herstellern Mikrochips.
Hersteller A berechnet einen Versandkostenanteil von 10 € pro Lieferung und verlangt für jeweils 10 Chips 10 €.
Hersteller B liefert erst ab einer Bestellung von 40 Chips, verlangt keine Versandkosten. 40 Chips kosten 30 €, je 10 weitere 20 € mehr.
Für welche Bestellmenge ist die jeweilige Herstellerfirma günstiger?
Stelle die Kosten in einem Schaubild dar.
(Stückzahl auf der x-Achse mit 1 cm für 10 Stück; Kosten auf der y-Achse mit 1 cm für 10 €).

25

Um den Nutzen einer Produktion festzustellen, muss man die Kosten mit dem Erlös bzw. dem Ertrag vergleichen. Der Punkt, ab dem die Produktion sich lohnt, wird als **Nutzenschwelle** oder **„break even point"** bezeichnet.
Zur Herstellung von Maschinenteilen werden feste Kosten von 300 € berechnet.
Pro Teil kommen 1,50 € an Kosten dazu.
Beim Verkauf bringt jedes Teil einen Erlös von 3,50 €.
a) Stelle den Sachverhalt in einem Schaubild dar.
(Stückzahl auf der x-Achse mit 1 cm für 25 Stück; Kosten und Erlös auf der y-Achse mit 1 cm für 100 €)
b) Lies aus dem Schaubild ab, bei welcher Stückzahl die Nutzenschwelle liegt.
c) Wie groß ist der Verlust bei 125 verkauften Teilen?
d) Wie groß ist der Gewinn bei 250 verkauften Teilen?
e) Wie müsste man den festen Kostenanteil senken, um schon bei 100 verkauften Teilen die Nutzenschwelle zu erreichen?
f) Wie ändert sich die Nutzenschwelle, wenn die festen Kosten auf 400 € steigen?
g) Stelle den Sachverhalt mit einem Gleichungssystem dar und löse dies rechnerisch.

Geometrie

26

Ein Rechteck hat einen Umfang von 84 cm. Die eine Seite ist um 6 cm länger als die andere Seite.
Wie lang sind die beiden Seiten?

27

Verkürzt man eine Seite eines Rechtecks um 3 cm und verlängert die andere um 5 cm, so wächst der Flächeninhalt um 85 cm². Verlängert man die erste Seite um 5 cm und verkürzt die andere um 3 cm, so verringert sich der Flächeninhalt um 11 cm².
Wie groß war der Flächeninhalt des ursprünglichen Rechteckes?

28

Schneidet man von einem Rechteck auf die erste Art zwei Streifen ab, gehen 154 cm² verloren.
Schneidet man auf die zweite Art ab, gehen 176 cm² verloren.
Wie groß ist das Rechteck?

1. Art:

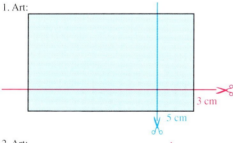
3 cm
5 cm

2. Art:

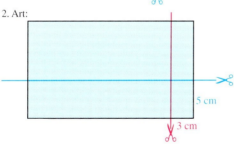
5 cm
3 cm

29

Halbiert man in einem rechtwinkligen Dreieck mit γ = 90° den Winkel α, so erhält man das Doppelte des Winkels β.
Wie groß sind die beiden Winkel α und β in dem Dreieck?

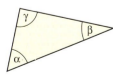

30

Der Umfang eines gleichschenkligen Dreiecks beträgt 32 cm. Die Schenkel sind 4 cm länger als die Basis. Wie lang sind die einzelnen Seiten?

31

Legt man vier gleichschenklige Dreiecke zu einem großen Dreieck zusammen, so hat dies 46 cm Umfang. Legt man sie zu einem Parallelogramm zusammen, ist der Umfang 38 cm. Wie groß sind die Seiten eines Dreiecks?

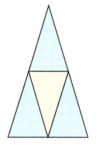 

32

Zerschneidet man die aus sechs gleichschenkligen Dreiecken zusammengesetzte Figur längs der roten Linie und legt die beiden Teile zu einem Sechseck zusammen, so hat dieses 58 cm Umfang. Legt man sie zum Parallelogramm zusammen, so hat dieses 54 cm Umfang. Welchen Umfang hat die ursprüngliche Figur?

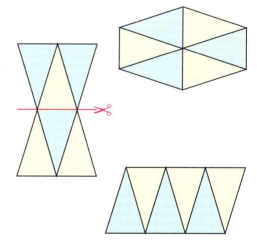

Aufgaben
Zahlenrätsel

33

Die Summe zweier Zahlen ist 25, ihre Differenz 5. Wie heißen die beiden Zahlen?

34

Addiert man zum Sechsfachen einer Zahl eine zweite Zahl, so erhält man 42. Subtrahiert man die zweite Zahl, so erhält man 18. Wie lauten die Zahlen?

35

a) Die Differenz zweier Zahlen beträgt 9. Addiert man zum Doppelten der ersten Zahl das Fünffache der zweiten Zahl, so erhält man 39. Wie groß sind die beiden Zahlen?

b) Die Summe zweier Zahlen beträgt 16. Subtrahiert man vom Dreifachen der ersten Zahl das Fünffache der zweiten Zahl, so erhält man ebenfalls 16. Wie heißen die beiden Zahlen?

Einerziffer   x
Zehnerziffer   y
Zahl $10y + x$
Quersumme $x + y$

36

Die Quersumme einer zweistelligen Zahl ist 10. Die Einerziffer ist dabei um 4 größer als die Zehnerziffer. Wie heißt die zweistellige Zahl?

37

Eine zweistellige Zahl hat die Quersumme 15. Vertauscht man die beiden Ziffern, so ist die entstehende Zahl um 9 größer. Wie heißt die ursprüngliche Zahl?

38

Die Summe einer zweistelligen Zahl und ihrer Quersumme beträgt 45. Die Einerziffer ist um 3 größer als die Zehnerziffer. Wie heißt die Zahl?

39

Eine dreistellige Zahl hat zwei gleiche Ziffern. Vertauscht man die erste und die letzte Ziffer, so ergibt sich eine um 198 kleinere Zahl. Die Quersumme der Zahl ist 25. Welche Zahl kann das sein?

Verschiedenes

40

Frau Berger ist Schulsekretärin. Sie, ihre Tochter Anja und ihr Sohn Jörg fahren mit dem Rad zur Schule. Anja startet um 7.30 Uhr, Frau Berger um 7.33 Uhr, Jörg um 7.35 Uhr. Anja fährt im Durchschnitt 3 km/h langsamer als ihre Mutter, Jörg um 3 km/h schneller. Alle drei kommen zugleich an.
Wie lange braucht Frau Berger und wie schnell fährt sie?
Wie lang ist der Weg zur Schule?

41

Aus einem alten Rechenbuch:

Ein Hund wurde $3\frac{1}{2}$ Stunden nach dem Fortgang seines Herrn auf dessen Spur gesetzt. In welcher Zeit holte das Tier seinen Herrn ein, wenn dieser mit 5 km/h schritt, der Hund aber mit dreifacher Geschwindigkeit der Spur seines Herrn zu folgen vermochte?

42

Aus einem Algebrabuch von 1525:

Ein Weidmann hetzt einen Fuchs, der 60 Sprünge voraus ist. So oft der Fuchs 9 Sprünge tut, so oft tut der Hund 6 Sprünge. Aber 3 Hundesprünge tun so viel wie 7 Fuchssprünge.
Wie viel Sprünge muß der Hund tun, bis er den Fuchs erhascht?

43

Eine Aufgabe aus Griechenland:

Esel und Maultier schritten einher beladen mit Säcken. Unter dem Druck der Last schwer stöhnt' und seufzte der Esel. Jenes bemerkt' es und sprach zu dem kummerbeladnen Gefährten: „Alterchen, sprich, was weinst du und jammerst schier wie ein Mägdlein?
Doppelt so viel als du trüg ich, gäbst du ein Maß mir; nähmst du mir eins, so trügen wir dann erst beide dasselbe."
Geometer, du Kundiger, sprich, wie viel sie getragen?

Die Bewegungen der Züge im Schienennetz der Bundesbahn werden in Bildfahrplänen dargestellt.
Im Gegensatz zu der üblichen Darstellung mit horizontaler Zeitachse, sind hier die Strecken waagerecht und die Zeit senkrecht abgetragen. An den Unterbrechungen der Linien erkennt man die Haltestationen der Züge. Die verschiedenen Richtungen der Strecken lassen Rückschlüsse auf die Geschwindigkeit und die Fahrtrichtung der Züge zu.

1

Hier sind Teile aus einem Bildfahrplan herausgezeichnet.

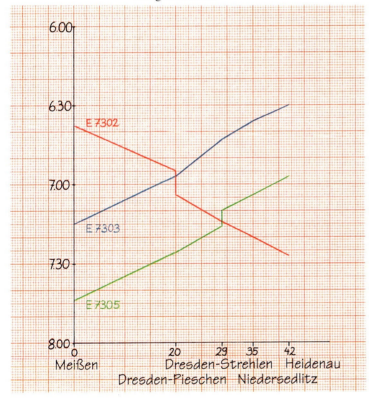

a) Übertrage den Bildfahrplan in dein Heft. Erstelle dann einen Fahrplan für die drei eingezeichneten Züge mit Abfahrts- und Ankunftszeiten.
b) Bestimme die Gesamtfahrzeit zwischen Meißen und Heidenau.
c) Wann und wo treffen sich die Züge?

2

Unten siehst du zwei Fahrplanausschnitte.
a) Erstelle für die gekennzeichneten Züge einen Bildfahrplan. Trage die Zeiten und Strecken auf den beiden Achsen wie im Originalplan ab. (Zeitachse: 1 cm für 10 min, Streckenachse: 1 cm für 5 km)
b) Bestimme die Zeitpunkte und Orte, wann und wo sich die verschiedenen Züge treffen.
c) Wann und wo kann man von Frankfurt/M kommend nach Magdeburg umsteigen?

251 Dessau – Bitterfeld – Halle

km	Zug	D 1954	8101 2.	7401 2.	6131 2.
		18		19	
	von	Berlin			Lutherst Witten-berg
0	**Dessau** Hbf 254, 255, 256, 334	1.29	:	4.36	
4	Dessau Süd		:	4.40	
11	Marke		:	4.45	
15	Raguhn		:	4.49	
18	Jeßnitz (Anh)		:	4.52	
21	Wolfen (Kr Bitterfeld) O		:	4.54	
23	Wolfen (Kr Bitterfeld)		:	4.55	
	Greppin		:	4.58	
26	**Bitterfeld** 250, 252, 253 O		:	5.01	5.01
33	**Bitterfeld** 4		:	Ⓐ 4.34	5.14	5.05
	Roitzsch (Kr Bitterfeld)		:	4.41		5.12
36	Brehna		:	4.44		5.15
41	Landsberg (b Halle/Saale)		:	4.49		5.20
46	Hohenthurm		:	4.54		5.25
56	**Halle** (Saale) Hbf 6 O	2.14	Ⓐ 5.01			5.32
	nach	Frank-furt/M		Leipzig	

251 Halle – Bitterfeld – Dessau

	Zug	6146 2.	7416 2.	IR 2151	E 4416
	von		Leipzig	Frank-furt/M	Leipzig
Halle (Saale) Hbf 6		18.42		19.14	
Hohenthurm		18.49			
Landsberg (b Halle/Saale)		18.54			
Brehna		18.58			
Roitzsch (Kr Bitterfeld)		19.02			
Bitterfeld 250, 252, 254 4 O		19.07	19.03	19.38	19.37
Bitterfeld		19.08	19.12	19.40	19.43
Greppin			19.16		
Wolfen (Kr Bitterfeld) O			19.18		19.47
Wolfen (Kr Bitterfeld)			19.19		19.48
Jeßnitz (Anh)			19.22		
Raguhn			19.25		
Marke			19.29		
Dessau Süd			19.34		
Dessau Hbf 254, 255, 256, 334 O			19.38		19.59
nach		Lutherst Witten-berg		Ⓥ Bln-Lichtenb	Magde-burg

93

Rückspiegel

1

Löse das Gleichungssystem zeichnerisch.

a) $y = -3x + 7$
$\quad y = -\frac{1}{3}x - 1$

b) $y = \frac{4}{3}x - 2$
$\quad y = -\frac{2}{3}x + 4$

c) $y = -\frac{1}{2}x + 4$
$\quad y = x - 2$

d) $y = -\frac{3}{4}x + 3$
$\quad y = \frac{5}{4}x - 1$

2

Forme die Gleichungen um und löse das Gleichungssystem zeichnerisch.

a) $y + \frac{1}{2}x = 5$
$\quad y + 1 = x$

b) $y - \frac{1}{2}x - 1 = 0$
$\quad 2y + 6x - 16 = 0$

c) $3y - 9x = 9$
$\quad x - 2y = 4$

d) $2x + 5y = -4$
$\quad 5x + 2y = 11$

3

Löse das Gleichungssystem mit dem Gleichsetzungsverfahren.

a) $y = -x + 5$
$\quad y = 2x - 1$

b) $2x = 3y + 4$
$\quad 12 - y = 2x$

c) $5x + 17 = 6y$
$\quad 6y + 8x = 4$

d) $2x + 3y - 12 = 0$
$\quad 2x - y - 4 = 0$

4

Löse das Gleichungssystem mit dem Einsetzungsverfahren.

a) $5x + y = 27$
$\quad y = x + 3$

b) $3x = y + 8$
$\quad 2y = 3x - 1$

c) $4x - 27 = 3y$
$\quad 2x - 11 = y$

d) $5x - 3y = -7$
$\quad y = 2x + 2$

5

Löse geschickt nach einem der Verfahren.

a) $3x + 4y = 47$
$\quad 6x - 4y = 34$

b) $5x + 11y = 34$
$\quad 3y - 5x = 22$

c) $3y - 4x + 2 = 0$
$\quad y + 2x - 3 = 0$

d) $4x + 5y = 2$
$\quad 7x + 5y = 11$

6

Löse das Gleichungssystem rechnerisch. Wähle jeweils ein geschicktes Verfahren.

a) $2x + 1 = 6y$
$\quad x - 2y = 1$

b) $4x + 5y = 31$
$\quad 22 = 4x + 2y$

c) $5x + 8y = 248$
$\quad 8x + 5y = 272$

d) $4(x + 2) = 3(y + 2)$
$\quad 5(x + 5) = 4(y + 5)$

e) $3(x + 7) - 2(y + 7) = 0$
$\quad 4(x + 21) - 3(y + 20) = 0$

7

Stelle das Gleichungssystem grafisch dar und gib an, ob es eine, keine oder unendlich viele Lösungen gibt.

a) $y = \frac{2}{3}x - 3$
$\quad y = \frac{2}{3}x + 2$

b) $y = \frac{3}{4}x - 1$
$\quad 2y + x = 8$

c) $3x - y = 4$
$\quad 2y + 8 = 6x$

d) $2x + 5y - 5 = 0$
$\quad 5y + 2x + 10 = 0$

8

a) Die Summe zweier Zahlen hat den Wert 25, ihre Differenz den Wert 7. Wie heißen die beiden Zahlen?

b) Subtrahiert man vom Vierfachen einer Zahl das Dreifache einer zweiten Zahl, so erhält man 18. Addiert man zum Dreifachen der ersten Zahl die Zahl 10, so erhält man das Vierzehnfache der zweiten Zahl.

9

a) Eine zweistellige Zahl wird um 9 größer, wenn man ihre Ziffern vertauscht. Ihre Zehnerziffer ist halb so groß wie ihre Einerziffer. Berechne die Zahl.

b) Die beiden Faktoren eines Produkts unterscheiden sich um 4. Vermindert man beide Faktoren um 3, so nimmt das Produkt um 69 ab. Wie groß sind die beiden Faktoren?

10

a) Verkürzt man in einem Rechteck die lange Seite um 2 cm und verlängert die andere um 2 cm, so wächst der Flächeninhalt um 4 cm². Verlängert man beide Seiten um jeweils 3 cm, so wächst der Flächeninhalt um 57 cm². Wie lang sind die ursprünglichen Seiten?

b) Der Umfang eines gleichschenkligen Dreiecks beträgt 37 cm. Die Basis des Dreiecks ist um 5 cm kürzer als die Schenkel. Berechne die drei Seitenlängen des Dreiecks.

11

Bernd fährt an 5 Tagen in der Woche mit dem Bus zur Arbeitsstelle. Eine Monatskarte kostet 70 €, ein Einzelfahrschein 5 € und eine Rückfahrkarte 8 €. Stelle die verschiedenen Möglichkeiten grafisch dar. Wann macht sich eine Monatskarte bezahlt?

In der Technik weist der Kreis auf eine Drehung hin. In der Natur entstehen Kreise von selbst, wenn von einem Punkt aus das Wachstum in allen Richtungen gleich schnell voranschreitet. Das Nördlinger Ries entstand vor 15 Millionen Jahren durch den Einschlag eines Meteors. Sein Rand ist ein annähernd kreisförmiger steinerner Wall.

Das alte Längenmaß „Rute" wurde früher bei der Feldmessung mit einem Zirkel abgegriffen.

Arme und Beine des Menschen bewegen sich in den Gelenken auf Kreisbögen. Ihr Bewegungsausschlag ist auf bestimmte Winkel beschränkt.

Euklid (etwa 360−290 v. Chr.) hat seinen Lesern den Kreis mathematisch genau erklärt:

Ein Kreis ist eine ebene, von einer einzigen Linie umfasste Figur mit der Eigenschaft, dass alle von einem innerhalb der Figur gelegenen Punkt bis zur Linie laufenden Strecken einander gleich sind.

Stonehenge
(3. bis 2. Jahrtausend) ist die größte Megalith*-
ansammlung Großbritanniens. Die Anlage besteht
aus Kreisen von Steinen, von denen der größte 32 m
Durchmesser hat. Die Steine dieses äußeren Kreises
tragen auf ihren Oberseiten quer liegende Steine.
(* großer Stein)

1 Kreis

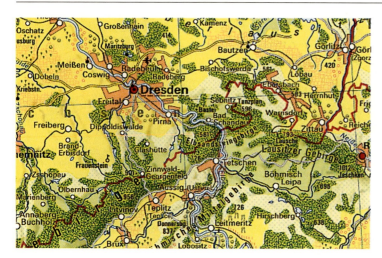

1
Welche Orte sind von Dresden in Luftlinie weniger als 50 km entfernt?
Suche einen Ort, der möglichst genau 100 km von Dresden entfernt ist.

2
Zum Zeichnen von Kreisen kann man sich mit vielen Geräten behelfen. Versuche es einmal selbst.

1 : 1 500 000

0 10 20 30 40 50
km

Kreise zeichnen wir mit dem Zirkel. Wir brauchen dazu den Mittelpunkt M und die Radius-länge r. Diese Länge stellen wir zwischen Zirkelspitze und Zirkelmine ein; bei richtiger Handhabung bleibt sie unverändert. So zeichnen wir die **Kreislinie,** auch **Peripherie des Kreises** genannt, das heißt die Menge aller Punkte, die von M gleichen Abstand haben.
Jede Strecke vom Mittelpunkt des Kreises zu einem Punkt der Peripherie heißt **Radius.**
Jede Strecke, die zwei Kreispunkte verbin-det und durch den Mittelpunkt geht, heißt **Durchmesser.**
Die Menge aller Punkte, die entweder auf dem Kreis oder innerhalb des Kreises lie-gen, heißt **Kreisfläche,** häufig wird auch sie als Kreis bezeichnet.

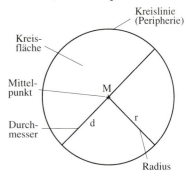

> Die Menge aller Punkte der Ebene, die von einem festen Punkt M dieser Ebene die Entfer-nung r haben, heißt **Kreis** um M mit dem Radius r.

Bemerkung: Die Mehrzahl von „Radius" heißt „Radien". Statt „Länge des Radius" und „Länge des Durchmessers" sagen wir kurz „Radius" und „Durchmesser".

Beispiele
a) Um den Mittelpunkt M(6;9) ist ein Kreis mit dem Radius 2,5 cm gezeichnet.
Der Radius wird zwischen zwei Gitterpunk-ten oder auf dem Lineal mit dem Zirkel abgegriffen.

b) Um den Mittelpunkt M(14;4) ist ein Kreis gezeichnet, der durch den Punkt P(16;2) geht.
Auf diesem Kreis liegen außerdem die Git-terpunkte Q, R und S.

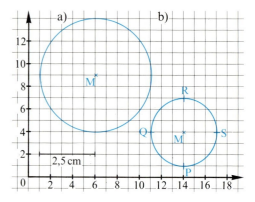

Altrömische Zirkel aus Bronze

Aufgaben

3

a) Wo siehst du in deiner Umgebung oder auf deinem Schulweg Kreise?

b) Bei welchen Sportarten kannst du Kreise sehen?

Denke an die Leichtathletik und an Spiele in der Halle.

4

Zeichne Kreise mit den Radien 2 cm, 3 cm, 4 cm, 5 cm und 6 cm um einen gemeinsamen Mittelpunkt.

5

Zeichne den Kreis um M mit dem Radius r:
a) M(10;12), r = 4 cm b) M(9;10), r = 3 cm
c) M(4;8), r = 2 cm   d) M(8;8), r = 3,5 cm.

6

Zeichne den Kreis um M, der durch den Punkt P geht:
a) M(8;10), P(15;10) b) M(13;8), P(10;14)
c) M(12;11), P(7;6)   d) M(7;7), P(3;3).

7

Durch wie viele Gitterpunkte geht
a) der Kreis mit dem Mittelpunkt M(8;10) und dem Radius r = 3 cm?
b) der Kreis mit dem Mittelpunkt M(8;10) und dem Radius r = 2,5 cm?

8

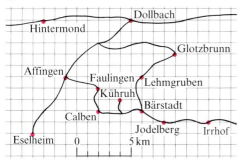

a) Zeichne die Karte ohne die Wege ab.

b) Welche Orte sind von Affingen und von Bärstadt höchstens 5 km entfernt?

c) Welche Orte sind von Affingen und von Bärstadt mehr als 5 km entfernt?

Mit Zirkel und Buntstift

Ei, Herz, Brezel und weitere Kreisfiguren. Zeichne doppelt so groß in dein Heft. Suche selbst weitere Figuren.

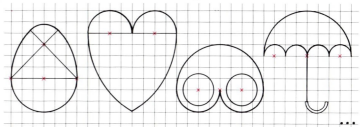

Kreismuster im 9-Punktefeld. Zeichne doppelt so groß.

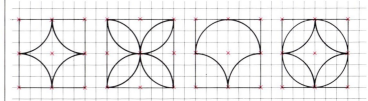

Bandornamente mit Kreisen.

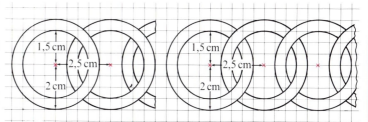

Zeichne die Kreismuster doppelt so groß in dein Heft und male sie aus. Die Teilfiguren sollen dir helfen, die ganze Figur zu verstehen.

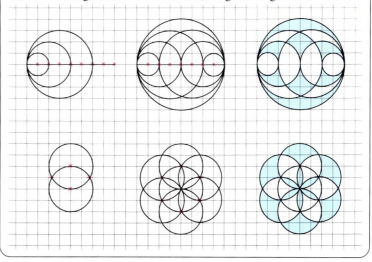

97

9

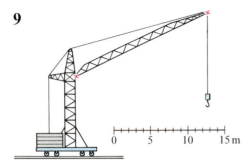

a) Welchen Radius hat der Schwenkkreis des Drehkrans, wenn der Ausleger nicht verstellt wird?
b) Welchen Radius hat der größtmögliche Schwenkkreis?

10

> **Einfamilienhaus zu verkaufen!**
> Näher als 12 km bei Astadt und
> weniger als 10 km von Bestadt entfernt!

Wo liegt das Haus? Übertrage in dein Heft und zeichne.

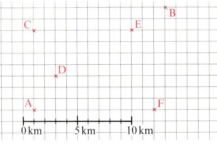

11

Vier Sender liegen im Koordinatensystem in den Punkten A(4;3), B(2;9), C(6;10) und D(10;6). Ihre Reichweiten entsprechen der Reihe nach 4 K (Kästchen), 3 K, 6 K und 5 K.
a) Zeichne die Sender mit ihren Empfangsgebieten.
b) Gibt es ein Gebiet, in dem alle 4 Sender zu empfangen sind?
c) Schraffiere mit Rot das Gebiet, in dem nur D zu empfangen ist,
mit Blau das Gebiet, in dem A und C, aber nicht B zu empfangen ist,
mit Grün die Gebiete, in denen drei Sender zu empfangen sind.

12

Der linke Kreis hat den Mittelpunkt A und geht durch B, der rechte hat den Mittelpunkt B und geht durch A. Begründe, warum die drei Strecken $\overline{AB}$, $\overline{AC}$ und $\overline{BC}$ gleich lang sind. Messen gilt nicht!

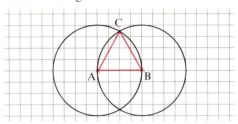

13

Was meinst du?
Gibt es große und kleine Eurostücke?

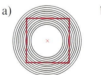

14

Wie man sich mit Kreisen täuschen kann!
Zeichne die Figuren nach.

a)   b)

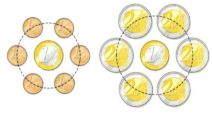

15

Die 15 Zehner passen nicht in das Rechteck. Wie viele musst du wegnehmen, damit die Übrigen hineinpassen? Probiere und zeichne. (Ab 2002 kannst du 5-Cent-Stücke verwenden.)

6 cm

11 cm

Kreise?

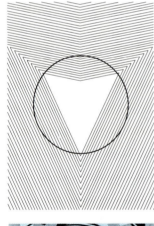

2 Sehne. Sehnenviereck

1

Kannst du aus einem kreisförmigen Blatt Filterpapier mit einem einzigen geraden Schnitt ein Quadrat herausschneiden? Beschreibe die abgeschnittenen Teile.

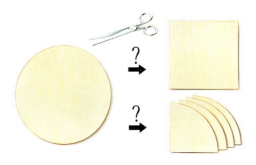

2

Kannst du ein kreisförmiges Blatt Filterpapier mit einem einzigen geraden Schnitt in vier Viertelkreise zerschneiden?

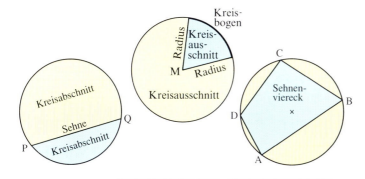

Eine Strecke, deren Endpunkte auf einem Kreis liegen, bezeichnet man als **Sehne** dieses Kreises. Sie zerlegt den Kreis in zwei **Kreisabschnitte.**

Ein von einem **Kreisbogen** und zwei Radien begrenztes Stück der Kreisfläche nennt man **Kreisausschnitt.**

Ein Viereck, dessen Seiten Sehnen eines Kreises sind, heißt **Sehnenviereck.**

Eine **Sehne** ist die Verbindungsstrecke zweier Punkte auf der Kreislinie.
Als **Sehnenviereck** bezeichnet man jedes Viereck, zu dem es einen Umkreis gibt.

Bemerkung: Jeder Durchmesser ist eine Sehne durch den Kreismittelpunkt.

Beispiele

a) Auf dem Kreis um M ist der Punkt P markiert. Mit dem Zirkel ist von P aus die Sehne $\overline{PQ}$ = 2 cm abgetragen.
Auch die Sehne $\overline{PR}$ ist 2 cm lang.

b) Wir untersuchen, ob das Viereck ABCD mit A(6;0), B(10;2), C(10;8), D(3;1) ein Sehnenviereck ist:

Lösung: ABCD ist genau dann ein Sehnenviereck, wenn es einen Kreis gibt, auf dem alle vier Punkte liegen. Für drei beliebig ausgewählte Punkte gibt es bestimmt einen Kreis, nämlich den Umkreis des betreffenden Dreiecks. Deshalb konstruieren wir den Schnittpunkt M der Mittelsenkrechten zweier Sehnen (Dreiecksseiten) als Mittelpunkt des Umkreises, zeichnen den Umkreis um M und prüfen, ob auch der vierte Punkt auf diesem Umkreis liegt. Die nebenstehende Konstruktion zeigt dies für Dreieck ABC (Sehnen $\overline{AB}$ und $\overline{BC}$) und den vierten Punkt D.

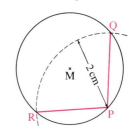

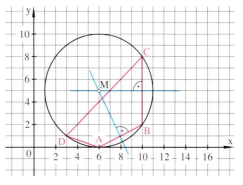

D liegt auf dem Umkreis des Dreiecks ABC; somit ist ABCD ein Sehnenviereck.

Aufgaben

3

Welche Kreisteile sind Kreisausschnitte, welche nicht?

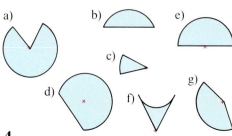

4

Zeichne in einen Kreis mit dem Radius 4 cm eine Sehne $\overline{PQ}$ mit der Länge 4 cm ein. Füge eine ebenso lange Sehne $\overline{QR}$ an, dann eine ebenso lange Sehne $\overline{RS}$ usw.
Wenn du genau zeichnest, muss dir etwas auffallen.

5

Zwei Sehnen zerlegen einen Kreis in drei oder vier Teile.
In wie viele Teile zerlegen drei Sehnen einen Kreis? Zeichne.

6

Zeichne einen Kreis mit r = 4 cm und einen Punkt P auf seiner Peripherie.
a) Zeichne in den Kreis drei verschiedene Sehnen mit dem Endpunkt P.
b) Wie lang könnte eine solche Sehne höchstens sein?
c) Gibt es eine kürzeste Sehne mit dem Endpunkt P?

7

Zeichne einen Kreis mit dem Radius r = 5 cm.
a) Zeichne drei Sehnen, die vom Kreismittelpunkt M den gleichen Abstand haben.
b) Vergleiche die Längen der Sehnen. Was vermutest du?

8

Die Strecke $\overline{AB}$ = 6 cm soll Sehne eines Kreises mit dem Radius 4,5 cm sein. Wie viele solche Kreise gibt es?

9

Wahr oder falsch? Begründe.
(1) Alle Rechtecke sind Sehnenvierecke.
(2) Alle Trapeze sind Sehnenvierecke.
(3) Es gibt Drachenvierecke, die Sehnenvierecke sind.

10

Ein Kreis mit dem Radius 6 cm und ein anderer mit dem Radius 4 cm schneiden einander so, dass ihre gemeinsame Sehne 5 cm lang ist. Zeichne zwei derartige Kreise und ermittle den Abstand ihrer Mittelpunkte. Gibt es nur eine Lösung?

11

Zeichne drei Kreise und in jeden dieser Kreise ein Sehnenviereck. Miss alle Innenwinkel der Vierecke und bilde jeweils von zwei gegenüberliegenden Winkeln deren Summe. Was stellst du fest?

12

Zeichne, falls dies möglich ist, in einen Kreis mit dem Radius 3 cm ein Sehnenviereck ABCD, wobei
a) die Strecken $\overline{AB}$ und $\overline{CD}$ jeweils gleich lang sind und der Winkel ABC ein rechter ist,
b) die Strecke $\overline{BD}$ eine Länge von 5 cm hat und der Winkel ABC ein rechter ist,
c) die Strecke $\overline{AD}$ eine Länge von 6 cm hat und der Winkel BAD ein rechter ist.
Sind die von dir gezeichneten Sehnenvierecke jeweils die einzigen Lösungen der Aufgabe?

13

Konstruiere ein Sehnenviereck ABCD aus $\overline{AB}$ = 7,0 cm, $\overline{BC}$ = 5,2 cm, $\overline{AD}$ = 6,0 cm und der Diagonale $\overline{AC}$ = 7,5 cm.

3 Satz des Thales

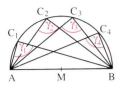

1
Zeichne die nebenstehende Figur in dein Heft. Der Durchmesser $\overline{AB}$ des Halbkreises soll dabei 8,4 cm betragen; die Punkte C_1, C_2, C_3 und C_4 kannst du auf der Peripherie des Kreises beliebig festlegen.
Miss die Winkel γ_1, γ_2, γ_3 und γ_4.
Was stellst du fest?
Ändert sich dein Ergebnis, wenn du einen anderen Durchmesser für den Halbkreis nimmst?

2
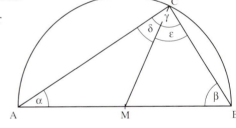

Die kurzen Seiten des Geodreiecks gleiten an den Stecknadeln entlang. Auf welcher Linie bewegt sich dabei der Eckpunkt mit dem rechten Winkel? Probiere selbst.

Betrachtet man ein Dreieck ABC, dessen Seite $\overline{AB}$ Durchmesser eines Kreises ist und dessen dritter Punkt C auf der Peripherie dieses Kreises liegt, kann man zu der **Vermutung** gelangen, dass dieses Dreieck stets rechtwinklig ist.

Auch wenn eine solche Vermutung zum Beispiel durch zahlreiche Messungen belegt worden ist, kann man sie aber erst dann als **Satz,** das heißt als eine **wahre Aussage,** bezeichnen, wenn sie mathematisch exakt bewiesen wurde.

Ein **Beweis** zeigt allgemein gültig und logisch korrekt, dass eine Aussage für alle Elemente einer bestimmten Menge wahr ist. Zu einem Beweis gehören die notwendige **Voraussetzung** (oder auch mehrere Voraussetzungen), die **Behauptung** (das ist die vorliegende Vermutung) und die erforderlichen **Feststellungen** zusammen mit entsprechenden **Begründungen.** Bei geometrischen Beweisen ist eine **Skizze** unerlässlich. Für unsere oben angegebene Vermutung kann man den Beweis wie folgt durchführen:

Voraussetzung: (1) $\overline{AB}$ ist Kreisdurchmesser
(2) C liegt auf dem Kreis
Behauptung: $\gamma = 90°$

Wir verbinden C mit dem Kreismittelpunkt M. Es entstehen gleichschenklige Dreiecke, wir nutzen ihre Eigenschaften.

Feststellungen:	Begründungen:
(1) $\alpha + \beta + \gamma = 180°$	Innenwinkelsatz
(2) $\alpha = \delta$	Basiswinkelsatz
(3) $\beta = \varepsilon$	Basiswinkelsatz

Setzt man nun (2) und (3) in (1) ein, folgt
$$\delta + \varepsilon + \gamma = 180°.$$
Wegen $\delta + \varepsilon + \gamma$ gilt also:
$$2\gamma = 180° \text{ bzw. } \gamma = 90°, \text{ was zu beweisen war.}$$

Thales war ein griechischer Denker und Mathematiker. Er lebte vor etwa 2500 Jahren in Kleinasien, der heutigen Türkei. Sein Gedanke, alles Leben komme aus dem Wasser, hat noch heute wissenschaftliche Bedeutung.

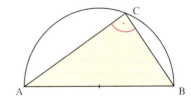

Satz des Thales
Wenn der Eckpunkt C des Dreiecks ABC auf einem Halbkreis über dem Durchmesser $\overline{AB}$ liegt, so hat das Dreieck ABC bei C einen rechten Winkel.
Man sagt kurz: Jeder Winkel im Halbkreis ist ein rechter Winkel.

Bemerkung: Der Satz des Thales ist umkehrbar; die Umkehrung lautet:
Wenn das Dreieck ABC bei C einen rechten Winkel hat, so liegt C auf dem **Thaleskreis** über $\overline{AB}$.

Beispiele

a) Konstruktion eines rechtwinkligen Dreiecks ABC mit $\overline{AB}$ = 6 cm, $\overline{BC}$ = 5 cm, $\gamma = 90°$: Über $\overline{AB}$ wird der Thaleskreis gezeichnet. Um B wird ein Kreisbogen mit dem Radius 5 cm so gezeichnet, dass er den Thaleskreis schneidet.
Der Schnittpunkt ist der Eckpunkt C.

b) Konstruktion eines rechtwinklig gleichschenkligen Dreiecks ABC mit $\overline{AB}$ = 8 cm, $\gamma = 90°$: Über $\overline{AB}$ wird der Thaleskreis gezeichnet. Die Mittelsenkrechte von $\overline{AB}$ schneidet ihn im Eckpunkt C.

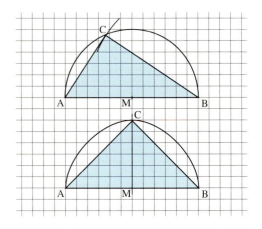

Aufgaben

3

Konstruiere ein rechtwinkliges Dreieck mit Hilfe des Thaleskreises.
a) $\overline{AB}$ = 7 cm, $\overline{BC}$ = 5 cm, $\gamma = 90°$
b) $\overline{AB}$ = 10 cm, $\overline{BC}$ = 5 cm, $\gamma = 90°$
c) $\overline{AB}$ = 10 cm, $\overline{AC}$ = 9 cm, $\gamma = 90°$
d) $\overline{AB}$ = 8 cm, $\overline{AC}$ = 6 cm, $\gamma = 90°$

4

Konstruiere ein rechtwinklig gleichschenkliges Dreieck. a) $\overline{AB}$ = 6 cm, b) $\overline{AB}$ = 10 cm

5

Konstruiere ein rechtwinkliges Dreieck.
a) $\overline{BC}$ = 9 cm, $\overline{AC}$ = 7 cm, $\alpha = 90°$
b) $\overline{BC}$ = 8 cm, $\overline{AC}$ = 6 cm, $\beta = 90°$
c) $\overline{AC}$ = 8 cm, $\overline{AB}$ = 3 cm, $\beta = 90°$
d) $\overline{AC}$ = 12 cm, $\overline{BC}$ = 11 cm, $\beta = 90°$

6

Konstruiere ein Quadrat ABCD mit der Diagonalen.
a) $\overline{AC}$ = 8 cm   b) $\overline{BD}$ = 6 cm
Gibt es auch eine Konstruktion ohne Thaleskreis?

7

Konstruiere ein Rechteck ABCD, von dem eine Seite und eine Diagonale gegeben sind.
a) $\overline{AB}$ = 10 cm, $\overline{AC}$ = 13 cm
b) $\overline{AB}$ = 7 cm, $\overline{AC}$ = 12 cm
c) $\overline{BC}$ = 9 cm, $\overline{BD}$ = 11 cm
d) $\overline{CD}$ = 8 cm, $\overline{AC}$ = 12 cm

8

Zeichne die Figur mit $\overline{AB}$ = 8 cm ins Heft und trage die fehlenden Winkelgrößen ein.

a)   b)

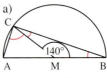 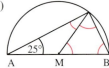

c)   d)

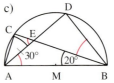 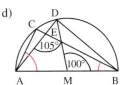

9

a) Übertrage die Figur ins Heft.
b) Berechne die Winkel β, γ' und α'.

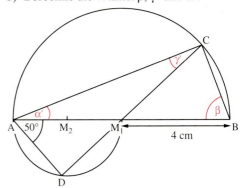

10

Der Film am Rand zeigt, wie man die Umkehrung des Satzes von Thales beweisen kann. Beantworte die gestellten Fragen.

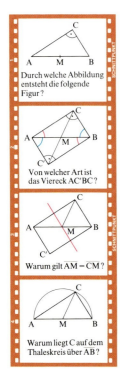

Durch welche Abbildung entsteht die folgende Figur?

Von welcher Art ist das Viereck AC'BC?

Warum gilt $\overline{AM}$ = $\overline{CM}$?

Warum liegt C auf dem Thaleskreis über AB?

4 Kreis und Tangente

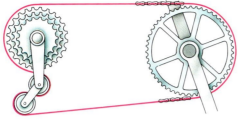

1

An welchen Stellen sind rechte Winkel zwischen dem Kranseil und den Speichen der Rolle zu beobachten?

2

Die Fahrradkette umschlingt das Kettenblatt, das Ritzel und die Umlenkrollen unter verschiedenen Winkeln. Wie könnte man diese Winkel messen?

3

Die Säule wirft im Licht des Scheinwerfers einen Schatten auf die Mauer. (Die Figur zeigt die Gegenstände von oben gesehen.) Welche der Punkte A, B, ..., H liegen im Licht, welche im Schatten?

Konstruktionen

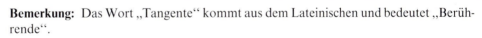

Eine Gerade g, die mit einem Kreis um M nur einen einzigen Punkt P gemeinsam hat, steht auf dem Radius $\overline{MP}$ senkrecht. Hat g nämlich mit $\overline{MP}$ einen kleineren Schnittwinkel, so kann man ein gleichschenkliges Dreieck PMQ mit dem Schnittwinkel als Basiswinkel konstruieren. Die Gerade schneidet den Kreis dann in P und in Q.

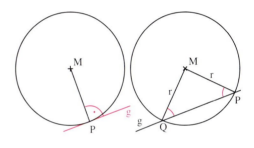

Eine Gerade, die mit einem Kreis nur einen einzigen Punkt gemeinsam hat, heißt **Tangente** dieses Kreises.
Die Tangente steht auf dem Radius im **Berührungspunkt** senkrecht. Dieser Radius heißt **Berührungsradius**.

Bemerkung: Das Wort „Tangente" kommt aus dem Lateinischen und bedeutet „Berührende".

Liegt ein Punkt P außerhalb des Kreises, so gibt es zwei Tangenten durch P. Da in den Berührungspunkten P_1 und P_2 zwischen den Tangenten und den Berührungsradien rechte Winkel auftreten, werden diese Punkte mit Hilfe des Thaleskreises über $\overline{PM}$ konstruiert.

Die Filmstreifen auf dem Rand erläutern, wie Tangenten konstruiert werden.

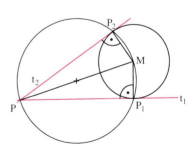

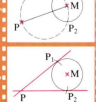

Die Tangenten durch einen Punkt P außerhalb des Kreises berühren den Kreis in seinen Schnittpunkten mit dem Thaleskreis über der Strecke $\overline{PM}$.

Kreise, Sehnen und Tangenten bei der Modelleisenbahn.

Aufgaben

4

Übertrage die Figur ins Heft und lege die Tangente durch den Punkt P.

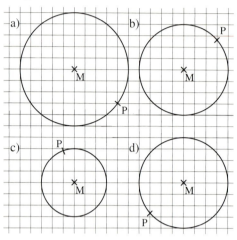

5

Zeichne einen Kreis um M durch den Punkt B und konstruiere dann die Tangente in B an den Kreis.

a) M(4;3), B(7;5)   b) M(3;5), B(6;4)
c) M(0;0), B(7;3)   d) M(2;1), B(1;2)

6

Wie groß sind die farbig bezeichneten Winkel? Begründe.

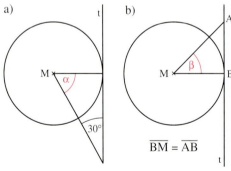

$$\overline{BM} = \overline{AB}$$

7

Gegeben ist eine Gerade g.
a) Zeichne vier Kreise mit r = 3 cm, die g berühren.
b) Wo liegen die Mittelpunkte solcher Kreise?

8

Gegeben sind eine Gerade g und ein Punkt P auf g.
a) Zeichne vier Kreise, die g in P berühren.
b) Wo liegen die Mittelpunkte solcher Kreise?

9

Gegeben sind zwei einander schneidende Geraden g und h.
a) Zeichne alle Kreise, die die beiden Geraden berühren und einen Radius von 2 cm haben.
b) Was für eine Figur entsteht, wenn man die Mittelpunkte der gefundenen Kreise miteinander verbindet?

10

Die Speichen am Laufrad eines Fahrrads verlaufen als Tangenten zum Lochkreis der Nabe. Vervollständige die Schemazeichnung im Heft. Nimm dabei für den inneren Kreis r = 2 cm und für den äußeren Kreis r = 8 cm.
(In Wirklichkeit ist die Nabe im Vergleich zur Felge viel kleiner; es sind auch nicht nur 12, sondern 18 Speichen am Lochkreis befestigt. Daher ist eine maßstäbliche Zeichnung schwierig.)
Das am Rand abgebildete historische Fahrrad hat radial verlaufende Speichen.

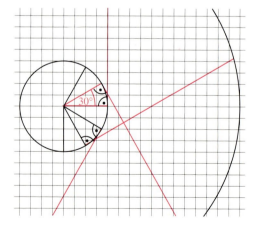

5 Kreis und Winkel

1

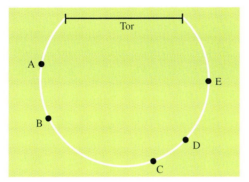

2

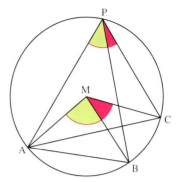

Fußballtrainer Hurtig übt mit seinen Stürmern A, B, C, D und E Toreschießen. Sie stehen auf einer kreisförmigen Linie und sollen von dort nach einem Pass den Ball flach ins Tor schießen.
Welcher Stürmer hat dabei den größten „Einschusswinkel"?

Einen Winkel, dessen Scheitel auf einem Kreis liegt und dessen Schenkel diesen Kreis schneiden, nennt man **Peripheriewinkel.** Ein Winkel, dessen Scheitel der Mittelpunkt eines Kreises ist, heißt **Zentriwinkel.**

Im Inneren eines jeden Peripherie- und auch eines jeden Zentriwinkels liegt stets ein Stück der Kreislinie – ein Kreisbogen. Für die beiden Winkel in der nebenstehenden Abbildung gilt: α und β liegen über dem **gleichen Bogen.**

Jan hat einen Kreis mit zwei verschieden langen Sehnen $\overline{AB}$ und $\overline{AC}$ sowie einem Punkt P auf der Peripherie gezeichnet. Nachdem er die Winkel AMB, APB, AMC und APC gemessen hat, macht er eine tolle „mathematische Entdeckung".
Du auch?

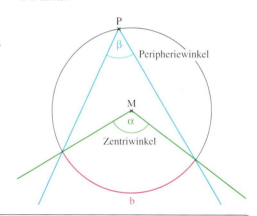

Peripheriewinkelsatz
Liegen zwei Peripheriewinkel über demselben Bogen eines Kreises, so sind sie gleich groß.
Zentriwinkel-Peripheriewinkelsatz
Jeder Peripheriewinkel über einem Kreisbogen ist halb so groß wie der Zentriwinkel über diesem Bogen.

Beispiel

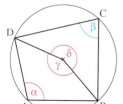

Gegeben ist β = 75°, zu berechnen sind α, γ und δ.
β ist Peripheriewinkel über dem Kreisbogen, der von D über A nach B verläuft; γ ist Zentriwinkel über demselben Bogen. Nach dem Zentriwinkel-Peripheriewinkelsatz gilt deshalb:
γ = 2 · β = · 2 · 75° = 105°.
Für δ folgt dann: δ = 360° − 150° = 210°.
δ ist Zentriwinkel über dem Kreisbogen, der von B über C nach D verläuft; α ist Peripheriewinkel über demselben Bogen. Somit gilt wiederum nach dem Zentriwinkel-Peripheriewinkel-Satz α = $\frac{1}{2}$ · δ = $\frac{1}{2}$ · 210° = 105°

Aufgaben

3

Zeichne einen Kreis mit dem Radius 3 cm und der Sehne $\overline{AB}$ = 4,5 cm. Miss den Zentriwinkel AMB und einen zugehörigen Peripheriewinkel.

4

Philipp stellt fest:
Der Satz des Thales ist ein Sonderfall des Zentriwinkel-Peripheriewinkelsatzes. Begründe, dass Philipp Recht hat.

5

Zeichne zwei Punkte A und B, die 4 cm voneinander entfernt sind.
Konstruiere, falls dies möglich ist, einen Kreis durch A und B, so dass
a) der Zentriwinkel über $\overset{\frown}{AB}$ eine Größe von 100° hat,
b) der Peripheriewinkel über $\overset{\frown}{AB}$ eine Größe von 50° hat,
c) der Zentriwinkel über $\overset{\frown}{AB}$ eine Größe von 110° und ein Peripheriewinkel über demselben Bogen $\overset{\frown}{AB}$ eine Größe von 65° haben.
Wie viele Lösungen gibt es jeweils?

6

Wie groß sind die farbig gekennzeichneten Winkel? Begründe.

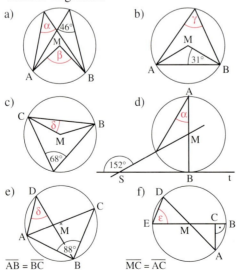

$\overline{AB} = \overline{BC}$ $\overline{MC} = \overline{AC}$

7

Zeichne einen Kreis mit r = 3,2 cm und dem Zentriwinkel AMB = 114°.
a) Wie groß ist ein Peripheriewinkel über demselben Bogen $\overset{\frown}{AB}$?
b) Miss die Länge der Sehne $\overline{AB}$.

8

Zeichne einen Kreis mit dem Radius 3 cm und dem Punkt A auf seiner Peripherie. Zeichne drei Peripheriewinkel, die jeweils eine Größe von 35° haben.
Beschreibe, wie du vorgegangen bist.

Licht und Schatten

Die Säule wirft im Licht der drei Scheinwerfer einen Schatten auf die Wand.
Welcher Teil der Wand wird nicht angestrahlt?
Auf welche Teile fällt das Licht von einem, von zwei, von drei Scheinwerfern?
Die Figur zeigt einen verkleinerten Grundriss.

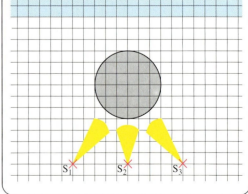

6 Konstruktion von Dreiecken und Kreisen

1

Wie lang sind die schräg laufenden Balken im Fachwerk? Zeichne maßstäblich (1 m entspricht 2 cm); vereinfache die Balken zu Strecken.

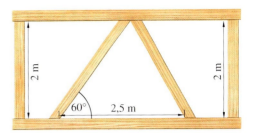

2

Um ein kreisförmiges Blumenbeet mit 4 m Radius werden drei Kirschbäumchen gepflanzt. Probiere in einer maßstäblichen Zeichnung aus, wie weit der dritte Baum vom ersten entfernt ist, wenn die zwei anderen Entfernungen beide 6 m oder 7 m oder 8 m betragen.

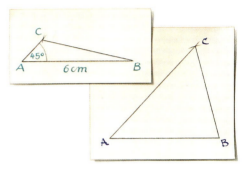

3

Ist es möglich, dass Nina und Mirko an derselben Konstruktionsaufgabe gearbeitet haben?

In Konstruktionsaufgaben können auch andere Stücke als nur Seiten und Winkel gegeben sein, beispielsweise eine Höhe wie in Aufgabe 1 oder der Umkreisradius wie in Aufgabe 2. Manchmal gibt es auch wie in Aufgabe 3 zwei Lösungsdreiecke, die nicht zueinander kongruent sind. Man sagt dann, es gibt zwei Lösungen.

> Zur vollständigen Lösung einer Konstruktionsaufgabe gehören
> – die Planfigur
> – die Konstruktionszeichnung
> – die Konstruktionsbeschreibung
> – die Angabe, ob es nur eine oder zwei Lösungen gibt.

Bemerkung: Es gibt auch unlösbare Konstruktionsaufgaben. Ein Dreieck mit a = 1 cm, b = 1 cm, c = 1 m ist nicht konstruierbar.

Beispiele

a) Zu konstruieren ist ein Dreieck ABC mit c = 3,5 cm, $\alpha = 75°$, r = 2,2 cm.

Planfigur

Konstruktionszeichnung

Konstruktionsbeschreibung
Konstruktionsschritte:
1. Umkreis mit r = 2,2 cm
2. Sehne c = 3,5 cm mit den Endpunkten A und B
3. Winkel $\alpha = 75°$ mit Scheitel A
4. Schnittpunkt C des freien Schenkels von α mit dem Umkreis
5. Seite $\overline{BC}$.

Zahl der Lösungen:
Es gibt nur eine Lösung.

b) Zu konstruieren ist ein Dreieck ABC mit $c = 8$ cm, $\alpha = 35°$, $s_c = 3$ cm.

Planfigur

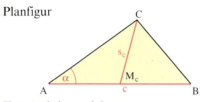

Konstruktionszeichnung

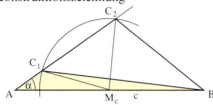

Konstruktionsbeschreibung
Konstruktionsschritte:
1. Seite $c = 8$ cm mit den Endpunkten A und B
2. Winkel $\alpha = 35°$ mit Scheitel A
3. Mittelpunkt M_c von c
4. Kreis um M_c mit Radius $r = 3$ cm
5. Schnittpunkte C_1 und C_2 des Kreises mit dem freien Schenkel von α
6. Seiten $\overline{BC_1}$ und $\overline{BC_2}$.

Zahl der Lösungen:
Die Dreiecke ABC_1 und ABC_2 sind nicht kongruent. Es gibt also zwei Lösungen.

Bemerkung: Oft muss man ein konstruierbares Teildreieck suchen. In Beispiel b) ist dies das Dreieck AM_cC.

Aufgaben

4
Konstruiere das Dreieck ABC mit
a) $c = 5$ cm, $b = 7$ cm, $r = 4$ cm
b) $c = 6$ cm, $a = 5$ cm, $r = 3{,}5$ cm
c) $c = 4{,}5$ cm, $a = 4{,}5$ cm, $r = 3$ cm
d) $a = 6$ cm, $b = 7{,}5$ cm, $r = 4$ cm.
Zeichne zunächst den Umkreis, dann die erste Seite als Sehne.

5
Konstruiere das Dreieck ABC mit dem Umkreisradius 4 cm, der Seite $c = 7$ cm und dem Winkel α von
a) $90°$ b) $70°$ c) $45°$ d) $20°$.
Achte darauf, dass es möglicherweise zwei Lösungen gibt.

6
Konstruiere ein rechtwinkliges Dreieck aus folgenden Stücken:
a) $c = 6$ cm, $\beta = 55°$
b) $c = 5$ cm, $p = 2$ cm
c) $c = 8$ cm, $h_c = 3$ cm
d) $p = 3$ cm, $q = 4$ cm.
Entnimm die Bezeichnungen aus der nebenstehenden Figur.

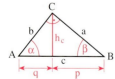

7
Zeichne die Punkte A, B und C in ein Koordinatensystem und konstruiere, falls dies möglich ist, den Kreis durch A, B und C.
a) $A(1;7)$, $B(1;1)$, $C(5;1)$
b) $A(4;2)$, $B(0;5)$, $C(0;0)$
c) $A(0;0)$, $B(1;2)$, $C(2;4)$

8
Konstruiere das Dreieck ABC mit
a) $c = 5{,}0$ cm, $h_c = 3{,}2$ cm, $\gamma = 62°$.
b) $c = 4{,}8$ cm, $h_c = 2{,}1$ cm, $\gamma = 46°$.
Konstruiere zunächst das Teildreieck ABM unter Nutzung des Zentriwinkel-Peripheriewinkel-Satzes.

9
Konstruiere das Dreieck ABC mit
a) $c = 10$ cm, $\alpha = 40°$, $s_c = 3{,}5$ cm
b) $c = 10$ cm, $\alpha = 40°$, $s_c = 6{,}0$ cm
c) $c = 10$ cm, $\beta = 30°$, $s_c = 3{,}0$ cm.

10
Konstruiere den Inkreis des Dreiecks.
a) $A(0;0)$, $B(8;1)$, $C(5;6)$
b) $A(1;1)$, $B(8;0)$, $C(0;6)$

7 Kreisumfang

1
Durch Abfahren mit einem Messrad lassen sich längere Strecken genau vermessen. Was weißt du über das Messrad, wenn nach 2 Umdrehungen die Strecke mit der Länge 1 m angezeigt wird? Ein anderes Messrad zeigt nach 4 Umdrehungen die Strecke 1 m an.

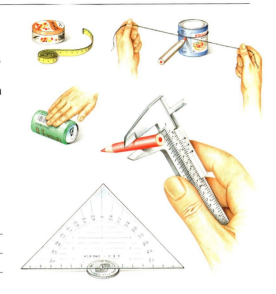

2
Miss den Durchmesser und den Umfang kreisförmiger Gegenstände und setze die Maßzahlen ins Verhältnis.

	Umfang	Durchmesser	$\frac{u}{d}$
Dose	24 cm	7,7 cm	☐
Münze	9 cm	2,9 cm	☐
. . .			

Werden die Umfänge $u_1, u_2, u_3, \ldots$ verschieden großer Kreise miteinander verglichen, stellt man fest, dass zum Kreis mit dem doppelten (dreifachen, . . .) Durchmesser der doppelt (dreifach, . . .) so große Umfang gehört. Der **Kreisumfang u** ist demnach zum Kreisdurchmesser d proportional. Daraus lässt sich schließen, dass das Verhältnis von Kreisumfang u zu Kreisdurchmesser d für alle Kreise gleich groß ist:

$$\frac{u_1}{d_1} = \frac{u_2}{d_2} = \frac{u_3}{d_3} = \text{konstant.}$$

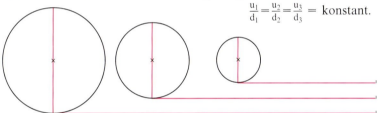

Das Verhältnis „Umfang zu Durchmesser" wird mit dem griechischen Buchstaben π bezeichnet. Der Taschenrechner gibt für π einen Näherungswert an: $\boxed{3.141592654}$

> Für den **Umfang u** eines Kreises mit dem Durchmesser d gilt:
> $$u = \pi d$$
> Für $d = 2r$ ergibt sich: $\qquad u = 2\pi r$

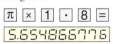
Beispiele
a) Aus dem Durchmesser $d = 1,8$ dm kann der Kreisumfang u berechnet werden.

$u = \pi \cdot d \qquad\qquad u = \pi \cdot 1,8$ dm
$\qquad\qquad\qquad\qquad u = 5,7$ dm

b) Aus dem Kreisumfang $u = 8,50$ m kann der Kreisradius r berechnet werden.

$u = 2\pi r \qquad\qquad r = \frac{8,50}{2\pi}$ m
$r = \frac{u}{2\pi} \qquad\qquad r = 1,35$ m

c) Berechnung der Anzahl n von Radumdrehungen auf einer 1 km langen Strecke bei einem Raddurchmesser von 78 cm.

$n = 1\,000 : u \qquad\qquad n = 1\,000 : (\pi \cdot 0,78)$
$n = 1\,000 : (\pi \cdot d) \qquad n = \boxed{408.0895977}$

Auf der 1 km langen Strecke dreht sich das Rad also etwa 408-mal.

Aufgaben

3
Welche Strecke ist ebenso lang wie der Kreisumfang? Schätze.

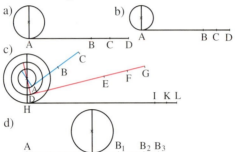

4
Berechne den Umfang des Kreises.
a) d = 5,3 cm   b) d = 7,7 cm
c) d = 17,2 cm   d) r = 31,8 cm
e) r = 0,98 m   f) r = 12,4 dm

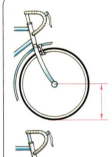

Fahrradcomputer
Diese elektronischen Messgeräte informieren z. B. über die aktuelle Fahrgeschwindigkeit, über die Gesamtkilometerleistung oder über die Tageskilometerzahl.
Alexandra stellt den Fahrradcomputer für ihr neues Fahrrad ein. Damit exakte Zahlen angezeigt werden, muss die Größe der Laufräder eingegeben werden. Sie geht laut Bedienungsanleitung vor.

• den Radius des Vorderrads vom Boden bis zur Nabenmitte auf mm genau messen
• zur Berechnung der Wegstrecke einer Radumdrehung (Entfaltung) den gemessenen Wert verdoppeln und dann mit π multiplizieren
• die Zahl eingeben und abspeichern

Welcher Radius wurde gemessen? Welchen Zahlenwert muss Alexandra bei einem Radius von 330 mm eingeben?

Beim Radius werden 3 mm zu viel gemessen. Wie wirkt sich der Fehler bei einem 28-Zoll-Laufrad auf eine Entfaltung aus?

Wie weit muss man fahren, bis sich dieser Fehler erstmals auf mehr als 1 km summiert hat?

5
Wie groß ist der Kreisradius?
a) u = 133 cm   b) u = 8,5 m   c) u = 0,41 m

6
Berechne die fehlenden Größen.

	a)	b)	c)	d)	e)
r	☐	☐	24,4 cm	☐	☐
d	☐	0,5 m	☐	☐	31,84 m
u	1,1 m	☐	☐	2,56 dm	☐

7
Fahrradgrößen wie 28 oder 26 geben den Raddurchmesser in Zoll an (1 Zoll = 2,54 cm). Vervollständige die Tabelle.

Fahrradtyp	28	26	24	20	18
Durchmesser (mm)	711	☐	☐	☐	☐
Umfang (m)	2,23	☐	☐	☐	☐

8
Das Aufzugsrad eines Förderturms einer Zeche hat einen Radius von 1,85 m. Um wie viel m wird der Förderkorb bei einer Radumdrehung nach oben gezogen?

9
Das Rad eines schweren Muldenkippers in einem Steinbruchbetrieb ist 1,95 m hoch. Welche Strecke legt das Fahrzeug bei 10 Radumdrehungen zurück?

10
Ein 1 m, 2 m, 5 m langes Metallband wird jeweils zu einem Ring gebogen. Wie groß wird jeweils der Kreisdurchmesser?

11
a) Berechne die Wegstrecke, die die Spitze eines Minutenzeigers von 125 cm Länge in 4 Stunden zurücklegt.
b) Wie viel cm legt die Spitze eines 1,5 cm langen Sekundenzeigers in 60 min zurück?
c) Wie lang müsste der Sekundenzeiger sein, damit seine Spitze Fußgängergeschwindigkeit (etwa 6 km/h) erreicht?

Wie lang ist die Schlangenlinie aus 2, 3, 4, 5 Halbkreisbögen? Welche Vermutung gewinnst du aus den aufeinander folgenden Ergebnissen?

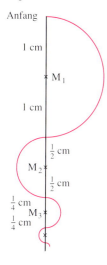

Anfang

1 cm

✗ M₁

1 cm

$\frac{1}{2}$ cm

M₂ ✗

$\frac{1}{2}$ cm

$\frac{1}{4}$ cm

M₃

$\frac{1}{4}$ cm

12

Handwerker benutzen zur Umfangsberechnung von Röhren o. Ä. die Faustformel:

Umfang gleich Durchmesser mal 3 plus 5 Prozent

Rechne ebenso.
a) d = 20 cm
b) d = 80 mm
c) d = 1,50 m
d) r = 65 cm
e) Welcher Näherungswert für π wird mit der Formel verwendet?

13

In der Tabelle sind die Durchmesser der Treibräder verschiedener Loks aufgeführt. Wie oft drehen sich jeweils die Räder auf einer 120 km langen Strecke?

Schnellzugdampflok 01	2 000 mm
elektr. Schnellzuglok E 10	1 250 mm
Diesellok V 200	940 mm

14

Die erste Dampflokomotive Deutschlands war die „Adler". Sie fuhr erstmals 1835 auf der 6,05 km langen Strecke zwischen Nürnberg und Fürth. Das Treibrad hatte einen Durchmesser von 1 372 mm.
a) Wie oft drehte sich das Rad von Nürnberg bis Fürth?
b) Die Fahrzeit betrug 14 Minuten. Wie viele Umdrehungen machte das Rad pro Minute?

15

Um mit dem Zug eine Kurve mit 160 km/h durchfahren zu können, muss der Kurvenradius mindestens 3000 m betragen.
a) Welche Strecke muss ein Zug mindestens zurücklegen, bis sich seine Fahrtrichtung um 90° geändert hat?
b) Wie viele Sekunden benötigt er dazu bei einer Geschwindigkeit von 160 km/h?

16

Wie oft dreht sich das Rädchen des Fahrraddynamos (d = 2 cm) pro Minute bei einer Geschwindigkeit von 25 km/h?

17

a) Der Erdradius beträgt etwa 6 378 km. Mit welcher Geschwindigkeit bewegt sich ein Körper am Äquator mit der Erde mit?
b) Erfurt liegt auf dem 51. nördlichen Breitenkreis. Dieser besitzt einen Radius von 4 014 km. Welchen Weg legt Erfurt innerhalb eines Tages zurück?
Berechne auch die Geschwindigkeit (ohne Berücksichtigung der Bahngeschwindigkeit der Erde).

18

a) Denke dir ein Seil um den Äquator (Erdradius r = 6 378 km) gespannt. Das Seil wird nun um 1 m verlängert. Kann zwischen dem Seil und dem Äquator eine Katze durchschlüpfen? Überprüfe durch Rechnung.
b) Um einen Tennisball mit 6,5 cm Durchmesser wird eine Schnur gelegt. Anschließend wird sie um 1 m verlängert. Um wie viel cm steht diese Schnur gleichmäßig vom Tennisball ab?

8 Kreisfläche

1

Das Pulvermaar in der Eifel ist ein fast kreisförmiger See vulkanischen Ursprungs. Sein Durchmesser beträgt ungefähr 700 m. Bestimme mit Hilfe des Quadratgitters die Gesamtfläche des Maars so genau wie möglich.

2

Schneidet in der Klasse aus Pappe je einen Viertelkreis mit r = 1 dm und ein Quadrat mit Seitenlänge 1 dm aus. Wiegt dann alle Viertelkreise und alle Quadrate mit einer Briefwaage. Rechnet den Quotienten aus den beiden Gewichtsangaben auf einen ganzen Kreis um.

Wie der Kreisumfang lässt sich auch die Kreisfläche näherungsweise bestimmen.

Dazu wird ein Kreis in gleiche Ausschnitte geteilt, einer davon wird zusätzlich halbiert. Diese Teile werden dann wieder zu einer Fläche zusammengelegt, die sich annähernd als Rechteckfläche auffassen lässt.
Je mehr Kreisteile gebildet werden, desto genauer ist die Näherung.

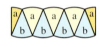

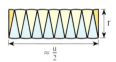

$$A = r \cdot \frac{u}{2} = r \cdot \frac{2\pi r}{2} = \pi r^2$$

> Für den **Flächeninhalt A** eines Kreises mit dem Radius r gilt:
> $$A = \pi r^2$$
> Für d = 2r ergibt sich: $A = \frac{\pi d^2}{4}$

Beispiele

a) Aus dem Durchmesser d = 2,6 m kann der Flächeninhalt A berechnet werden.

$A = \frac{\pi d^2}{4}$ $A = \frac{\pi \cdot 2,6^2}{4}$ m^2

$\qquad\qquad$ A = 5,3 m^2

b) Aus dem Flächeninhalt A = 8,5 dm^2 lässt sich der Radius r berechnen.

$A = \pi r^2$

$r^2 = \frac{A}{\pi}$ $r = \sqrt{\frac{8,5}{\pi}}$ dm

$r = \sqrt{\frac{A}{\pi}}$ $r = 1,6$ dm

c) Die Berechnung des Flächeninhalts eines **Kreisrings** mit $r_1 = 6,7$ cm und $r_2 = 4,1$ cm erfolgt als Differenz zweier Kreisflächen:
Flächeninhalt des großen Kreises minus Flächeninhalt des kleinen Kreises.

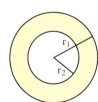

$A_R = \pi r_1^2 - \pi r_2^2$

$A_R = \pi (r_1^2 - r_2^2)$

$A_R = \pi (6,7^2 - 4,1^2)$ cm^2

$A_R = 88,2$ cm^2

Aufgaben

3
Berechne den Flächeninhalt A des Kreises.
a) $r = 96$ cm   b) $r = 238$ mm
c) $d = 12{,}3$ m   d) $d = 2{,}79$ km

4
Berechne den Kreisradius r.
a) $A = 50$ cm^2 b) $A = 320$ m^2
c) $A = 63{,}5$ dm^2 d) $A = 1\,795$ mm^2

5
Berechne den Umfang u bzw. den Flächeninhalt A des Kreises.
a) $A = 288$ cm^2 b) $A = 0{,}73$ dm^2
c) $u = 375{,}2$ cm   d) $u = 0{,}09$ km

6
Berechne die fehlenden Angaben.

	a)	b)	c)	d)	e)
r	☐	☐	☐	☐	☐
d	8,6 cm	☐	☐	☐	☐
A	☐	26,3 cm^2	☐	0,8 m^2	☐
u	☐	☐	149 cm	☐	1 km

7
Berechne die Querschnittsfläche des Drahtes mit dem Durchmesser d.
a) $d = 1$ mm   b) $d = 2$ mm
c) $d = 1{,}6$ mm   d) $d = 0{,}2$ mm
e) $d = 0{,}9$ mm   f) $d = 0{,}15$ mm

8
Für die Strombelastbarkeit (in Ampere) von Leitungen braucht man Kupferdrähte von bestimmten Querschnitten.
Welchen Durchmesser hat der Draht mit der Querschnittsfläche
a) $1{,}5$ mm^2 b) $2{,}5$ mm^2 c) 6 mm^2
d) 16 mm^2 e) 70 mm^2 f) 120 mm^2?

9
Ein Sendeverstärker für die Ultrakurzwelle strahlt 55 km weit.
Welche Größe besitzt das vom Sender versorgte Gebiet?

10
Ein kreisförmiger Tisch hat einen Durchmesser von 1,10 m. Welche Kantenlänge müsste ein flächengleicher, jedoch quadratischer Tisch etwa haben?

11
Die Kolbendurchmesser zweier Automotoren (1,3 l und 2,0 l) verhalten sich wie 15 zu 17. In welchem Verhältnis stehen die Querschnittsflächen der Kolben?

12
Der Radius $r = 3{,}0$ cm eines Kreises wird verdoppelt, verdreifacht, vervierfacht.
a) Wie groß ist jeweils der neue Flächeninhalt?
b) Mit welchem Faktor ist der Flächeninhalt zu vervielfachen, wenn r mit n vervielfacht wird?

13
a) Die Windkraftanlage in Breitnau im Schwarzwald ist eine der größten Anlagen ihrer Art.
Ein Rotor mit einem Durchmesser von 33 m besitzt eine so genannte Winderntefläche von 855 m^2.
Wie wird die Winderntefläche errechnet?
b) Eine andere Windkraftanlage besitzt Rotoren mit 25 m Durchmesser. Wie groß ist jeweils ihre Winderntefläche?

14

Das Nördlinger Ries und das Steinheimer Becken sind zwei auffallend kreisförmige Landschaften, die durch Meteoriteneinschläge entstanden sind.

a) Berechne die Fläche des Steinheimer Beckens, das einen Durchmesser von 3,5 km hat, in Hektar.

b) Wie groß ist die Fläche des Nördlinger Rieses (d = 24 km)?

c) Wie lange würde man für die Umwanderung des Nördlinger Rieses bei einer Tagesleistung von 25 km benötigen?

15

Der Umfang eines Kreises beträgt 20 cm. Berechne seinen Flächeninhalt.

Wie groß muss der Umfang u gewählt werden, wenn der Flächeninhalt

a) eineinhalbmal   b) doppelt

c) dreimal so groß werden soll?

16

a) Ein Kreis hat denselben Umfang wie ein Quadrat mit der Seitenlänge a = 4,0 cm. Welche Figur hat den größeren Flächeninhalt?

b) Ein Kreis ist zu einem gleichseitigen Dreieck mit a = 6,0 cm umfangsgleich. Vergleiche die Flächeninhalte.

c) Ein Kreis und ein regelmäßiges Sechseck mit der Seitenlänge a = 5,0 cm haben denselben Umfang. Hat der Kreis den größeren Flächeninhalt?

17 €

Im Jahre 1997 wurden 316 Mio. t per Eisenbahn transportiert. Die Transportleistungen im Fernverkehr auf der Straße betrugen 2 981 Mio. t und in der Seefahrt 209 Mio. t. Veranschauliche diese Daten mit Hilfe geeigneter Kreise.

Überlege zunächst welche Radien die Kreise haben müssen. Begründe deine Wahl.

18 €

Eine Pizzeria bietet Pizza in drei verschiedenen Größen an. Die kleine Pizza hat 20 cm Durchmesser und kostet 5,50 €, die mittlere zu 7,30 € hat 26 cm Durchmesser und die große mit 36 cm Durchmesser kostet 11,50 €.

Welche Pizza ist die preisgünstigste?

19

Berechne Umfang und Flächeninhalt der Figur (Maße in cm).

a)
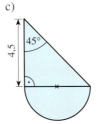

b)
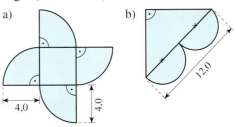

c)
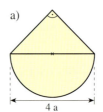

d)
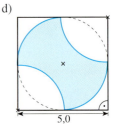

20

Berechne Umfang und Flächeninhalt der Figur in Abhängigkeit von a.

a)
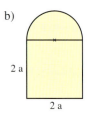

b)

9 Die Zahl π

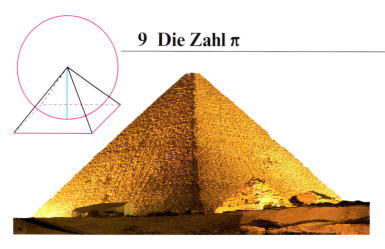

1

Die Abmessungen einiger Pyramiden lassen vermuten, dass die alten Ägypter einen Zusammenhang mit der Kreiszahl π herstellen wollten. Ein Kreis mit der Pyramidenhöhe als Radius besitzt ungefähr denselben Umfang wie das Grundquadrat.
Berechne einen Näherungswert für π aus der Cheopspyramide, die 146,6 m hoch ist und eine Quadratseitenlänge von 230,4 m aufweist.

Die Zahl π beschreibt das Verhältnis der Maßzahlen von Umfang und Durchmesser eines Kreises. In allen Epochen der Mathematikgeschichte wurde versucht, diese Zahl immer noch genauer zu erfassen. Dies ging bald über den praktischen Nutzen und die handliche Brauchbarkeit hinaus. Heute dient die Berechnung von π als Leistungstest hochmoderner Computer, die inzwischen mehrere 100 Millionen Stellen hinter dem Komma errechnen können. Eine Zahl, die zu Papier gebracht, mehr als 100 Bücher mit jeweils 1 000 Seiten füllen würde.
Einen hinreichend genauen Näherungswert für π kann man wie folgt ermitteln:
Einem Kreis werden regelmäßige Vielecke einbeschrieben und deren Umfang berechnet. Man beginnt mit einem Sechseck, durch Verdopplung der Eckenzahl erhält man ein Zwölfeck und durch eine weitere Verdopplung ein Vierundzwanzigeck usw. Auf diese Weise nähert sich der Umfang dieser Vielecke dem Kreisumfang und das Verhältnis der Maßzahlen von Vielecksumfang und Kreisdurchmesser der Zahl π. Für das Sechsundneunzigeck erhält man z. B. π = 3,141031951, also π ≈ 3,14
Man kann beweisen: Der Dezimalbruch für π ist weder abbrechend noch periodisch, also keine rationale Zahl.

> Die **Zahl π** ist eine **irrationale** Zahl, die sich nur näherungsweise angeben lässt:
> π = 3,141592653589793238462643383279502894197169399375105820974944592307 ...

Bemerkung: Merke dir π = 3,14. Mitunter ist auch π = $\frac{22}{7}$ zum Rechnen nützlich.

Aufgaben

2

Der im vorigen Jahrhundert verfasste Vers enthält in verschlüsselter Form die ersten Ziffern von π:

„Wie, o dies π
macht ernstlich so vielen viele Müh'
lernt immerhin, Jünglinge, leichte Verselein,
wie so zum Beispiel dies dürfte zu merken sein!"

a) Kannst du ihn entschlüsseln?
b) Versuche, selbst einen Spruch zu finden, der hilft, π auf einige Stellen zu behalten.

3

Welches Verhältnis von Kreisumfang zu Durchmesser die Hebräer annahmen, wird im Alten Testament, 1. Könige 7,23 deutlich:

„Und er machte das aus Erz gegossene ‚Meer'. Es maß von einem Rand bis zum anderen 10 Ellen und war vollkommen rund. Eine Schnur von 30 Ellen konnte es rings umspannen."

(Das Eherne Meer war ein Becken für rituelle Waschungen.)

On nöten wer zúwiſen quadratura circuli / das iſt / die vergleychnus eines cirfels / vnnd eines quadrates / alſo das eins als vil inhielt als dz ander / aber ſollches iſt noch nit von den gelerten demonſtrit Mechanice / aber das iſt beyleyfig / alſo das es im werck nit / oder gar ein kleyns felt / mag diſe vergleychnúß alſo gemacht werden. Reyß ein ficrung vñ teyl den ortſtrich in zehen teyl / vnd vnd reyß darnach ein cirfelriß des **Diameter** ſol achtteyl haben / wie die quadratur zechne hat / wie ich das vnden hab aufgeriſſen.

**Albrecht Dürer
(1471–1528)**

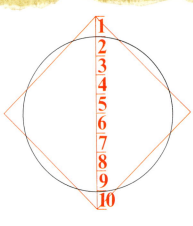

*Auch der Nürnberger Maler und Grafiker Albrecht Dürer (1471–1528) beschäftigte sich mit der Frage nach der Flächengleichheit von Quadrat und Kreis. Dazu gibt er für die nebenstehende Aufgabe als Lösung an:
„Teile die Diagonale des Quadrats in 10 Teile und nimm 8 davon als Durchmesser des Kreises.*

Er ging davon aus, dass sich die überstehenden Quadratecken und die Kreisteile flächenmäßig ausgleichen. Tatsächlich ist aber die Kreisfläche um etwa 0,5 % größer.

4

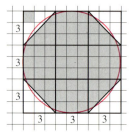

Die alten Ägypter bestimmten die Kreisfläche näherungsweise durch Unterteilen eines Quadrates in mehrere leicht zu berechnende Teilflächen. Der Kreis mit d = 9 Längeneinheiten hat den Flächeninhalt von 5 Teilquadraten, 4 Teildreiecken und zusätzlich etwa einer Flächeneinheit: (45 + 18 + 1) Flächeneinheiten.
Kannst du aus dem Flächeninhalt und dem Radius $r = \frac{9}{2}$ (Längeneinheiten), diejenige Zahl berechnen, die einst die Ägypter als Näherungswert für π benutzten?

5

Vergleiche die Näherungswerte der Zahl π im Laufe der Geschichte mit der Anzeige deines Taschenrechners. Berechne jeweils die Abweichung in Prozent.

Näherungen der Zahl π		
Schreiber Ahmes (Ägypten)	2000 v. Chr.	$(\frac{16}{9})^2$
Platon (Griechenland)	427–347 v. Chr.	$\sqrt{2} + \sqrt{3}$
Archimedes (Griechenland)	287–212 v. Chr.	$\frac{22}{7}$
Ptolemäus (Griechenland)	85–165 n. Chr.	$3\frac{17}{120}$
Zu Chang-Zhi (China)	500 n. Chr.	$3\frac{16}{113}$
Brahmagupta (Indien)	600 n. Chr.	$\sqrt{10}$
Fibonacci (Italien)	1200 n. Chr.	$3\frac{39}{275}$
Vieta (Frankreich)	1540–1603	$1,8 + \sqrt{1,8}$

Näherungsrechnung

Ein Tabellenkalkulationsprogramm ist hervorragend geeignet, die irrationale Zahl π näherungsweise zu bestimmen.
Beginnt man mit einem regelmäßigen Sechseck mit dem Radius 1, das einem Kreis einbeschrieben ist, erhält man die erste Zeile des Programms.

Eckenzahl des Vielecks	Seitenlänge	Umfang	$\pi = \frac{u}{d}$
6	$s = r = 1$	$6 \cdot 1$	3

Für die Seitenlänge von regelmäßigen einbeschriebenen Vielecken gilt:

$$s_{2n} = \frac{s_n}{\sqrt{2 + \sqrt{4 - s_n^2}}}$$

Nun lässt sich die Tabelle durch das Programm mühelos ausfüllen, wenn der Menübefehl **unten ausfüllen** unter **Bearbeiten** aufgerufen wird.

	A	B	C	D
1	Eckenzahl des			
2	Vielecks	Seitenlänge	Umfang	Näherung für π
3				
4	6	1	=A4*B4	=C4/2
5	=A4*2	=B4/WURZEL(2+(WURZEL(4-B4^2)))	=A5*B5	=C5/2
6	=A5*2	=B5/WURZEL(2+(WURZEL(4-B5^2)))	=A6*B6	=C6/2
7	=A6*2	=B6/WURZEL(2+(WURZEL(4-B6^2)))	=A7*B7	=C7/2
8	=A7*2	=B7/WURZEL(2+(WURZEL(4-B7^2)))	=A8*B8	=C8/2

. . .

Hier sind die in den Zellen eingetragenen Formeln sichtbar.

	A	B	C	D
1	Eckenzahl des			
2	Vielecks	Seitenlänge	Umfang	Näherung für π
3				
4	6	1	6	3
5	12	0,517 638 09	6,211 657 082	3,105 828 541
6	24	0,261 052 384	6,265 257 227	3,132 628 613
7	48	0,130 806 258	6,278 700 406	3,139 350 203
8	96	0,065 438 166	6,282 063 902	3,141 031 951
9	192	0,032 723 463	6,282 904 945	3,141 452 472

. . .

Hier werden die errechneten Werte sichtbar.

6

Berechne mit Hilfe eines Tabellenkalkulationsprogramms die Näherungswerte von π für ein 384-, 768-Eck usw. Erstelle ebenso eine Tabelle für die Vielecksfolge, die mit dem Quadrat beginnt. Beachte $s_4 = 2 \cdot \sqrt{2}$.

7

Nicht nur als feste Größen wurden Näherungen für π angegeben, sondern auch als unendliche Summen.
a) Der Schweizer Mathematiker Euler (1707–1783) hat u. a. folgende Darstellung entdeckt: $\frac{\pi^2}{6} = \frac{1}{1^2} + \frac{1}{2^2} + \frac{1}{3^2} + \frac{1}{4^2} + \dots$
Die ersten drei Näherungen lauten 2,449; 2,739; 2,858; …
Berechne die nächsten drei Näherungen.
b) Eine schnellere Annäherung erhält man mit $\frac{\pi^2}{8} = \frac{1}{1^2} + \frac{1}{3^2} + \frac{1}{5^2} + \frac{1}{7^2} + \dots$
Berechne die ersten fünf Näherungen.
c) Mit $\frac{\pi}{4} = 1 - \frac{1}{3} + \frac{1}{5} - \frac{1}{7} + \frac{1}{9} - \dots$
kann π abwechselnd von oben und von unten angenähert werden.

8

Monte-Carlo-Methode

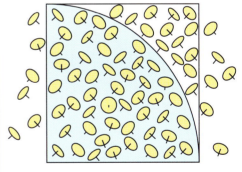

Zeiche ein Quadrat, das einen Viertelkreis enthält, mit der Seitenlänge 50 cm und schneide es aus. Lass nun aus etwa 75 cm Höhe eine gute Handvoll Reißnägel durch schnelles Handöffnen auf das Quadrat fallen. Bilde dann das Verhältnis aus der Anzahl der Reißnägel im Viertelkreis zur Anzahl im Quadrat und rechne es auf die gesamte Kreisfläche um.
Welchen Wert erhältst du?

10 Kreisteile

1

Die farbenprächtigsten Werke mittelalterlicher Baukunst sind rosettenartige Kirchenfenster.
Welche Kreisteilung hat das Kunstwerk?
Wie könnte man die Fläche eines Kreisausschnitts berechnen?

2

Die Uhr der „Tagesschau" zeigt die Anteile der letzten Minute vor 20.00 Uhr an.
Gib an, welcher Teil der letzten Minute jeweils schon verstrichen ist.

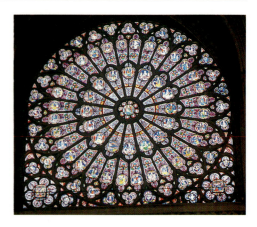

Der **Kreisbogen b** ist ein Teil des Kreisumfangs. Seine Länge ist proportional zum zugehörigen Winkel am Kreismittelpunkt, dem Mittelpunktswinkel α. Genauso sind **Kreisausschnitte (Sektoren)** in ihrem Flächeninhalt vom Mittelpunktswinkel abhängig.

α	$180°$	$90°$	$60°$	$1°$	α
b	$\dfrac{2\pi r}{2}=\pi r$	$\dfrac{2\pi r}{4}=\dfrac{\pi r}{2}$	$\dfrac{2\pi r}{6}=\dfrac{\pi r}{3}$	$\dfrac{2\pi r}{360°}=\dfrac{\pi r}{180°}$	$\dfrac{2\pi r\alpha}{360°}=\dfrac{\pi r\alpha}{180°}$
A	$\dfrac{\pi r^2}{2}=\dfrac{\pi r\cdot r}{2}$	$\dfrac{\pi r^2}{4}=\dfrac{\pi r\cdot r}{2\cdot2}$	$\dfrac{\pi r^2}{6}=\dfrac{\pi r\cdot r}{3\cdot2}$	$\dfrac{\pi r^2}{360°}=\dfrac{\pi r\cdot r}{180°\cdot2}$	$\dfrac{\pi r^2\cdot\alpha}{360°}=\dfrac{\pi r\alpha\cdot r}{180°\cdot2}$

Für die Länge des **Kreisbogens b** und den Flächeninhalt des **Kreisausschnitts A** gilt:

Länge des **Kreisbogens**:
$$b = 2\pi r\cdot\frac{\alpha}{360°}$$
$$= \frac{\pi r\alpha}{180°}$$

Fläche des **Kreisausschnitts**:
$$A = \pi r^2\cdot\frac{\alpha}{360°}$$
$$= \frac{b\cdot r}{2}$$

Beispiele

a) Aus $r = 6{,}0$ cm und $\alpha = 45°$ lässt sich die Länge b des Kreisbogens berechnen.

$b=\dfrac{\pi r\alpha}{180°}$ $\qquad$ $b=\dfrac{\pi\cdot6{,}0\cdot45°}{180°}$ cm

$\qquad\qquad\qquad$ $b = 4{,}7$ cm

b) Aus $r = 18{,}7$ cm und $\alpha = 137°$ lässt sich die Fläche A des Kreisausschnittes berechnen.

$A=\dfrac{\pi r^2\cdot\alpha}{360°}$ $\qquad$ $A=\dfrac{\pi\cdot18{,}7^2\cdot137°}{360°}$ cm²

$\qquad\qquad\qquad$ $A = 418{,}1$ cm²

c) Aus $A = 300$ cm² und $\alpha = 108°$ lässt sich der Kreisradius r berechnen.

$\pi r^2=\dfrac{A\cdot360°}{\alpha}$ $\qquad$ $r=\sqrt{\dfrac{300\cdot360°}{\pi\cdot108°}}$ cm

$r=\sqrt{\dfrac{A\cdot360°}{\pi\cdot\alpha}}$ $\qquad$ $r = 17{,}8$ cm

d) Aus $b = 26{,}5$ m und $r = 5{,}2$ m lässt sich der Mittelpunktswinkel α berechnen.

$b=\dfrac{\pi r\alpha}{180°}$ $\qquad$ $\alpha=\dfrac{26{,}5\cdot180°}{\pi\cdot5{,}2}$

$\alpha=\dfrac{b\cdot180°}{\pi r}$ $\qquad$ $\alpha = 292{,}0°$

Aufgaben

3

Ordne Mittelpunktswinkel und Kreisteile einander zu.

α	Kreisteil
45°	Achtelkreis
30°	☐
☐	Drittelkreis
☐	Zehntelkreis
☐	Fünftelkreis
24°	☐
225°	☐
144°	☐

4

Der Umfang eines Kreises beträgt 72 cm. Berechne im Kopf jeweils die Bogenlänge, die zum Mittelpunktswinkel
a) 120°, 90°, 60°   b) 45°, 30°, 20°
c) 15°, 12°, 10°, 6° gehört.

5

Ein Kreis hat den Flächeninhalt 120 cm². Berechne im Kopf jeweils die Kreisausschnittsfläche für die Mittelpunktswinkel
a) 36°, 18°, 54°, 72°
b) 9°, 24°, 108°, 240°.

6

Berechne die Bogenlänge und die Ausschnittsfläche.

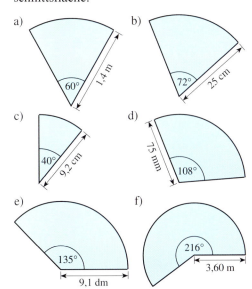

a) 60° 1,4 m
b) 72° 25 cm
c) 40° 9,2 cm
d) 75 mm 108°
e) 135° 9,1 dm
f) 216° 3,60 m

7

Berechne den zum Kreisbogen gehörenden Radius.
a) α = 48°   b) α = 144°
   b = 6,0 cm   b = 21,6 cm
c) α = 82°   d) α = 330°
   b = 1,0 m   b = 6,4 m
e) α = 270°   f) α = 72°
   b = 7,5 cm   b = 0,5 mm

8

Berechne den zum Kreisbogen gehörenden Mittelpunktswinkel.
a) b = 4,2 cm   b) b = 10,2 cm
   r = 3,0 cm   r = 4,5 cm
c) r = 36 mm   d) d = 137 m
   b = 36 mm   b = 86 m
e) r = 65 cm   f) d = 0,4 m
   b = 204,2 cm   b = 10,5 cm

9

Berechne den zum Kreisausschnitt gehörenden Radius.
a) α = 57°   b) α = 100°
   A = 199 cm²   A = 55 cm²
c) α = 12°   d) α = 108°
   A = 0,5 m²   A = 76,8 m²

10

Berechne den zugehörigen Mittelpunktswinkel.
a) r = 8,5 cm   b) r = 26 mm
   A = 91 cm²   A = 1 044 mm²
c) r = 13 dm   d) r = 0,306 m
   A = 0,86 m²   A = 1 658 cm²

11

Berechne die fehlenden Angaben.

	r	α	b	A
a)	2,8 cm	112°	☐	☐
b)	☐	48°	96,4 m	☐
c)	4,4 dm	☐	☐	31,0 dm²
d)	☐	211°	☐	84,9 cm²
e)	1,74 m	☐	9,99 m	☐
f)	☐	☐	33,1 cm	198,5 cm²
g)	☐	85°	95 mm	☐
h)	☐	☐	1 dm	1 m²

11 Abbildungen des Zylinders

1

Skizziere einige der abgebildeten Gegenstände.

2

Nenne Körper, die aus Zylindern zusammengesetzt sind.

3

Welche verschiedenen Möglichkeiten gibt es, einen Zylinder mit einem Schnitt in zwei Hälften zu teilen?

Ein geometrischer Körper heißt **gerader Zylinder,** wenn er begrenzt wird von zwei zueinander kongruenten und parallelen Kreisflächen und einer gekrümmten Seitenfläche, deren Abwicklung rechteckig ist. Ein Zylinder kann wie jeder andere Körper durch ein **Schrägbild** oder ein **Zweitafelbild** dargestellt werden.

> Im Schrägbild eines senkrecht stehenden Zylinders werden Kreisflächen zu Ellipsen.
> Im Zweitafelbild wird der Grundriss als Kreis, der Aufriss als Rechteck dargestellt.

Beispiele

a) Um eine Kreisfläche im Schrägbild darzustellen, wählt man häufig als Verkürzungsfaktor $q = \frac{1}{2}$ und als Verzerrungswinkel $\alpha = 90°$.

b) Liegt der Grundkreis in der Zeichenebene, wird er verzerrungsfrei gezeichnet.

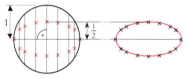

c) Im Zweitafelbild werden sowohl Grundkreis als auch Höhe verzerrungsfrei dargestellt.

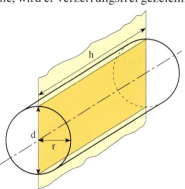

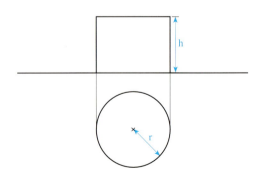

Aufgaben

4
Skizziere verschiedene Arten von Dosen wie Getränkedosen, Konservendosen usw. mit einer Freihandskizze.

5
Zeichne die Skizze einer Ellipse als Schrägbild eines Kreises mit dem Radius r.
a) r = 2 cm   b) r = 3 cm   c) r = 4,5 cm.

6
Ergänze wie in den Beispielen die vorgegebenen Flächen zu Schrägbildskizzen von Zylindern. Es kann verschiedene Lösungen geben. Übertrage die Flächen in doppelter Größe ins Heft.
1. Beispiel: 2. Beispiel:

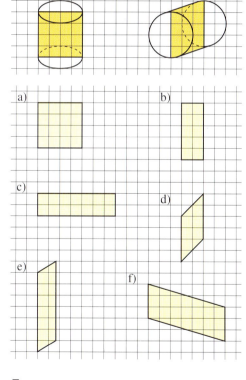

7
Zeichne das Schrägbild eines stehenden und eines liegenden Zylinders.
a) r = 3 cm   b) r = 4,5 cm   c) r = 6 cm
   h = 8 cm   h = 11 cm   h = 2,5 cm

8
Ein Zylinder wird entlang seiner Achse durchgeschnitten.
Bestimme die Maße der Schnittfläche und ihren Flächeninhalt.
a) r = 4,5 cm b) d = 7,5 cm c) d = 100 mm
   h = 11 cm   h = 7,5 cm   h = 22 cm

9 €
Zeichne das Diagramm ins Heft.
a) Größte Erdölförderer 1997

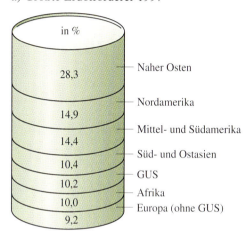

b) Sitzverteilung im Bundestag Okt. 1998

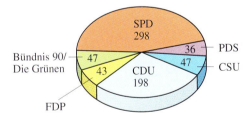

10
„Gärtnerkonstruktion" einer Ellipse.
Stecke zwei Nadeln in Karton und spanne einen Faden wie in der Skizze.
Die Punkte B_1 und B_2 nennt man Brennpunkte.

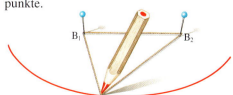

12 Oberfläche des Zylinders

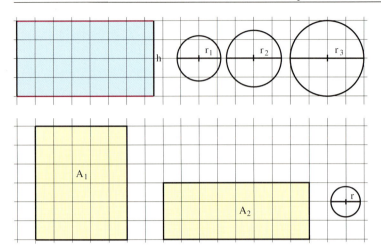

1

Welcher Grundkreis gehört zum Zylindermantel?

2

Welche Rechteckfläche passt als Zylindermantel zum Grundkreis?

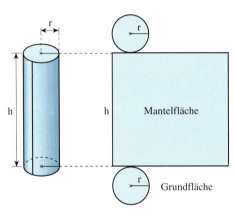

Die Oberfläche eines Prismas setzt sich aus dem Mantel und den beiden kongruenten Grund- und Deckflächen zusammen. Genauso besteht die Zylinderoberfläche aus Mantel, Grund- und Deckfläche.
Der **Mantel** bildet in der Ebene ein Rechteck, für das gilt:
$$M = u \cdot h$$
$$M = 2\pi r \cdot h$$
Für die **Oberfläche des Zylinders** gilt dann:
$$O = 2 \cdot A + M$$
$$O = 2\pi r^2 + 2\pi rh$$
$$O = 2\pi r(r + h)$$

Mantelfläche des Zylinders: $\qquad M = 2\pi rh$
Oberfläche des Zylinders: $\qquad O = 2\pi r^2 + 2\pi rh$
$$O = 2\pi r(r + h)$$

Beispiele

a) Aus r = 3,7 cm und h = 15,5 cm lässt sich die Zylinderoberfläche O berechnen.
$$O = 2\pi r(r + h)$$
$$O = [2\pi \cdot 3,7\,(3,7 + 15,5)]\ \text{cm}^2$$
$$O = (7,4\,\pi \cdot 19,2)\ \text{cm}^2$$
$$O = 446,4\ \text{cm}^2$$

b) Aus der Mantelfläche M = 220,5 cm² und h = 8,6 cm lässt sich der Zylinderradius r berechnen.

$$M = 2\pi rh \qquad\qquad r = \frac{220,5}{2\pi \cdot 8,6}\ \text{cm}$$
$$r = \frac{M}{2\pi h} \qquad\qquad r = 4,1\ \text{cm}$$

c) Bei der Berechnung der Höhe h bei gegebener Oberfläche O = 1 068,0 cm² und Radius r = 8,5 cm, wird zuerst die Mantelfläche M berechnet, dann die Körperhöhe h.

$$A = \pi r^2 \qquad\qquad M = O - 2 \cdot A \qquad\qquad M = 2\pi rh$$
$$2 \cdot A = 2\pi r^2 \qquad\qquad\qquad\qquad\qquad h = \frac{M}{2\pi r}$$
$$2 \cdot A = (2\pi \cdot 8,5^2)\ \text{cm}^2 \quad M = (1\,068,0 - 454,0)\ \text{cm}^2 \quad h = \frac{614,0}{2\pi \cdot 8,5}\ \text{cm}$$
$$2 \cdot A = 454,0\ \text{cm}^2 \qquad M = 614,0\ \text{cm}^2 \qquad\qquad h = 11,5\ \text{cm}$$

Aufgaben

3
Zeichne die Fläche in fünffacher Größe auf kariertes Papier, schneide sie aus und forme einen offenen Zylinder.

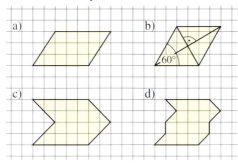

4
Berechne die Mantelfläche des Zylinders.
a) $r = 4,0$ cm   b) $r = 6,4$ cm   c) $r = 18,5$ cm
   $h = 11,5$ cm $h = 12,3$ cm $h = 6,2$ dm

5
Wie groß ist der Grundkreisradius des Zylinders?
a) $M = 366,5$ cm², $h = 7,1$ cm
b) $M = 823,9$ cm², $h = 23,0$ cm
c) $M = 2,4$ m², $h = 8,7$ dm

6
Berechne die Zylinderoberfläche.
a) $r = 5,5$ cm   b) $r = 8,4$ cm   c) $r = 4,1$ dm
   $h = 7,5$ cm $h = 15,1$ cm $h = 1,8$ m
d) $d = 37,0$ cm e) $d = 1,7$ m   f) $d = 844$ mm
   $h = 6,9$ dm $h = 8,9$ dm $h = 12,2$ dm

7
Berechne die fehlenden Angaben des Zylinders.

	r	h	M	O
a)	6,3 cm	□	324,2 cm²	□
b)	114 mm	□	1 826,5 cm²	□
c)	□	14,8 cm	1 878,0 cm²	□
d)	2,0 cm	□	□	86,9 cm²
e)	55,5 cm	□	□	5,5 m²
f)	□	□	3,8 dm²	1 477,9 cm²
g)	□	□	481,5 dm²	1 072,7 dm²

8
Aus einem DIN-A 4-Blatt
(210 mm × 297 mm) lassen sich auf zwei Arten offene Zylinder herstellen.
a) Wie groß ist jeweils der Zylinderdurchmesser?
b) Berechne jeweils den Mantel und die Oberfläche.

9
Gegeben ist die Zylinderoberfläche
$O = 832,0$ cm².
a) Berechne den Radius r für $h = r$.
b) Berechne den Radius r für $h = 2r$.
c) Berechne die Höhe h für $r = 2h$.

10
Berechne die Mantelfläche M und die Oberfläche O des Zylinders in Abhängigkeit von e.
a) $r = e$ b) $r = 2e$ c) $r = \frac{3}{2}e$
   $h = 3e$ $h = 2,5e$ $h = \frac{7}{2}e$

11
Drücke r bzw. h durch e aus.
a) $M = 188,5e^2$ b) $M = 188,5e^2$
   $h = e$ $r = 6e$
c) $M = 263,9e^2$ d) $O = 449,25e^2$
   $d = 4,2e$ $r = 4,5e$
e) $O = 15,7e^2$ f) $O = 226,2e^2$
   $r = \frac{e}{2}$ $d = 8e$

12
Das abgebildete Sheddach soll renoviert werden.
a) Berechne die Giebelflächen.
b) Wie groß ist die gewölbte Dachfläche?

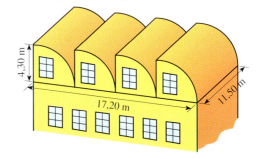

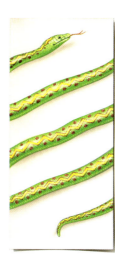

Eine Schlange windet sich um eine Säule. Worauf musst du bei der Zeichnung der Mantelfläche achten?

13 Volumen des Zylinders

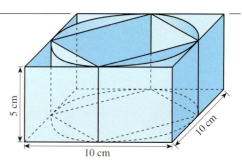

1

Wie viel Wasser passt in den großen, wie viel in den kleinen Quader? Schätze die Wassermenge für den Zylinder.

Wenn man einen Zylinder geschickt in gleiche Teile zerlegt, kann man sie zu einem quaderartigen Körper neu zusammensetzen. Je mehr Teile es sind, desto genauer entsteht ein Quader. Sein **Volumen** wird näherungsweise berechnet:

$V = A \cdot h$

$V = \dfrac{u}{2} \cdot r \cdot h$

$V = \dfrac{2\pi r}{2} \cdot r \cdot h$

$V = \pi r^2 h$

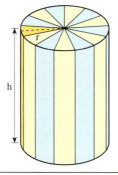

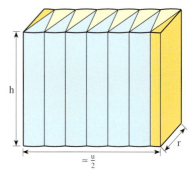

> **Volumen** des Zylinders: $V = A \cdot h$
> $V = \pi r^2 h$

Beispiele

a) Aus r = 6,5 cm und h = 21,7 cm lässt sich das Zylindervolumen V berechnen.

$V = \pi r^2 h \qquad V = (\pi \cdot 6,5^2 \cdot 21,7)\ \text{cm}^3$
$\qquad\qquad\quad V = 2\,880,3\ \text{cm}^3$

b) Aus V = 328,0 cm² und h = 18,2 cm lässt sich der Zylinderradius berechnen.

$V = \pi r^2 h \qquad r = \sqrt{\dfrac{328,0}{\pi \cdot 18,2}}\ \text{cm}$

$r^2 = \dfrac{V}{\pi h} \qquad r = 2,4\ \text{cm}$

$r = \sqrt{\dfrac{V}{\pi \cdot h}}$

c) Bei der Drehung einer Rechteckfläche um eine Seite als Achse entsteht ein Zylinder als **Dreh- oder Rotationskörper**.

Berechnung des Volumens:

$V = \pi r^2 h \qquad V = (\pi \cdot 2,5^2 \cdot 4,5)\ \text{cm}^3$
$V = \pi \cdot a^2 \cdot b \qquad V = 88,4\ \text{cm}^3$

Berechnung der Oberfläche:

$O = 2\pi r(r + h) \qquad O = [2\pi \cdot 2,5(2,5 + 4,5)]\ \text{cm}^2$
$O = 2\pi a(a + b) \qquad O = 110,0\ \text{cm}^2$

Aufgaben

2

Berechne das Volumen des Zylinders.

a) r = 4,2 cm   b) r = 33,5 cm
    h = 11,9 cm   h = 95,8 mm

3

Wie groß ist der Radius des Zylinders?

a) V = 201,0 cm³   b) V = 1,0 dm³
    h = 4,0 cm   h = 7,5 cm

4

Auf Konservendosen für Nahrungsmittel ist unabhängig von ihrer Füllung die genormte Dosengröße angegeben.
Überprüfe die Volumenangaben für die angegebenen Innenmaße.

	d	h	V
a)	9,7 cm	11,5 cm	850 ml
b)	8,2 cm	10,9 cm	580 ml
c)	8,2 cm	7,9 cm	425 ml
d)	7,2 cm	10,4 cm	425 ml
e)	7,2 cm	7,7 cm	314 ml
f)	6,4 cm	6,4 cm	212 ml

5

Berechne die fehlenden Angaben des Zylinders.
(Angaben in cm/cm²/cm³)

	r	h	M	O	V
a)	4,6	11,7	□	□	□
b)	13,5	□	605,0	□	□
c)	9,8	□	□	□	936,5
d)	□	10,1	□	□	769,0
e)	□	49,0	□	□	2 345,0
f)	□	□	350,0	□	560,0

6

Mit einem DIN-A 5-Blatt (148 mm × 210 mm) kann man auf verschiedene Arten einen Zylindermantel formen.
a) Berechne die Radien der beiden Zylinder.
b) Wie groß sind jeweils Mantelfläche, Oberfläche und Volumen?

7

Jeder der abgebildeten Zylinder hat ein Volumen von 144·π cm³.
Berechne jeweils den Zylinderradius.

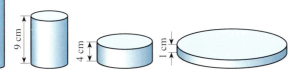

8

Verschiedene Modelle von Zylindern, die alle das Fassungsvermögen 1 Liter aufweisen, haben die Höhe 9 cm, 10 cm, ..., 13 cm. Berechne jeweils den zugehörigen Innendurchmesser.

9

An einem Messzylinder mit dem genormten Innendurchmesser von 86 mm sollen Messstriche angebracht werden.
a) Berechne, in welchem Abstand sich die Markierungen für jeweils 50 cm³ befinden müssen.
b) In welcher Höhe liegt der Messstrich für 1 Liter?

10

Bei der Herstellung von integrierten Schaltkreisen werden extrem dünne Drähte aus Gold verwandt. Der bisher dünnste Draht hat einen Durchmesser von 0,01 mm.
a) Berechne die Masse von 1 000 km Draht. (19,3 g/cm³)
b) Wie viel m Draht kann man aus 1 cm³ Gold herstellen?

11

Bei Verbrennungsmotoren bewegen sich Kolben in zylinderförmigen Verbrennungskammern auf und ab und geben ihre Bewegung an die Kurbelwelle weiter.
Das Gesamtvolumen (der Hubraum) entscheidet z. B. auch über die Höhe der Kfz-Steuerprämie.
Berechne den Hubraum eines vierzylindrigen Pkw-Motors genau, wenn sein Kolbendurchmesser d = 80 mm und der Kolbenhub h = 88 mm betragen.

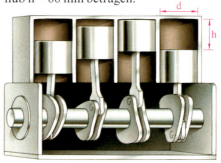

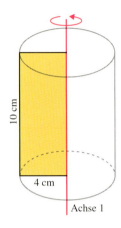

10 cm

4 cm

Achse 1

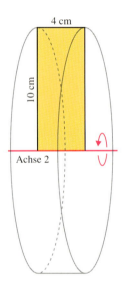

4 cm

10 cm

Achse 2

12

Bei Rotation des Rechtecks um die beiden verschiedenen Achsen entsteht jeweils ein Zylinder.

a) Berechne für beide Fälle jeweils V, M und O.

b) Was fällt dir beim Vergleich der Ergebnisse auf?

13

Eine Regentonne hat einen Innendurchmesser von 80 cm und eine Innenhöhe von 1,20 m.

a) Wie viel Liter Wasser enthält die Tonne, wenn sie zu 80 % gefüllt ist?

b) Wie hoch steht das Wasser, wenn 450 l in der Tonne sind?

14

Das Jahrhundertbauwerk des Eurotunnels durch den Ärmelkanal zwischen Frankreich und Großbritannien ist 50,5 km lang.

Es besteht aus 3 Röhren, von denen beide Fahrröhren jeweils einen Durchmesser von 7,6 m haben und die Versorgungsröhre einen Durchmesser von 4,8 m.

a) Wie lang wäre ein Güterzug mit dem gesamten Gesteinsmaterial, wenn ein Güterwaggon 25 m³ fasst und 16 m lang ist?

b) Stelle dir das Aushubvolumen in Form eines Würfels vor.

Wie groß ist dessen Kantenlänge? Schätze zuerst.

15

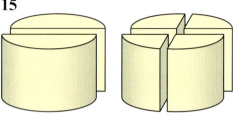

Ein Zylinder mit dem Radius r = 4,0 cm und der Höhe h = 10,0 cm wird entlang seiner Achse in gleiche Teile zerlegt.

a) Berechne Oberfläche und Volumen einer Zylinderhälfte.

b) Wie groß sind Oberfläche und Volumen eines Zylinderviertels?

c) Vergleiche die Ergebnisse der Teilkörper mit denen für den Zylinder.

16

a) Für einen Zylinder mit V = 860,0 cm³ gilt h = r. Berechne r.

b) Die Höhe eines Zylinders ist dreimal so groß wie sein Durchmesser. Berechne den Grundkreisradius r für V = 1 225 cm³.

c) Der Achsenschnitt eines Zylinders ist ein Quadrat. Berechne den Durchmesser des Grundkreises für V = 1 725,5 cm³.

17

Berechne die fehlenden Angaben des Zylinders in Abhängigkeit von e.

	r	h	V	O
a)	e	4e	□	□
b)	2e	2,5e	□	□
c)	□	6e	$121,5\,\pi\,e^3$	□
d)	5e	□	$87,5\,\pi\,e^3$	□
e)	3e	□	□	$30\,\pi\,e^2$

18

Wie verändert sich das Volumen eines Zylinders, wenn

a) seine Körperhöhe verdoppelt wird,

b) sein Radius verdoppelt wird,

c) sein Radius verdreifacht wird,

d) sein Radius halbiert wird,

e) seine Mantelfläche verdoppelt wird und die Körperhöhe gleich bleibt?

14 Vermischte Aufgaben

1

Zeichne die Bandmuster mit Kreisen in dein Heft. Entwirf selbst solche Muster.

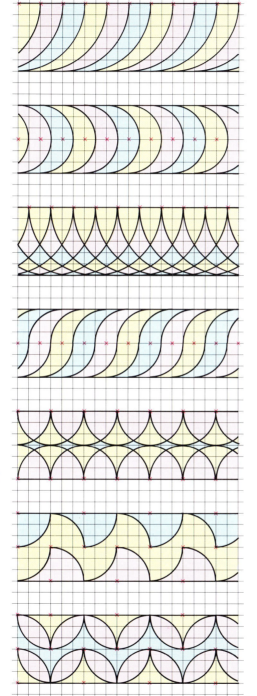

2

Zeichne das Kreismuster in dein Heft.

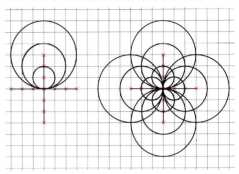

3

Zeichne einen Kreis mit dem Radius 4 cm. Trage einen Punkt P auf dem Kreis ein. Zeichne viele Kreise, deren Mittelpunkte auf dem ersten Kreis liegen und die durch den Punkt P gehen.

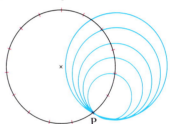

4

Konstruiere in einen Kreis mit dem Radius 5 cm eine Sehne von 7 cm Länge, wenn der eine Endpunkt A der Sehne gegeben ist. Wie viele Möglichkeiten gibt es?

5

Konstruiere das rechtwinklige Dreieck ABC mit $\gamma = 90°$ und
a) $\overline{AB} = 9$ cm, $\overline{BC} = 5$ cm
b) $\overline{AB} = 10$ cm, $\overline{BC} = 2$ cm.

6

Wie groß sind die bezeichneten Winkel?

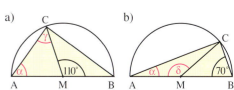

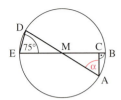

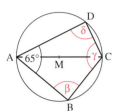

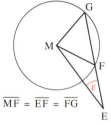

$\overline{MF} = \overline{EF} = \overline{FG}$

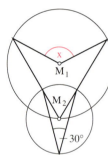

7

Ermittle die farbig gekennzeichneten Winkel in den Kreisen am Rand dieser Seite. Welche Sätze hast du benutzt?

8

a) Konstruiere ein rechtwinkliges Dreieck ABC mit $\overline{AB} = 10$ cm, $\overline{AC} = 5$ cm und $\gamma = 90°$

b) Miss die Winkel α und β.

c) Spiegle A an der Geraden durch B und C und begründe das Ergebnis von b).

9

a) Übertrage die Figur ins Heft. Wähle $\overline{A_1B_1} = 10$ cm und $\overline{A_1C_1} = 6$ cm.

b) Beweise, dass die Strecken $\overline{B_1C_1}, \overline{B_2C_2}$ und $\overline{B_3C_3}$ zueinander parallel sind.

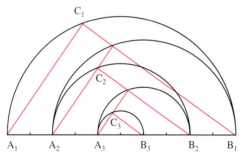

10

Übertrage die Figur ins Heft. Zeichne ein Dreieck, dessen Seiten den Kreis in den Punkten P, Q und R berühren.

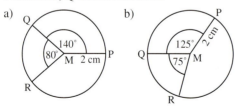

11

Konstruiere das Dreieck ABC mit

a) $c = 6{,}0$ cm, $\alpha = 80°$, $h_c = 3{,}5$ cm

b) $a = 5{,}5$ cm, $\gamma = 120°$, $h_a = 4{,}5$ cm

c) $a = 6{,}5$ cm, $b = 5{,}0$ cm, $h_b = 6{,}0$ cm

d) $c = 5{,}0$ cm, $\gamma = 90°$, $h_c = 2{,}0$ cm

e) $a = 6{,}0$ cm, $\alpha = 50°$, $h_a = 2{,}5$ cm

f) $c = 4{,}0$ cm, $a = 5{,}0$ cm, $r = 3{,}0$ cm

g) $c = 4{,}5$ cm, $\beta = 55°$, $r = 3{,}0$ cm

12

Beweise, dass die Dreiecke ABM und CDM kongruent sind.

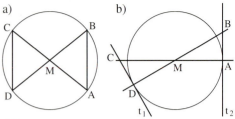

13

Beweise: In jedem rechtwinkligen Dreieck ist die Seitenhalbierende der längsten Seite halb so lang wie diese.

14

Konstruiere den Umkreis des Dreiecks ABC.

a) A(1;2), B(8;4), C(4,5;9)

b) A(0;0), B(5,5;3,5), C(3;5)

c) A(1;4), B(4;2), C(8,5;5)

15

In einem Dreieck ABC ist eine Seite genauso lang wie der Umkreisdurchmesser. Wie groß ist der dieser Seite gegenüberliegende Winkel?

16

Zeichne drei Kreise mit jeweils r = 3 cm. Zeichne in den ersten die Sehne $\overline{AB} = 2$ cm, in den zweiten die Sehne $\overline{CD} = 3{,}5$ cm und in den dritten die Sehne $\overline{EF} = 5$ cm. Konstruiere in A, in C und in E die Tangente an den Kreis. Miss in jeder Figur den Winkel, den die Tangente mit der Sehne bildet und vergleiche diese Winkelgrößen mit den entsprechenden Zentriwinkeln. Was vermutest du?

17

Zeichne in einen Kreis zwei Durchmesser $\overline{AC}$ und $\overline{BD}$.

a) Beweise, dass ABCD ein Rechteck ist.

b) Berechne für den Fall, dass AC ⊥ BD gilt, wie viel Prozent der Kreisfläche der Flächeninhalt des speziellen Rechtecks ABCD beträgt.

? ?

Welchen Radius hat ein Kreis, der ebenso viel Meter Umfang wie Quadratmeter Flächeninhalt hat?

18

Berechne den Kreisumfang und die Kreisfläche.

a) d = 35 mm
b) d = 77 mm
c) d = 123 mm
d) r = 12,8 cm
e) r = 2 400 mm
f) r = 0,97 dm

19

Berechne den Kreisdurchmesser.

a) u = 91,1 mm
b) u = 411,55 cm
c) u = 86,08 m
d) u = 1 153 dm
e) A = 56,75 cm²
f) A = 363,1 cm²

20

Wie groß ist die Kreisfläche bei gegebenem Kreisumfang?

a) u = 10 cm
b) u = 299 cm
c) u = 4,2 cm
d) u = 61,26 cm
e) u = 279,6 mm
f) u = 3,064 m

21

Berechne den Kreisumfang, wenn die Kreisfläche gegeben ist.

a) A = 78,54 cm²
b) A = 452,39 cm²
c) A = 144 π dm²
d) A = 1 369 π m²

22

Eine alte Linde kann von 10 Jugendlichen, von denen jeder 1,50 m ausgreift, gerade noch umspannt werden.

a) Wie dick ist der Baum?
b) Wie viel m² Schnittfläche weist die Linde in der umspannten Höhe auf?

Runde 1 000 Jahre hat diese alte Linde im Berchtesgadener Land schon auf dem Buckel.

23

Familie Gerhard plant, ihren kreisförmigen Gartenteich, der einen Durchmesser von 4 m hat, mit Natursteinplatten zu umranden.
Wie viel laufende Meter Platten müssen mindestens bestellt werden?

24

a) Der Minutenzeiger der Turmuhr Big Ben ist 4,27 m lang, der Stundenzeiger 2,75 m. Welche Wege legen die Zeigerspitzen in 1 Sekunde, 1 Minute, 1 Stunde zurück?
b) Welchen Weg legt die Spitze des Sekundenzeigers einer Armbanduhr in einer Woche zurück, wenn seine Zeigerlänge 7 mm beträgt?

25

Das Laufrad eines Fahrrades hat einen Durchmesser von 75 cm. Das Kettenblatt hat 40, das Ritzel 16 Zähne.
Wie viel m kommt man bei 1 000 Umdrehungen der Tretkurbel vorwärts?

26

Eine Pizza mittlerer Größe hat einen Durchmesser von etwa 26 cm. Eine große Pizza dagegen hat einen Durchmesser von etwa 36 cm.
Um wie viel Prozent ist die Fläche der zweiten Pizza größer?

27

Entsteht mehr Abfall,
(1) wenn man aus einem quadratischen Blech eine größtmögliche Kreisfläche, oder
(2) wenn man aus diesem Blech vier gleich große Kreisflächen ausstanzt?
Berechne.

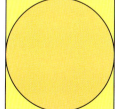 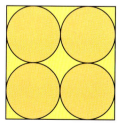

28
Zeichne das Schrägbild eines stehenden und liegenden Zylinders.
a) r = 2 cm   b) r = 6 cm   c) r = 4 cm
   h = 6 cm   h = 3 cm   h = 8 cm

29
Berechne die Mantelfläche des Zylinders.
a) r = 5,2 cm b) r = 5,6 cm c) r = 3 mm
  h = 8,4 cm   h = 12,3 m   h = 4,80 m

30
Wie groß ist der Grundkreisradius des Zylinders?
a) h = 25 cm b) h = 6 cm c) h = 1,20 m
  $M = 1,5\ m^2$ $M = 78\ cm^2$ $M = 7,25\ m^2$

31
Berechne die Oberfläche des Zylinders.
a) r = 6 mm   b) r = 2,25 m
  h = 2,75 m   h = 0,56 m
c) r = 78 cm   d) d = 12 mm
  h = 1,85 m   h = 78 cm
e) d = 1,2 m   f) d = 36 m
  h = 3,8 m   h = 5,2 m

32
Berechne das Volumen des Zylinders.
a) r = 6,5 cm b) r = 2,4 dm c) r = 7,3 cm
  h = 78 cm   h = 5,3 dm   h = 8,2 m

33
Berechne die fehlenden Größen.

	a)	b)	c)	d)
r	6 cm	☐	25 mm	☐
h	☐	3,5 cm	☐	☐
M	$4,5\ dm^2$	$0,3\ m^2$	☐	$140\ cm^2$
O	☐	☐	$375\ cm^2$	☐
V	☐	☐	☐	$385\ cm^3$

34
a) Eine Litfaßsäule hat eine Werbefläche von $9,42\ m^2$ und einen Durchmesser von 1,20 m. Berechne die Höhe der Säule.
b) Eine andere Plakatsäule hat eine Höhe von 3,25 m und einen Durchmesser von 1,45 m. Wie groß ist die Fläche, die beklebt werden kann?

35
Eine zylindrische Regentonne hat einen Innendurchmesser von 60 cm und eine Höhe von 85 cm..
a) Wie viel Liter Wasser fasst sie?
b) Wie hoch stehen 150 l Wasser in ihr?

36
Für den Guss einer Glocke werden $2\,800\ dm^3$ Bronze in einem zylindrischen Schmelzbehälter, der einen Innendurchmesser von 1 600 mm hat, geschmolzen.
Wie hoch steht die Schmelze?

37
Wie groß sind das Volumen und die Oberfläche der abgebildeten Antriebswelle? (Maße in mm.)

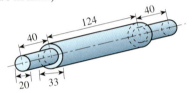

38
Berechne Volumen und Oberfläche des Werkstücks.

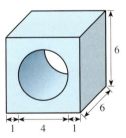

(Maße in cm.)

39
Aus einem 2,72 m langen Kiefernkantholz wird eine Profilleiste mit folgender Querschnittsfläche gefräst. Berechne das Volumen und die Oberfläche der Leiste.

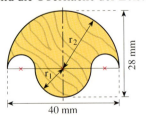

40

Berechne die Kreisringfläche für den Innen-
radius r_1, den Außenradius r_2 und die Differenz x der Radien.

a) $r_1 = 2{,}8$ cm
   $r_2 = 4{,}6$ cm

b) $r_1 = 6{,}3$ cm
   $r_2 = 10{,}9$ cm

c) $r_1 = 3{,}0$ cm
   $x = 1{,}1$ cm

d) $x = 33$ mm
   $r_2 = 102$ mm

e) $r_1 = 2a$
   $r_2 = 6a$

f) $x = 0{,}5a$
   $r_2 = 8a$

41

Kupferrohre haben bei 1,25 mm Wandstärke verschiedene Innendurchmesser d_1.
Berechne jeweils den Außendurchmesser
und die Querschnittsfläche des Rohres.

a) $d_1 = 4$ mm

b) $d_1 = 10$ mm

c) $d_1 = 15$ mm

d) $d_1 = 8{,}5$ mm

e) $d_1 = 11{,}5$ mm

f) $d_1 = 24{,}5$ mm

42

Stelle den Körper im Zweitafelbild dar und
berechne Volumen und Oberfläche des Körpers (Maße in cm).

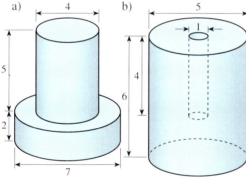

43

Mit dem Forschungsprogramm „kontinen-
tale Tiefenbohrung" in Windischeschenbach
(Obpf.) wird der Aufbau der Erdkruste
erkundet. Das zylinderförmige Bohrloch
weist bis in verschiedene Tiefen unterschied-
liche Bohrdurchmesser auf. Bis 1994 sollte
eine Tiefe von 10 000 m erreicht werden.
a) Berechne das Volumen des ausgebohr-
ten Gesteins.
b) Wie viel Tonnen wiegt das gesamte
Bohrmaterial, wenn 1 dm³ durchschnittlich
3,3 kg schwer ist?

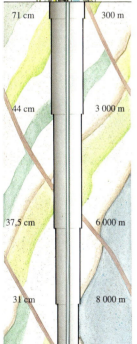

Meißel-
durch-
messer — bis Bohrtiefe

71 cm	300 m
44 cm	3 000 m
37,5 cm	6 000 m
31 cm	8 000 m
22 cm	10 000 m

Bohrstrang   Bohrmeißel

44

Eine Skateboardbahn hat die Form von zwei
Viertelzylindern mit einem Radius von 2,75
m, die mit einem ebenen Zwischen-
stück von 3,50 m Länge verbunden sind.
Die Breite der Bahn beträgt 6 m.
Sie erhält einen neuen Belag. Wie viel m² Fläche sind zu verlegen?

45

Eine Flugzeughalle hat die Form eines Halb-
zylinders mit einem Radius von 15 m. Sie ist
120 m lang.
a) Berechne das Volumen des Hallenraums.
b) Die gewölbte Dachfläche soll mit Zink-
blech bedeckt werden. Wie viel m² Blech
müssen bestellt werden?

46

a) Berechne den umbauten Raum eines
420 m langen Tunnels und die gesamte
Wandfläche.

a) Tunnel

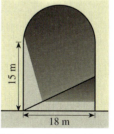

b) Messbecher

b) In welchem Abstand müssen in dem
Messbecher die Teilstriche für 200 ml angebracht werden?

1

Nenne aus deiner Umgebung Gegenstände, die kreisförmig sind oder Kreise enthalten. Versuche sie zu zeichnen.

2

Viele Verkehrsschilder sind kreisförmig. Zeichne sie und schreibe ihre Bedeutung dazu.

3

Viele Nationalfahnen beinhalten Kreise oder Kreisteile. Zeichne solche Fahnen und finde die Bedeutung ihrer Symbole heraus. Zu welchen Ländern gehören sie?

4

Der Gärtner legt ein kreisrundes Beet an. Dazu benutzt er einen Faden und einen Stock. Beschreibe, was er tut.

5

Mit Kreisringen kann man Pompons herstellen. Zeichne zwei gleich große Kreisringe auf Pappe und schneide sie aus. Lege beide Kreisringe aufeinander und umwickle sie mit viel Garn.

a)   b)

Schneide jetzt vorsichtig mit der Schere zwischen beiden Ringen das Garn auf und zieh einen Faden zwischen die Ringe. Mach einen festen Knoten. Entferne die Pappringe.

c)   d)

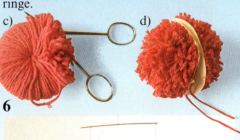

6

a) Zeichne eine Spirale aus Halbkreisen:

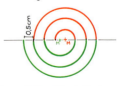

b) Schneide auf den Kreislinien entlang. Zieh einen Faden durch den Anfang der Spirale. Wenn du dir weitere Spiralfedern herstellst, kannst du dir mit kleinen Stäbchen ein interessantes Mobile anfertigen.

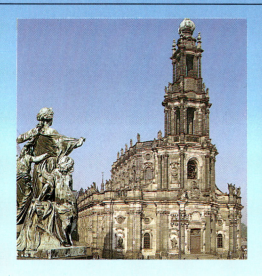

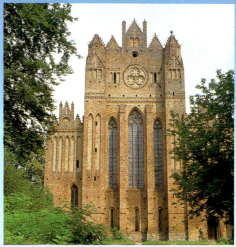

Geometrie und Architektur

Die Fenster an alten Kirchen und anderen Bauten waren nicht einfache Rechtecke, wie wir es heute kennen, sondern vielfach komplizierte Muster aus Kreisen und Kreisbögen. Versuche, diese Bögen selbst zu zeichnen.

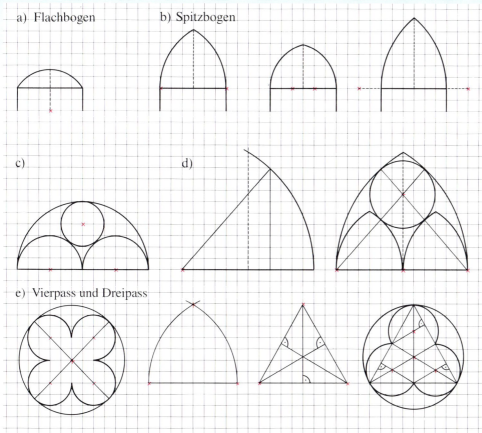

a) Flachbogen b) Spitzbogen

c) d)

e) Vierpass und Dreipass

Kathedrale von Reims

Rückspiegel

1

Berechne Umfang und Flächeninhalt des Kreises.
a) r = 12 cm   b) r = 54 mm   c) r = 6,1 cm
d) d = 1,38 m   e) d = 0,77 dm   f) d = 1,04 km

2

Berechne Radius und Durchmesser.
a) u = 18,3 cm   b) u = 6 873 mm
c) u = 2,00 m   d) u = 0,015 km

3

Wie groß ist der Kreisdurchmesser?
a) A = 48 cm²   b) A = 720 mm²
c) A = 30,9 dm²   d) A = 1,00 km²

4

Berechne entweder Umfang oder Flächeninhalt des Kreises.
a) u = 5,8 cm   b) u = 1,02 m
c) A = 5,5 m²   d) A = 0,09 dm²

5

Berechne Umfang und Flächeninhalt der gefärbten Fläche für r = 5,0 cm.
Drücke die Ergebnisse auch allgemein mit r aus.

a)   b)

6

Konstruiere ein Dreieck ABC mit
a) $\overline{AB}$ = 9 cm, $\overline{AC}$ = 6 cm, γ = 90°
b) $\overline{AB}$ = 8 cm, $\overline{BC}$ = 2 cm, γ = 90°

7

Ermittle die farbig gekennzeichneten Winkel. Begründe deine Feststellungen.

a) 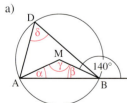   b) 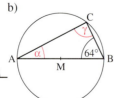   c)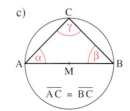

8

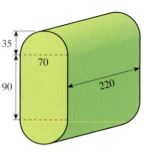

a) Wie viel Liter Heizöl kann der Tank fassen? (Maße in cm)
b) Wie viel m² Blech wird zur Herstellung des Öltanks benötigt?

9

Berechne die fehlenden Größen des Zylinders.

	a)	b)	c)	d)
r	8 cm	☐	☐	☐
h	☐	15 cm	12 cm	☐
M	☐	660 cm²	☐	175,3 cm²
O	☐	☐	☐	302,5 cm²
V	1 dm³	☐	363 cm³	☐

10

Eine der größten öffentlichen Uhren ist die Turmuhr in Berlin-Siemensstadt. Ihr Stundenzeiger ist 2,20 m, der Minutenzeiger 3,40 m lang.
Welche Wegstrecke legt die Spitze des Minutenzeigers in einer Stunde zurück?

11

Der Umfang des Rechtecks ABCD beträgt 82 cm. Berechne den Inhalt der gefärbten Fläche. Setze dabei π = $\frac{22}{7}$.

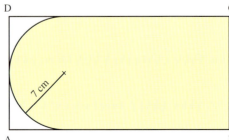

V Zufällige Ereignisse. Wahrscheinlichkeit

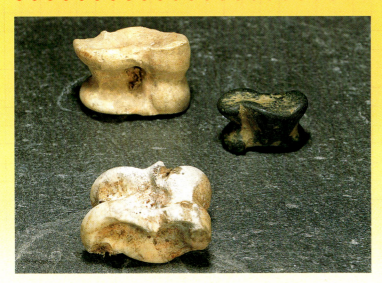

Astragale, Mittelfuß-Knöchelchen von Ziege oder Schaf (ca. 3. Jh. v. Chr.), Nachbildung aus Bronze (ca. 2. Jh. n. Chr.)

Augsburg 1537

Römische Würfel aus Knochen

Die Wahrscheinlichkeitsrechnung verdankt ihr Entstehen dem Glücksspiel.
Das Würfelspiel war bereits in der Steinzeit verbreitet. Als Würfel verwendete man Tierknochen, so genannte Astragale. Ein Astragalus unterscheidet sich u.a. von unserem Würfel dadurch, dass er nur auf vier Seiten fallen kann: linke Seite, Rücken, Bauch und rechte Seite. Die Wahrscheinlichkeiten für die Seiten sind wegen der Unregelmäßigkeit der Knochen jeweils verschieden.

Das Spiel mit dem Zufall zieht sich durch alle Zeiten und Kulturen, wie es Funde und Bilder belegen.

Etwa vor 300 Jahren erfolgte die mathematische Begriffsbildung der Wahrscheinlichkeitsrechnung. Verschiedene Mathematiker versuchten sich damals an einer Analyse von Glücksspielen. Bekannt geworden ist ein Briefwechsel zwischen Blaise Pascal (1623–1662) und Pierre de Fermat (1601–1665). Eine Frage darin lautete beispielsweise:
Welche Wahrscheinlichkeit ist größer: Bei vier Würfen mit einem Würfel mindestens eine „Sechs" zu werfen oder bei 24 Würfen mit zwei Würfen mindestens eine „Doppelsechs"?

Die heute gebräuchliche Definition der Wahrscheinlichkeit geht auf Pierre Simon de Laplace (1749–1827) zurück.

1 Schätzen der Wahrscheinlichkeit

1

Führe 50 Münzwürfe durch. Notiere nach je 10 Würfen, wie oft die Münze Zahl zeigt. Berechne jeweils die relative Häufigkeit. Vergleiche deine Tabelle mit denen deiner Mitschülerinnen und Mitschüler. Was fällt dir auf?

2

Bastle aus Pappe den auf dem Rand abgebildeten Kreisel.
Führe 100 Drehversuche durch und berechne nach je 10 Versuchen die relative Häufigkeit, mit welcher der Kreisel auf einer bestimmten Fläche liegen bleibt.

Von einem Zufallsversuch, z. B. dem Drehen eines Kreisels, wird eine Messreihe erstellt. Dazu wird er mehrfach durchgeführt und die absolute Häufigkeit, mit der ein bestimmtes Ergebnis eintritt, festgehalten. Nach einer gewissen Anzahl von Versuchsdurchführungen wird die aktuelle relative Häufigkeit berechnet.

Nachfolgend ist eine Messreihe aufgeführt, bei der für den abgebildeten Kreisel das Ergebnis „kommt auf der roten Fläche zur Ruhe" beobachtet wurde.

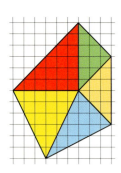

Anzahl der Versuche	absolute Häufigkeit für „rot"	relative Häufigkeit
100	29	0,29
200	54	0,27
400	119	0,30
600	193	0,32
800	242	0,30
1000	302	0,30
1500	449	0,30
2000	608	0,30

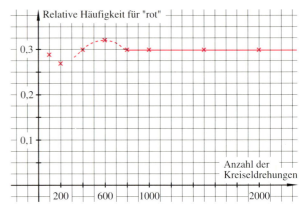

Mit wachsender Anzahl von Versuchsdurchführungen stellt sich immer deutlicher heraus, dass sich der Wert der relativen Häufigkeit für das beobachtete Ergebnis nicht mehr nennenswert ändert.
Soll für das Eintreten eines Ergebnisses eine Wahrscheinlichkeit angegeben werden, so kann die relative Häufigkeit, mit der dieses Ergebnis aufgetreten ist, als Schätzwert für die Wahrscheinlichkeit angenommen werden. Dieser wird in der Regel um so besser sein, je mehr Versuche durchgeführt wurden.

> Die relative Häufigkeit, mit welcher ein bestimmtes Ergebnis eines Zufallsexperiments beobachtet wurde, kann als **Schätzwert** für seine Wahrscheinlichkeit angenommen werden. Dieser Wert wird im Mittel um so besser sein, je mehr Versuchsdurchführungen ausgewertet wurden.

Bemerkung: Eine hohe Anzahl von Versuchen kann man auch dadurch erreichen, dass man die Resultate mehrerer Versuchsreihen zusammenfasst.

Beispiel

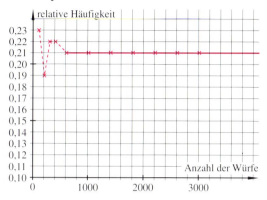

Im Werkunterricht wurden von Vierkanthölzern Würfel abgesägt und beschriftet. Ein Würfel, der zu flach geraten war, wurde „getestet" und die relative Häufigkeit für die Sechs ermittelt.
Das Diagramm zeigt die zusammengefassten Ergebnisse. Die relative Häufigkeit pendelt sich nach 1000 Würfen bei etwa 0,21 ein. Die Wahrscheinlichkeit, mit dem flachen Würfel eine Sechs zu würfeln ist also merklich größer als bei einem „normalen" Würfel. Dort beträgt sie $\frac{1}{6}$, also etwa 0,17.

Aufgaben

3

Wirf jeweils einen Reißnagel und eine Münze 200-mal in die Höhe und ermittle die relative Häufigkeit einer „Kopflandung".

a) Welche Wahrscheinlichkeit kannst du für die „Kopflandung" einer Münze aufgrund deiner Versuche annehmen?

b) Welche Wahrscheinlichkeit vermutest du nach den durchgeführten Versuchen für die Kopflandung eines Reißnagels?

c) Vergleiche deine Resultate mit denen deiner Klassenkameraden. Was fällt dir auf? Erkläre.

4

Benutze einen quadratischen Legostein als Würfel.

a) Welche möglichen Ergebnisse hat das Würfeln mit dem Legostein?

b) Schätze die Wahrscheinlichkeit, mit der der Legostein so wie abgebildet auf dem Tisch landet.

c) Überprüfe deine Schätzung. Wirf den Legostein 100-mal und berechne die relative Häufigkeit.

5

Starte eine Stoppuhr mit Digitalanzeige. Betätige irgendwann die Stopptaste. Notiere, ob die Anzeige der Hundertstelsekunden zwischen 00 und 49 liegt oder nicht.

a) Schätze die Wahrscheinlichkeit.

b) Führe den Versuch 50-mal durch, ermittle anschließend die relativen Häufigkeiten und vergleiche sie mit deinen Schätzungen.

c) Fasse deine Ergebnisse mit den Resultaten von mindestens vier weiteren Klassenkameraden zusammen und vergleiche noch einmal.

6

Jemand behauptet, dass bei unkontrolliertem Aufschlagen alle Seiten eines Buches mit der gleichen Wahrscheinlichkeit auftreten können.
Nimm ein Buch und versuche diese Aussage zu überprüfen.

2 Summenregel

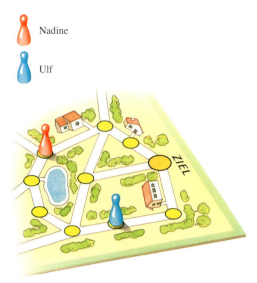

Nadine

Ulf

1

Nadine und Ulf stehen mit ihren Spielfiguren kurz vor dem Ziel. Sie dürfen nur entlang der Wege ziehen, die nicht durch die andere Figur verstellt sind. Außerdem muss die Augenzahl des Würfels genau der Schrittzahl entsprechen.

Wer hat die besseren Chancen, beim nächsten Mal mit einem Wurf ins Ziel zu gelangen?

Ein Zufallsexperiment hat mehrere mögliche **Ergebnisse**. Jede beliebige Zusammenfassung von **Ergebnissen** wird als **Ereignis** bezeichnet.

Wenn der Zeiger nach dem Drehen des Glücksrades auf einem grünen Feld stehen bleibt, so ist dies ein Ereignis, das vier mögliche Ergebnisse hat (Feld 1, 4, 6 oder 10). Die Wahrscheinlichkeiten ergeben sich offensichtlich jeweils durch die Summe der Wahrscheinlichkeiten der entsprechenden Felder. So errechnet sich die Wahrscheinlichkeit für „grün" folgendermaßen:

$$W_{grün} = \frac{1}{10} + \frac{1}{10} + \frac{1}{10} + \frac{1}{10} = \frac{4}{10} = 40\%.$$

Das Ereignis „rot" hat nur ein mögliches Ergebnis, entsprechend ist seine Wahrscheinlichkeit 10%. Für W_{blau} erhält man 20% und für W_{gelb} 30%.

> Die Wahrscheinlichkeit eines Ereignisses ist die **Summe der Wahrscheinlichkeiten** der zugehörigen **Ergebnisse**.

Bemerkung: Es ist sicher, dass nach dem Drehen des Glücksrades der Pfeil auf irgendein Feld zeigt. Dies stellt das **sichere Ergebnis** dar. Seine Wahrscheinlichkeit muss 1 bzw. 100% sein; das ergibt sich auch aus der Summe der Einzelwahrscheinlichkeiten für die verschiedenen Farben: 40% + 30% + 20% + 10% = 100%.

Beispiele

a) In einem Text sind die Anteile der Vokale folgendermaßen gegeben:
a: 4%; e: 11%; i: 7%; o: 1%; u: 2%.
Die Wahrscheinlichkeit, mit der ein Buchstabe im Text zufällig ein Vokal ist, beträgt:
4% + 11% + 7% + 1% + 2% = 25%.

b) In einer Lostrommel befinden sich 110 Nieten, 40 Trostpreise, 8 Großgewinne und 2-mal die freie Auswahl. Die Wahrscheinlichkeit, einen großen Gewinn oder gar die freie Auswahl zu ziehen, lässt sich berechnen.

Die Anzahl aller Ergebnisse beträgt: $110 + 40 + 8 + 2 = 160$.

Die Wahrscheinlichkeit, einen Großgewinn zu ziehen, beträgt $\frac{8}{160} = \frac{1}{20}$ und für die freie Auswahl $\frac{2}{160} = \frac{1}{80}$.

Die Wahrscheinlichkeit, ein Los mit einem der beiden Gewinnmöglichkeiten zu ziehen, ist die Summe der Einzelwahrscheinlichkeiten:

$\frac{8}{160} + \frac{2}{160} = \frac{10}{160} = \frac{1}{16}$.

Aufgaben

2

Monika spielt bei einem „Mensch-ärgere-dich-nicht-Spiel" mit den gelben, Bernd mit den blauen Spielsteinen. Erst würfelt Monika, dann Bernd.
a) Mit welcher Wahrscheinlichkeit kann Monika ihren Spielstein in Sicherheit bringen?
b) Mit welcher Wahrscheinlichkeit kann Bernd Monikas Spielsteine hinauswerfen?
c) Was ändert sich, wenn Bernd zuerst würfelt?

3

Im Bereich von 1 bis 100 gibt es 50 gerade und 50 ungerade natürliche Zahlen. Berechne die Wahrscheinlichkeit dafür, dass
a) das Produkt aus zwei zufällig gezogenen Zahlen aus diesem Bereich gerade ist,
b) die Summe gerade ist.
c) Mit welcher Wahrscheinlichkeit sind Produkt und Summe ungerade?
d) Mit welcher Wahrscheinlichkeit ist das Produkt aus zwei zufällig gezogenen Zahlen durch 4 teilbar?

4

An einem Glücksrad mit den Zahlen 1 bis 8 wird zweimal gedreht. Erstelle eine Tabelle und ermittle die Wahrscheinlichkeit, mit der beide erhaltenen Zahlen durch 3 teilbar sind.

5

In der Tabelle siehst du eine Übersicht über die Verträglichkeit der Blutgruppen bei einer Blutspende. Waagerecht sind die Blutgruppen der Spender, senkrecht die der Empfänger eingetragen.

Blutgruppen der Empfänger	Blutgruppen der Spender			
	A	B	AB	0
0	⊗	⊗	⊗	⊗
AB	–	–	⊗	–
B	–	⊗	⊗	–
A	⊗	–	⊗	–

Die Verteilung der Blutgruppen ist regional verschieden. Rechne mit folgenden Wahrscheinlichkeitswerten für die Blutgruppen: A: 44 %, B: 12 %, AB: 6 %, 0: 38 %.
a) Berechne für jede Blutgruppe die Wahrscheinlichkeit, dass ein unbekannter Spender die geeignete Blutgruppe hat.
b) Berechne für jede Blutgruppe die Wahrscheinlichkeit dafür, dass das Blut für einen Empfänger mit unbekannter Blutgruppe geeignet ist.
c) Wie groß ist die Wahrscheinlichkeit, dass zwei Personen mit unbekannter Blutgruppe sich gegenseitig Blut spenden können?

3 Mehrstufige Zufallsexperimente. Pfadregeln

1
Die Wahrscheinlichkeit einer „Kopflandung" ist bei einer Münze 50%. Erhöht sich die Wahrscheinlichkeit bei zwei Würfen auf 100%?

2
Bei Pferderennen gibt es die so genannte „Zweierwette". Dabei müssen in der richtigen Reihenfolge der Sieger und der Zweite angegeben werden.
Wie groß ist die Wahrscheinlichkeit, bei 6 Startern zufällig den richtigen Tipp abzugeben, wenn man die Stärke der Pferde nicht kennt?

Ein aus mehreren Teilversuchen bestehendes Zufallsexperiment wird als **mehrstufiges Zufallsexperiment** bezeichnet. Er lässt sich durch ein **Baumdiagramm** mit entsprechender Stufenzahl beschreiben. Die Anzahl der Ergebnisse des jeweiligen Teilversuchs legt dabei fest, wie oft sich ein Ast verzweigt. Jeder Pfad von der Wurzel zu einem offenen Astende zeigt ein mögliches Versuchsergebnis auf.

Aus einer Urne mit drei nummerierten Kugeln sollen hintereinander zwei Kugeln gezogen werden, ohne dass sie zurückgelegt werden.
Das abgebildete Baumdiagramm beschreibt dieses zweistufige Zufallsexperiment:

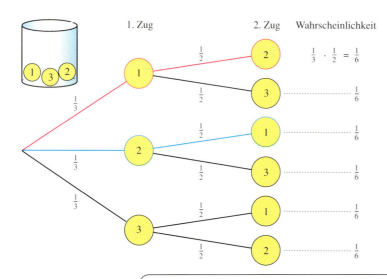

Der rot markierte Pfad beschreibt das Ergebnis, dass die Kugeln ① und ② gezogen werden. Die Wahrscheinlichkeit als 1. Kugel die ① zu ziehen ist $\frac{1}{3}$. Es verbleiben zwei Kugeln im Becher, d. h. die Wahrscheinlichkeit, dann eine ② zu ziehen, beträgt $\frac{1}{2}$. Also kann in $\frac{1}{2}$ von $\frac{1}{3}$ aller Fälle damit gerechnet werden, zuerst die ①, dann die ② zu ziehen. Die Wahrscheinlichkeit ist $\frac{1}{3} \cdot \frac{1}{2} = \frac{1}{6}$.

Interessiert man sich nicht für die Reihenfolge, in der die Kugeln gezogen werden, so ist nicht nur der rote Pfad, sondern auch der blaue Pfad günstig. Die Wahrscheinlichkeit, die Kugeln ① und ② zu ziehen, beträgt demnach $\frac{1}{6} + \frac{1}{6} = \frac{1}{3}$.

Pfadregeln mehrstufiger Zufallsexperimente
1. Pfadregel: Die Wahrscheinlichkeit eines Ergebnisses ist gleich dem Produkt der Wahrscheinlichkeiten längs des zugehörigen Pfades im Baumdiagramm.
2. Pfadregel: Die Wahrscheinlichkeit eines Ereignisses ist gleich der Summe der Wahrscheinlichkeiten der zu diesem Ereignis gehörenden Pfade im Baumdiagramm.

Bemerkung: Die erste Pfadregel wird oft als Pfadadditions-, die zweite als Pfadmultiplikationsregel bezeichnet.

Beispiele

a) Wie groß ist die Wahrscheinlichkeit für eine Sechs bei zweimaligem Würfeln?

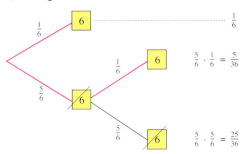

Der obere Pfad zeigt an, dass beim ersten Mal eine Sechs gewürfelt wurde. Die Wahrscheinlichkeit ist $\frac{1}{6}$. In $\frac{1}{6}$ der verbleibenden $\frac{5}{6}$ Fälle wird dann beim zweiten Mal die Sechs gewürfelt.

Die Wahrscheinlichkeit für die Sechs errechnet sich aus der Summe der entsprechenden Wahrscheinlichkeiten:

$$\frac{1}{6} + \frac{5}{36} = \frac{11}{36}.$$

Bemerkung: Bei einem Baumdiagramm brauchen nicht alle möglichen Pfade ausgeführt werden, sondern einige können zusammengefasst werden. So sind im Beispiel die fünf Möglichkeiten, keine Sechs zu würfeln, in nur einem Pfad gekennzeichnet.

b) „Wer zieht den Kürzeren?"

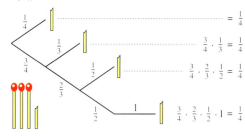

Von vier Streichhölzern ist eins abgebrochen. Ohne zu sehen, welches abgebrochen ist, soll viermal gezogen werden. Wie sehen die Wahrscheinlichkeiten dafür aus, „den Kürzeren" zu ziehen?

Das Baumdiagramm zeigt, dass die Pfadergebnisse alle dieselbe Wahrscheinlichkeit aufweisen, nämlich $\frac{1}{3}$.

Aufgaben

3

Eine Münze wird zweimal hintereinander geworfen. Ermittle mit Hilfe eines Baumdiagrammes die Wahrscheinlichkeit dafür, dass
a) zweimal Zahl erscheint,
b) nicht zwei gleiche Ergebnisse aufeinander folgen.

4

Wie groß ist die Wahrscheinlichkeit,
a) beim Würfeln drei Sechser hintereinander zu werfen,
b) aus einer Urne mit zwei roten und einer blauen Kugel, die blaue Kugel als Letzte zu ziehen,
c) von einem Skatspiel hintereinander zwei rote Karten zu ziehen?

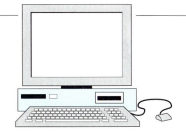

5

In einer Fabrik werden Computer aus drei Baugruppen zusammengesetzt. Die Ausfallquote beträgt beim Gehäuse mit Netzteil 0,4 %, bei der Festplatte 1,5 % und beim Motherboard 2,6 %. Wie groß ist die Wahrscheinlichkeit, dass
a) ein Computer in Ordnung ist,
b) ein Computer defekt ist,
c) bei einem Computer alle drei Teile defekt sind?

6

Die Softwarefirma Hot-Soft vertreibt ein beliebtes Computerspiel, welches sich auf zwei Disketten befindet. Leider war der Ausschuss bei der Diskettenherstellung sehr hoch, so dass jede dritte Diskette nicht funktionsfähig ist.
a) Mit welcher Wahrscheinlichkeit ist ein Diskettensatz brauchbar?
b) Wie groß ist die Wahrscheinlichkeit, dass beide Disketten defekt sind?

7

Bei der Dreierwette müssen die drei ersten Plätze eines Pferderennens in richtiger Reihenfolge vorhergesagt werden.
a) Wie groß ist die Wahrscheinlichkeit, bei fünf unbekannten Pferden eine richtige Vorhersage zu machen?
b) Wie ändert sich die Wahrscheinlichkeit, wenn man weiß, welche beiden Pferde zuletzt einlaufen?
c) Wie ändert sich die Wahrscheinlichkeit bei a, wenn die Reihenfolge der drei ersten Plätze keine Bedeutung für die Wette hat?

8

Beim „Mensch-ärgere-Dich-nicht-Spiel" muss man die erste Figur mit einer 6 ins Spiel bringen. Dafür hat man bis zu drei Versuche.
a) Wie groß ist die Wahrscheinlichkeit, dreimal hintereinander keine 6 zu werfen?
b) Wie groß ist die Wahrscheinlichkeit, in drei Würfen mindestens eine 6 zu werfen?

9

Bei einem Strategiespiel mit dem Namen Schatzsuche darf man auf keinen Fall auf eine „Fallgrube" treten. Die Abbildung zeigt einen Ausschnitt des Spielfeldes. Dabei zeigt die Zahl 3 an, wie viele Fallgruben an das Feld stoßen. Wie groß ist die Wahrscheinlichkeit, zufällig vom weißen Feld aus zweimal hintereinander auf keine Fallgrube zu treten?

In der Wahrscheinlichkeitsrechnung werden oft zwei oder mehrere Ereignisse auf bestimmte Eigenschaften untersucht. An einem Beispiel soll eine wichtige Eigenschaft deutlich gemacht werden.
So können Ziehungen **mit** oder **ohne Zurücklegen** durchgeführt werden. In einer Urne befinden sich zwei rote und drei blaue Kugeln. Die Baumdiagramme verdeutlichen die Ziehung.

Ziehung mit Zurücklegen

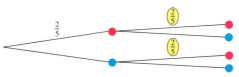

Ziehung ohne Zurücklegen

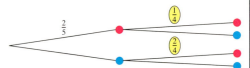

Die Wahrscheinlichkeit, beim zweiten Mal eine rote Kugel zu ziehen, ist **unabhängig** vom Ergebnis des ersten Versuches.

Die Wahrscheinlichkeit, beim zweiten Mal eine rote Kugel zu ziehen, ist vom Ergebnis des ersten Versuches **abhängig**.

Die Ereignisse A und B nennt man voneinander unabhängig, wenn sie durch das Eintreten des Ereignisses A die Wahrscheinlichkeit des Ereignisses B nicht ändert. Ansonsten heißen A und B voneinander abhängig.

Eine Münze wird zweimal geworfen. Ist das Ereignis des zweiten Versuches vom Ergebnis des ersten Versuches abhängig?

Abhängig oder unabhängig?
A . . . eine Person hat braune Augen
B . . . eine Person hat dunkle Haare.

4 Simulation von Zufallsexperimenten

1

Ein Modellflugzeug besteht aus sechs Baugruppen, die einzeln in Wundertüten verkauft werden. Astrid und Bernd wollen wissen, wie viele Tüten man wahrscheinlich kaufen muss, um einen kompletten Bausatz zu haben.

Damit sie dafür kein Geld ausgeben müssen, ahmen sie den Kaufvorgang mit einem Würfel nach. Sie würfeln und notieren die Augenzahlen so lange, bis alle Nummern einmal aufgetreten sind. Die Anzahl der dafür benötigten Würfe zählen sie.

Wie schätzen sie wohl den Kaufpreis ab? Reicht ein Durchgang?

Mitunter ist es nicht möglich, Vorgänge real ablaufen zu lassen. Um trotzdem etwas darüber in Erfahrung zu bringen, führt man so genannte **Simulationen** durch (lat. simulare – nachahmen).

Eine Simulation kann unterschiedlicher Natur sein. Im Bereich der Technik werden beispielsweise durch Crash-Tests Unfallsituationen nachgestellt. Für Ausbildungs- und Übungszwecke benutzen Piloten so genannte Flugsimulatoren.

In der Wahrscheinlichkeitsrechnung versteht man darunter die Nachahmung eines Zufallsexperimentes. Man versucht, ein Experiment zu finden, bei dem die Wahrscheinlichkeiten entsprechender Teilergebnisse genauso groß sind wie bei dem Vorgang, der simuliert werden soll. Über die relative Häufigkeit erhält man dann einen Schätzwert für die Wahrscheinlichkeiten.

Das Zufallsexperiment „Werfen einer Münze" kann durch das Zufallsexperiment „Würfeln mit einem idealen Würfel" simuliert werden, wenn man als Ergebnisse nur berücksichtigt, ob die Augenzahl gerade oder ungerade ist.

> Die Nachahmung eines Zufallsexperimentes durch ein anderes Zufallsexperiment wird als Simulation bezeichnet.

Beispiel

Ein Test besteht aus vier Fragen. Zu jeder Frage gibt es eine richtige und eine falsche vorgegebene Antwort. Wie groß ist die Wahrscheinlichkeit, durch einfaches Raten mindestens die Hälfte richtig zu haben?

Es gibt insgesamt 16 verschiedene Ergebnisse. Mit 0 werde die falsche, mit 1 die richtige Antwort bezeichnet. Die unterschiedlichen Ergebnisse sind dann:

1111; 1110; 1101; 1100; 1011; 1010; 1001; 1000;
0111; 0110; 0101; 0100; 0011; 0010; 0001; 0000.

Von den 16 Ergebnissen haben 11 zwei oder mehr Einsen, die den richtigen Antworten entsprechen. D. h., die Wahrscheinlichkeit, durch bloßes Raten mindestens die Hälfte richtig zu haben, beträgt $\frac{11}{16} = 69\%$.

Dieser Vorgang wird nun durch eine Münze simuliert.

Wappen (W) sei dabei eine richtige, Zahl (Z) eine falsche Antwort. Jedes Zufallsexperiment besteht aus 4 Münzwürfen. Bei 40 Versuchen wurde folgende Tabelle erstellt:

1 WZWW	2 ZWWW	3 ZZZZ	4 ZWWZ	5 WWWZ	6 WZWW	7 WZWW	8 WWZZ
9 ZZZW	10 ZZZW	11 ZWWZ	12 ZWZZ	13 WZWZ	14 ZWZW	15 WWWW	16 ZZWZ
17 ZWWW	18 ZWZW	19 ZWZZ	20 ZWWZ	21 WZZZ	22 WWZW	23 WZZZ	24 WWWW
25 WWWW	26 WWZZ	27 ZWWW	28 ZZWZ	29 WZZW	30 ZWZZ	31 WZZZ	32 WZZW
33 ZZWW	34 ZWWZ	35 ZZZZ	36 ZZZW	37 ZZWZ	38 WWWW	39 ZZWZ	40 ZZWW

Von den 40 Versuchen haben 26 mindestens zwei Wappen. Die relative Häufigkeit hierfür beträgt also $\frac{26}{40} = 65\%$.

Der Wert, der durch die Simulation erhalten wurde, liegt nur geringfügig unter dem berechneten Wert.

Aufgaben

2

Mit welcher Wahrscheinlichkeit kann man bei einem Test mit 5 Aufgaben in Multiplechoiceform durch Raten mindestens die Note ausreichend erhalten?

Jede Aufgabe bietet 3 Lösungen an, von denen eine richtig ist. Für die Note ausreichend müssen mindestens 40% der Aufgaben richtig gelöst werden.

a) Überlege, wie du die zufällig richtige bzw. falsche Beantwortung der Fragen simulieren kannst.

b) Führe die Simulation mindestens einmal durch und vergleiche dein Resultat mit denen deiner Mitschülerinnen und Mitschüler.

3

Drei Jäger schießen auf zwei Hasen. Die Wahrscheinlichkeit für einen Treffer ist beim ersten Jäger $\frac{1}{2}$, beim zweiten $\frac{1}{3}$ und beim dritten $\frac{1}{6}$.

a) Überlege, mit welchem Zufallsexperiment du dies simulieren kannst.

b) Führe die Simulation durch. Entscheide dazu zunächst für jeden Jäger, welchen Hasen er aufs Korn nimmt. Danach bestimmst du, mit welcher Wahrscheinlichkeit er trifft. Wie schätzt du die Überlebenschancen der Hasen ein?

4

Welche Entfernung muss man im abgebildeten Labyrinth durchschnittlich zurücklegen, bevor man zufällig den Ausgang findet?

a) Simuliere den Gang durchs Labyrinth, indem du mit einem Spielstein über den abgebildeten Plan ziehst und an jeder Weggabelung per Münzwurf entscheidest, ob du dich links oder rechts hältst.

Notiere für jeden Versuch die Weglänge und addiere sie zur Gesamtstrecke von START zu ZIEL.

b) Führe die Simulation 5-mal durch und ermittle die durchschnittliche Weglänge.

c) Fasse deine Resultate mit denen mehrerer Mitschüler zusammen.

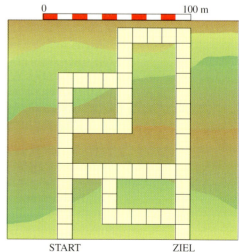

5 Monte-Carlo-Methode

15 Telefonnummern aus dem Telefonbuch

4711235	2752349	6502348
2517374	2022489	4601279
2815374	4031229	2381446
2526512	8800888	2517347
4762861	4211935	5022080

1
Ein Glücksrad mit zehn flächengleichen Sektoren wird siebenmal gedreht. Untersuche, ob die abgebildeten Telefonnummern für eine Simulation dieses Zufallsexperimentes geeignet sind. (Hinweis: Ermittle die absoluten und relativen Häufigkeiten des Auftretens der einzelnen Ziffern.)

Häufig lassen sich Zufallsexperimente nur mit größerem mathematischen Aufwand beschreiben. Man simuliert deshalb solche Zufallsexperimente mit Hilfe von Zufallszahlen, die zum Beispiel durch ein Glücksrad erzeugt worden sind. In der Praxis finden Tabellen von Zufallszahlen Anwendung, die mittels Computereinsatz erstellt wurden.

> Das Simulieren von Zufallsexperimenten mit Hilfe von Zufallszahlen wird oft als **Monte-Carlo-Methode** bezeichnet.

Bemerkung: Der Name „Monte-Carlo-Methode" ist verwendet worden, da das Roulettespiel eine Möglichkeit darstellt, Zufallszahlen zu erzeugen. Das Verwenden von Telefonnummern ist nur eine „Notlösung", da nicht immer alle Ziffern mit der gleichen Wahrscheinlichkeit auftreten.

Beispiel:
Eine Urne enthält zwei weiße, vier rote und vier blaue Kugeln. Es wird 25-mal eine Kugel mit Zurücklegen gezogen und die Farbe festgestellt. Wie viele weiße Kugeln sind durchschnittlich zu erwarten? Wir wollen dieses Zufallsexperiment mit Hilfe der Tabelle für Zufallszahlen simulieren. Die Ziffern 0 und 1 entsprechen der weißen, die Ziffern 2, 3, 4 und 5 der roten und die restlichen Ziffern der blauen Farbe der Kugeln. Ein Block stellt eine Simulation des Zufallsexperimentes dar.

Tabelle von Zufallszahlen (Ausschnitt)

85666	25102	64733	93872	72698	18741	73674
36272	47817	90287	91434	86453	46115	83923
01170	31745	71302	78189	28598	75518	08206
32921	33795	43170	40276	85964	74169	86385
89184	64830	16779	35724	82103	64912	74101

Anzahl der Ziffern 0 und 1 je Block

6	5	6	3	2	7	5

Der durchschnittliche Wert beträgt $34/7 \approx 4,86$ und entspricht schon recht genau dem theoretischen Wert von 5.

Aufgaben

2
Führe die Simulation der Beispielaufgabe unter der Veränderung durch, dass sich statt 4 nur noch 3 rote Kugeln in der Urne befinden.
(Hinweis: Es muss eine Ziffer gestrichen werden.)

3
In einem Wohngebiet stehen 10 Abfallbehälter zur Verfügung. Nach der Entleerung aller Mülltonnen bringen 15 Personen ihren Abfall zu den Behältern. Bestimme mit Hilfe der Tabelle von Zufallszahlen, wie viele Tonnen im Durchschnitt noch leer sind.

6 Vermischte Aufgaben

1

Ziehe aus einem Behälter mit drei roten und zwei blauen Kugeln eine heraus, notiere ihre Farbe und lege sie zurück. Notiere die Resultate von 100 Ziehungen.

a) Gib aufgrund deiner Beobachtungen einen Schätzwert für die Wahrscheinlichkeit der Ziehung einer roten Kugel an.
Welchen Wert hast du erwartet?

b) Fasse deine Ergebnisse mit denen deiner Klassenkameraden zusammen und schätze erneut.

2

Erstelle eine Tabelle, in der du alle Ergebnisse eines Würfelversuches mit zwei unterscheidbaren Würfeln festhältst. Wie groß ist die Wahrscheinlichkeit, dass

a) die Augensumme zweier Würfe durch 3 teilbar ist?

b) die Augensumme größer als 8 ist?

c) ein Würfel die doppelte Augenzahl des anderen zeigt?

3

Der Losverkäufer verspricht, dass unter seinen 50 Losen noch 3 Gewinne sind.

a) Wie groß ist die Wahrscheinlichkeit bei einmaligem Ziehen, einen Gewinn zu erzielen?

b) Wie groß ist die Wahrscheinlichkeit nach einem gezogenen Gewinn nochmals einen Gewinn zu ziehen?

c) Nach einiger Zeit sind nur noch 10 Lose im Eimer und es ist erst ein Gewinn gezogen worden.
Wie groß ist jetzt die Wahrscheinlichkeit für einen Gewinn?

4

Eine Münze wird dreimal hintereinander geworfen.
Ermittle mit Hilfe eines Baumdiagrammes die Wahrscheinlichkeit, dass

a) dreimal Zahl erscheint,

b) nicht zwei gleiche Ergebnisse aufeinander folgen,

c) mindestens einmal Wappen erscheint,

d) höchstens einmal Wappen erscheint?

e) Welches Ergebnis ist wahrscheinlicher, www oder wzw?

5

Wie groß ist die Wahrscheinlichkeit, dass bei zwei roten und zwei schwarzen Karten keine zwei Karten gleicher Farben hintereinander liegen?

6

Mit welcher Wahrscheinlichkeit zieht man aus einem gemischten Skatspiel, ohne dass zurückgelegt wird,

a) zwei rote Karten,

b) drei Könige,

c) vier Asse?

7

Ein Skatspieler hat folgendes Blatt auf der Hand: Kreuz: Ass, Zehn, König, Dame, Neun und Acht; Herz: Ass und Zehn; Karo: Ass und Zehn. Wie groß ist die Wahrscheinlichkeit, dass im Skat zwei Buben liegen?

8

a) Eine Familie hat drei Kinder.
Wie groß ist die Wahrscheinlichkeit, dass sie

– genau einen Sohn,

– mindestens einen Sohn,

– zwei Söhne hat?

– Wie groß ist die Wahrscheinlichkeit, dass das älteste Kind ein Mädchen ist?

b) Eine Familie hat fünf Kinder. Wie groß ist die Wahrscheinlichkeit, dass sie

– genau zwei Töchter,

– mindestens zwei Töchter,

– höchstens zwei Töchter hat?

In der Kriminalistik kann man durch geschickte Befragung und der Auswertung der erhaltenen Antworten mit Hilfe der Pfadregel einen Schätzwert für die Wahrscheinlichkeit eines Ereignisses erhalten. Im Auftrag der Verkehrsbetriebe einer Stadt wird unter 14- bis 16-jährigen Schülern eine Befragung durchgeführt, die Auskunft über den möglichen Anteil an Schwarzfahrten geben soll.

Dabei ist zu beachten, dass man auf die Frage, ob man irgendwann mal „schwarz" gefahren ist, nicht immer eine ehrliche Antwort bekommt. Zudem muss der Befragte sicher sein, dass sich aus seiner Antwort keine für ihn nachteiligen Folgen ergeben.

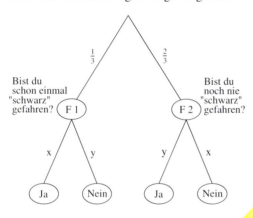

Frage 1 lautet: „Bist du schon einmal schwarz gefahren?" Die Frage 2 lautet: „Bist du noch nie schwarz gefahren?"

1

Warum beträgt die Wahrscheinlichkeit, dass ein Schüler die Frage 1 beantwortet, $\frac{1}{3}$?

2

Welcher Zusammenhang besteht zwischen den Wahrscheinlichkeiten x und y?

3

Warum sollte die Anzahl der Befragten möglichst groß (über 100) sein?

Wir wollen nun einen Schätzwert für die gesuchte Wahrscheinlichkeit x (Schwarzfahrer) ermitteln. Unter Nutzung der Pfadregeln ergibt sich für die Wahrscheinlichkeit p, dass ein Schüler seine Frage mit Ja beantwortet: $p = \frac{1}{3} \cdot x + \frac{2}{3} \cdot (1 - x)$.

Die relative Häufigkeit, mit der ein bestimmtes Ergebnis eines Zufallsexperimentes beobachtet wird, kann als Schätzwert für die Wahrscheinlichkeit angenommen werden. Dieser Wert wird um so besser sein, je mehr Befragungen durchgeführt werden.

Die relative Häufigkeit h (Ja-Antworten) lässt sich leicht ermitteln. Aus

$$h \approx \frac{1}{3} \cdot x + \frac{2}{3} \cdot (1 - x)$$

kann man einen Schätzwert der Wahrscheinlichkeit x erhalten.

4

Im obigen Beispiel wurden 255 Schüler einer Mittelschule befragt. Die Auszählung der Ja-Antworten ergab 152.

Ermittle aus diesen Angaben einen Schätzwert für die Wahrscheinlichkeit (Schwarzfahrer).

5

Führe an deiner Schule weitere Befragungen zu Themen durch, die ein Teil der Schüler offensichtlich nicht ehrlich beantworten würde.

6

Ein Schüler möchte, dass die beiden Fragen mit gleicher Wahrscheinlichkeit beantwortet werden. Wie könnte er dies erreichen? Kann der Schüler damit die Wahrscheinlichkeit x ermitteln?

Rückspiegel

1

Wie groß ist in einem Text die Wahrscheinlichkeit für einen Vokal (a, e, i, o, u)?
Gib einen Schätzwert an, nachdem du die relative Häufigkeit berechnet hast, mit der bei dieser Aufgabe ein Vokal auftritt.
Überprüfe die Qualität deines Schätzwertes anhand der ganzen Seite.

2

Würfele mit einem Achter-Legostein 200-mal. Berechne nach je 40 Versuchen die relative Häufigkeit, mit welcher der Spielstein in der abgebildeten Position liegt. Schätze nach den 200 Versuchen die entsprechende Wahrscheinlichkeit.

3

a) Wie groß ist die Wahrscheinlichkeit dafür, dass der abgebildete Kreisel auf eine gelbe Fläche fällt?
b) Der Kreisel wurde zweimal gedreht und zeigte jedes Mal eine gelbe Fläche. Wie groß ist die Wahrscheinlichkeit, beim 3. Mal ebenfalls eine gelbe Fläche zu erreichen?

4

Ermittle mit Hilfe einer Tabelle die Wahrscheinlichkeit dafür, dass zwei Personen am gleichen Wochentag Geburtstag haben.

5

Drei Würfel werden geworfen. Bestimme die Wahrscheinlichkeit für
a) drei Einsen,
b) einen 3er-Pasch (dreimal dieselbe Zahl)
c) eine „Straße" (die Würfel zeigen drei aufeinander folgende Zahlen).

6

Eine Fabrik verkauft Geschirr 3. Wahl ab Werk. 70 % der Ware hat Farbfehler. Wie groß ist die Wahrscheinlichkeit, aus einem Stapel von 10 Tellern 3 Teller ohne Farbfehler zu nehmen?

7

Ute, Kai und Verena wollen per Münzwurf entscheiden, wer als Erster das neue Computerspiel ausprobieren darf. Sie werfen jeder eine Münze. Wer als Erster ein anderes Bild als die beiden anderen hat, ist Sieger.
Ermittle anhand eines Baumdiagramms, wie wahrscheinlich es ist, dass bereits aus der ersten Runde ein Sieger hervorgeht.

8

In einer Urne liegen zwei Kugeln mit einem O, zwei Kugeln mit einem T und zwei Kugeln mit einem R.
a) Mit welcher Wahrscheinlichkeit kommen bei einer Ziehung, bei der nicht zurückgelegt wird, die Buchstaben OTTO in dieser Reihenfolge?
b) Wie ist die Wahrscheinlichkeit für TOR?
c) Wie sind die Wahrscheinlichkeiten, wenn man nach dem Ziehen die Kugeln in der Reihenfolge tauschen darf?

9

a) Claudia notiert auf einem Zettel eine zweiziffrige Zahl. Wie groß ist die Wahrscheinlichkeit dafür, dass Klaus sie auf Anhieb errät?
b) Klaus zieht nun aus einer Urne, in der sich Kugeln mit den Ziffern 0 bis 9 befinden, zwei Kugeln. Wie groß ist die Wahrscheinlichkeit, dass Claudia auf Anhieb die richtigen Kugeln errät?
c) Worin unterscheiden sich beide Experimente? Wer hat die besseren Chancen?

10

In einer Kiste mit insgesamt acht Glühlampen befinden sich zwei defekte Lampen.
a) Simuliere den Sachverhalt mittels einer Urne mit verschiedenfarbigen Kugeln. Schätze nach mehreren Versuchen die Wahrscheinlichkeit dafür, dass von drei wahllos entnommenen Lampen zwei defekt sind.
b) Überprüfe die Schätzung, indem du die Wahrscheinlichkeit mit Hilfe eines Baumdiagramms bestimmst.

Überprüfe dein mathematisches Wissen.

Ganz gleich, welchen Beruf du erlernen möchtest, die folgenden Aufgaben solltest du sicher lösen können. Es handelt sich hierbei um Aufgaben, die du in einem Einstellungstest vorfindest. Versuche alle Aufgaben zu lösen – nur bei den besonders gekennzeichneten 🖩 darfst du den Taschenrechner benutzen. Die Lösungen findest du im Anhang.

Grundrechenarten

1
a) $1982 + 10\,005 + 3167$
b) $10\,111 + 7\,702 + 433 + 12\,456$
c) $8\,766 + 4\,009 + 123 + 70\,301 + 761$

2
a) $15\,251 - 722 - 7\,564$
b) $35\,055 - 8\,227 - 363 - 7\,128$
c) $80\,009 - 17\,656 - 563 - 4\,421 - 279$

3
a) $7\,539 \cdot 127$　　b) $7\,185 : 15$
c) $168 \cdot 425\,003$　　d) $6\,426 : 21$
e) $12 \cdot 15 \cdot 25$　　f) $17\,490 \cdot 0 : 13$

4
a) $12 \cdot 5 - 120 : 5 + (12 + 5)^2$
b) $75 + 25 \cdot 40 - 30$
c) $(75 + 25) \cdot 40 - 30$
d) $75 + 25 \cdot (40 - 30)$
e) $(75 + 25) : (40 - 30)$
f) $100 - 100 : 100 + 15 \cdot 15$

Rechnen mit Bruchzahlen

5
a) $\frac{1}{2} + \frac{2}{5}$　　　　b) $4\frac{5}{6} + 7\frac{3}{8}$
c) $\frac{1}{5} - \frac{1}{6}$　　　　d) $2\frac{8}{9} - 1\frac{3}{5}$
e) $\frac{5}{7} \cdot \frac{3}{4}$　　　　f) $2\frac{1}{4} \cdot 3\frac{1}{8}$
g) $\frac{3}{4} : \frac{1}{32}$　　　　h) $2\frac{2}{5} : 5\frac{2}{3}$

6
a) $\frac{1}{2} + \frac{3}{4} - \frac{7}{10} + \frac{1}{5}$
b) $(\frac{1}{2} + \frac{3}{4}) \cdot 4 - (\frac{1}{2} + \frac{3}{4}) \cdot \frac{1}{5}$
c) $(\frac{1}{2} + \frac{3}{4}) : 2 - \frac{1}{8}$
d) $(\frac{1}{2} + \frac{3}{4}) : (\frac{3}{4} + \frac{1}{2})$
e) $\frac{1}{2} + \frac{3}{4} \cdot \frac{3}{4} - \frac{1}{2}$

Rechnen mit Dezimalbrüchen

7
a) $11,11 + 99,99 + 7,874$
b) $9,56 - 5,89 - 0,281$
c) $0,75 + 1,2 - 0,012 + 3,07$
d) $15,2 \cdot 1,43$
e) $8,82 \cdot 3,1 \cdot 10$
f) $725,5 : 0,5$
g) $2,45 : 0,05$

8
Rechne jeweils einen Überschlag.
a) $33 \cdot 0,97$　　　b) $33 : 9,7$
c) $4,1 \cdot 0,51$　　　d) $4,1 : 0,51$
e) $807,2 \cdot 17,83$　　f) $807,2 : 17,83$
g) $0,759 \cdot 0,401$　　h) $0,759 : 0,401$
i) $1,99 \cdot 99,7$　　　k) $1,99 : 99,7$

Umrechnung von Maßeinheiten

9
Wandle in die nächstkleinere Maßeinheit um.
a) $3,2$ m; 48 m; $1,24$ dm; $1,07$ km; 794 cm
b) 47 l; 11 hl; $2,8$ hl; $0,34$ l; 238 l
c) 21 min; 76 h; 3 h 47 min; 17 Wochen
d) $1,055$ t; $0,17$ kg; 832 g; 31 t; 12 kg
e) $2,3$ m²; 36 ha; $8,27$ dm²; $0,074$ a; 4 km²

10
Fasse die Größen zusammen.
a) 5 m $+ 11$ dm $+ 26$ cm $+ 200$ mm $+ 12$ m
b) 2 m² $+ 17$ cm² $+ 0,17$ m² $- 3$ dm² $+ 14$ cm²
c) $124,7$ hl $- 230$ l $+ 0,075$ hl $- 120$ l
d) $782,8$ t $- 124$ kg $+ 0,004$ t $+ 24\,000$ g
e) 2 h 48 min $+ 17$ h 36 min $+ 9$ h 55 min

11
Ordne nach der Größe.
a) 7 m 12 dm; $7,012$ m; $71,2$ dm; $0,712$ km
b) $3\,010$ m; 3 km 1 m; 30 km 10 m; $30,1$ km
c) 7 m 77 dm; 70 m 7 dm; $77,77$ m; $7,777$ dm
d) $9,748$ kg; $974,8$ g; $0,974$ t; 9 kg $9\,748$ g

Prozent- und Zinsrechnen

12

a) Wie viel Euro sind 15 % von 150 €?
b) Wie viel kg sind 125 % von 50 kg?
c) Wie viel kg sind 0,5 % von 0,5 t?
d) Wie viel % sind 28 m von 40 m?
e) Wie viel % sind 32 € von 160 €?
f) Wie viel % sind 448 kg von 1 792 kg?
g) Ein Mantel zum Preis von 320 € wird zweimal hintereinander um jeweils 30 % ermäßigt.
Wie teuer ist er jetzt?

13

a) Berechne den Grundwert aus dem verminderten Endwert. In Klammern steht der Prozentsatz, um den vermindert wurde.

  35,28 €   (16 %);
198,69 €   (10,5 %).

b) Berechne den vermehrten Grundwert.
720 € vermehrt um 7 %;
825 kg vermehrt um 18,5 %.

14

a) Tims Taschengeld wurde von 25 € auf 30 € erhöht. Wie viel Prozent beträgt die Erhöhung?
b) Berechne den prozentualen Preisnachlass einer Hose, die von 98 € auf 83,30 € herabgesetzt wird.
c) Die Tarife der Straßenbahn erhöhen sich im nächsten Jahr um 5,2 %.
Wie viel kostet dann eine 56 € teure Monatskarte? Runde auf ganze Euro.

15

a) Berechne die Zinsen.
7 200 € zu 5,2 % für 3 Jahre;
  440 € zu 2,5 % für 7 Monate;
1 800 € zu 4,5 % für 260 Tage.
b) Berechne den Zinssatz.
1 560 €; 1 Jahr; 59,28 € Zinsen.
8 100 €; 8 Monate; 334,80 € Zinsen.
c) Das Sportfachgeschäft Win hat einen Tennisschläger für 258 € ausgezeichnet.
In einer Sonderaktion werden 20 % Preisnachlass und bei Barzahlung nochmals 3 % Skonto gewährt.

Zuordnungen

16

a) Während eines Schulfestes werden 125 ml Traubensaft für 0,70 € angeboten. Welchen Betrag muss Christine für 1 l bezahlen?
b) Frau Goldmann erhält für 66,04 € 70 US-$. Für wie viel Euro erhält sie 100 US-$?
c) Drei Gärtner benötigen 4 Stunden Zeit, um eine Rasenfläche zu mähen. Wie viel Zeit würden fünf Gärtner für die Arbeit benötigen?

17

a) Ein großes Zahnrad dreht sich 18-mal und bewegt ein kleines Rad 54-mal. Wenn sich das kleine Zahnrad 216-mal dreht, wie oft hat sich dann das große Rad gedreht?
b) Eine Druckerei kann einen Auftrag mit 12 Maschinen in 5 Tagen erledigen. Wie viele Maschinen müssen eingesetzt werden, wenn der Auftrag bereits in 3 Tagen fertig sein soll?
c) Ein Heizöltank ist zu $\frac{8}{9}$ gefüllt. Der Wert dieser Menge entspricht 960 €. Welchen Geldwert hat das Heizöl, wenn der Tank nur noch halb gefüllt ist?

Überschlagrechnen

18

Finde das richtige Ergebnis durch einen Überschlag möglichst schnell.
a) 7 432 + 9 568 + 2 473 =
Ergebnis: 20 603; 19 473; 18 245; 19 500
b) 1 205 · 2 105 =
Ergebnis: 536 524; 536 526; 2 536 525; 2 536 530
c) 37 · 37 =
Ergebnis: 1 579; 1 369; 1 348; 1 474
d) 55 068 : 12 =
Ergebnis: 4 589; 599; 8 756; 12 413
e) 66 : $\frac{1}{6}$ =
Ergebnis: 11; 10$\frac{1}{6}$; 396; 66
f) $\sqrt{9801}$ =
Ergebnis: 91; 95; 98; 99

Wenn man mit dem Taschenrechner arbeitet, muss in der Regel nicht die gesamte Anzeige abgeschrieben werden.
Durch sinnvolles Runden kann man auf einige Stellen verzichten.

$\frac{32}{70}$ = 0.4571428
  ≈ 0,46

$\frac{35}{75}$ = 0.4666666
  ≈ 0,47

Gleichungen

19

Löse die folgenden Gleichungen nach der Variablen x auf.

a) $24x + 26 = 170$ b) $9x - 48 = 18 + 3x$

c) $c + bx = b + c$ d) $ax - c = ac - x$

e) $21 + 4x = 2(12 - 4x) + 7x + 12$

f) $x(x - 2) - x(x - 3) = 2x - 7$

g) $\frac{x}{a} = b + 1$ h) $\frac{a}{x} = b$

i) $\frac{x}{c + 1} = \alpha$ k) $\frac{c + 1}{x} = \alpha$

Flächeninhalt und Volumen

20

a) Bestimme den Flächeninhalt eines Quadrates, dessen Umfang u = 71,2 dm ist.

b) Ein rechtwinkliger Bauplatz ist 52,2 m lang und 18,75 m breit. Berechne den Umfang und Flächeninhalt dieses Grundstücks.

c) Die Grundseite eines Dreiecks beträgt 6,24 cm, der Flächeninhalt beträgt 15,6 cm². Bestimme die Höhe.

d) Von einem Trapez sind a = 7,5 cm; c = 4,3 cm und A = 20,65 cm² gegeben. Bestimme die Höhe h.

21

Bestimme den Flächeninhalt der drei Figuren.

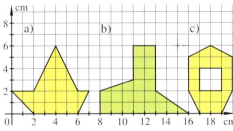

22

a) Der Umfang eines 2-Euro-Stücks beträgt 79,3 mm, die Höhe 1,95 mm. Berechne das Volumen und die Oberfläche.

b) Wie viel l Saft sind in einem zylindrischen Gefäß mit einem Innendurchmesser von d = 14,5 cm und einer Höhe von h = 12,8 cm?

23

Berechne das Volumen der Körper.

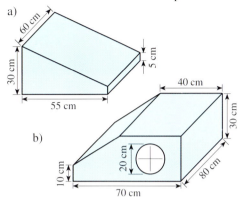

Kreis und Kreisteile

24

a) Berechne Umfang und Flächeninhalt des Kreises mit r = 7,42 dm.

b) Eine Unterlegscheibe hat einen äußeren Umfang von u = 87,3 mm. Der Innenkreisdurchmesser beträgt 10,8 mm. Berechne die Kreisringfläche.

c) Bestimme den Flächeninhalt der gefärbten Figuren.

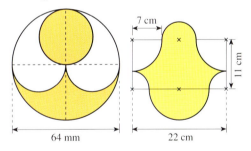

Kreiszylinder

25

a) Ein Kupferdraht hat einen Durchmesser von 0,2 mm und eine Länge von 1,2 km. Ein Kubikzentimeter Kupfer hat eine Masse von 8,9 g.
Welche Masse hat der ganze Draht?

b) Ein Stahlrohr hat eine lichte Weite von 120 mm und eine Wandstärke von 5 mm. Berechne das Volumen bei 5 m Länge.

Logik-Aufgaben

26

Welcher Dominostein ergänzt die Reihe
sinnvoll?

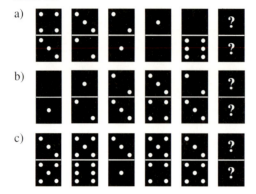

27

Welcher Würfel ist durch Kippen, Drehen
oder Kippen und Drehen aus dem Aus-
gangswürfel entstanden?

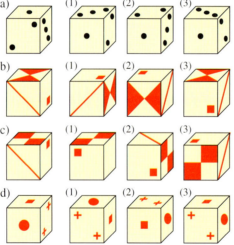

28

Welche Zahlen setzen die Zahlenreihen
logisch fort?

a) 5   6   8   11   15   □   □
b) 8   10   9   11   10   □   □
c) 10   11   9   12   8   □   □
d) 7   12   19   28   39   □   □
e) 8   16   20   40   44   □   □
f) 5   15   10   30   25   □   □
g) 3   3   6   18   72   □   □

29

Mit welchem der vier Lösungsvorschläge
wird die Reihe sinnvoll ergänzt?

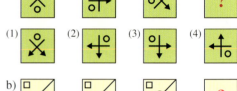

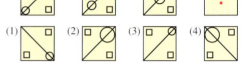

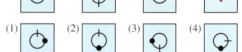

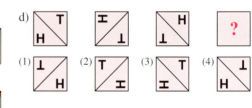

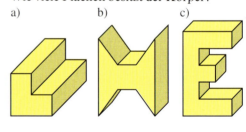

30

Wie viele Flächen besitzt der Körper?

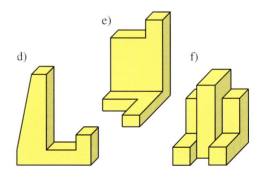

Lösungen

Wiederholung, Seite 7

1
a) 2,45 €   b) 2,85 €

2
5 l; 7,5 l; 10 l; 12,5 l

3
48 €; 72 €; 36 €

4
a) proportional

Länge	Preis
9 m	63 €
6 m	42 €
18 m	126 €
15 m	105 €

b) indirekt proportional

Anzahl	Zeit
12	9 h
3	36 h
4	27 h
9	12 h

c) proportional

Anzahl	Gewicht
72	9 kg
48	6 kg
112	14 kg
160	20 kg

d) indirekt proportional

Länge	Breite
15 cm	6 cm
18 cm	5 cm
12 cm	7,5 cm
4,5 cm	20 cm

5
12 Stunden

6
3,972 sFr

7
54 Sträucher

8
16 Beutel

9
a) Für 180 Waffeln werden 3750 g Butter, 7500 g Mehl, 1125 g Zucker und 60 Eier benötigt.
b) 168 Waffeln

Wiederholung, Seite 8

Randaufgabe oben

+	+ 25	− 47	+ 68	− 84
− 32	− 7	− 79	+ 36	− 116
+ 59	+ 84	+ 12	+ 127	− 25
− 87	− 62	− 134	− 19	− 171
+ 136	+ 161	+ 89	+ 204	+ 52
− 195	− 170	− 242	− 127	− 279

Rechenaufgabe unten

−	+ 28	− 53	+ 76	− 94
+ 35	+ 7	+ 88	− 41	+ 129
− 48	− 76	+ 5	− 124	+ 46
− 66	− 94	− 13	− 142	+ 28
+ 127	+ 99	+ 180	+ 51	+ 221
− 247	− 275	− 194	− 323	− 153

1
a) 40;   − 420;   85
b) 261;   421;   − 91

2
a)   2,6;   3,8;   − 13,4
b) − 27,7; − 93,4;   56,7

3
a)   420; − 1050;   250
b)   250; − 1240;   385
c) − 840;   473;   277
d) 1620; − 1416; 1434

4
a) $-1\frac{1}{7}$; $-\frac{1}{3}$ b) $3\frac{2}{9}$; $-4\frac{4}{20}$
c) $\frac{17}{40}$; $-\frac{1}{15}$ d) $6\frac{5}{42}$; $-12\frac{5}{24}$

5
a) 84; − 232; − 223; 163; − 202
b) − 214; 36; 9; − 157; 264

6
a) − 13,4   b) − 1,49   c) − 88,1
d) − 51,99 e) − 9,54

7
a) − 168   b) 74   c) − 1,3
d) 0,37   e) $\frac{3}{8}$

8
a) − 86   b) − 87   c) − 60
d) − 75   e) 1

Wiederholung, Seite 9

Randaufgabe oben

·	− 8	+ 15	+ 32	− 67
+ 18	− 144	+ 270	+ 576	− 1206
− 56	+ 448	− 840	− 1792	+ 3752
+ 74	− 592	+ 1110	+ 2368	− 4958
− 89	+ 712	− 1335	− 2848	+ 5963

Randaufgabe unten

:	− 3	+ 8	+ 32	− 48
+ 96	− 32	+ 12	+ 3	− 2
− 288	+ 96	− 36	− 9	+ 6
− 576	+ 192	− 72	− 18	+ 12
+ 768	− 256	+ 96	+ 24	− 16

9
a) − 393,12; − 179,83; 8,232
b) $-\frac{1}{4}$; $\frac{7}{9}$
c) − 24,8436; − 23,0868; − 41199,767
d) − 12; $-13\frac{3}{5}$

10
a) 3800   b) 18 000
c) − 675   d) − 140 000
e) 4400   f) − 27 000

11
a) − 12; − 14; 13; − 14
b) − 59; − 34; 75; − 48

12
a) 4,5; − 1,6; − 180; − 12,5
b) $-\frac{2}{3}$; $-1\frac{2}{3}$; $-2\frac{1}{4}$

13
a) 625   b) − 20
c) − 2   d) $3\frac{4}{5}$
e) − 2   f) $3\frac{3}{4}$
g) $-9\frac{1}{3}$ h) $-81\frac{1}{5}$

14
a) − 2150   b) 2200   c) − 1600
d) − 97   e) − 530

Wiederholung, Seite 10

1
a) $L = \{-52\}$ b) $L = \{83\}$
c) $L = \{67\}$ d) $L = \{-93\}$
e) $L = \{121\}$ f) $L = \{-172\}$

2
a) $x = -3$ b) $x = 0$
c) $x = -\frac{1}{3}$ d) $x = -3\frac{2}{3}$
e) $x = 39$ f) $x = -96$
g) $x = 176$ h) $x = -144$

3
a) $L = \{3\}$ b) $L = \{4\}$
c) $L = \{6\}$ d) $L = \{-33\}$
e) $L = \{6\}$ f) $L = \{-7\}$

4
a) $y = \frac{4}{5}$ b) $y = -\frac{4}{5}$
c) $y = 1\frac{2}{9}$ d) $y = 1\frac{2}{7}$
e) $y = -\frac{1}{2}$ f) $y = -\frac{1}{3}$
g) $y = 3\frac{1}{2}$ h) $y = -15\frac{3}{4}$

5
a) $a = -0,7$ b) $a = 3$
c) $a = -2,6$ d) $a = -9$
e) $a = 60$ f) $a = 0,4$

6
a) $x = 108$ b) $x = 20$
c) $x = -2$ d) $x = 1\frac{1}{4}$

7
a) $x = 18$ b) $x = 16$ c) $x = \frac{1}{3}$
d) $x = -4,5$ e) $x = 6,25$

8
a) $x = 6$ b) $a = 4$
c) $y = -15,75$ d) $b = 27$
e) $z = 0,4$

9
a) $x = 13$ b) $x = 17$ c) $x = 7$

10
Länge: 18 cm; Breite: 9 cm

11
Klasse 8 a: 64 €
Klasse 8 b: 81 €
Klasse 8 c: 113 €

Wiederholung, Seite 11

1
a) $A = 35$ cm^2 b) $A = 30,96$ cm^2
c) $A = 12$ dm^2 d) $A = 10,08$ cm^2

2
a) $b = 20,4$ mm
b) $b = 22$ cm

3
0,92 m

4
$A = 345,45$ m^2

5
$a = 9,5$ cm

6
Der Flächeninhalt A ist 6-mal größer.

7
a) $A = 1,5r^2$; $u = 6r$
b) $A = 12s^2$; $u = 18s$

8
$A = 16$ cm^2

9
a) 1 276 m^2

Wiederholung, Seite 12

1

a) $V = 127{,}008\,\text{cm}^3$
   $O = 186{,}48\,\text{cm}^2$

b) $V = 1\,223{,}22\,\text{cm}^3$
   $O = 1\,125{,}92\,\text{cm}^2$

c) $V = 1\,609{,}92\,\text{dm}^3$
   $O = 945{,}44\,\text{dm}^2$

2

a) $c = 3\,\text{cm}$

b) $a = 6{,}1\,\text{dm}$

c) $c = 4{,}8\,\text{cm};\ a = 2{,}4\,\text{cm}$

3

$V = 118\,724\,\text{cm}^3$
Gewicht: $213{,}7032\,\text{kg}$
maximal 112 Schwellen

4

$V = 728{,}75\,\text{m}^3$

5

$V_{\text{alt}} = a \cdot b \cdot c$

$V_{\text{neu}} = \dfrac{a}{2} \cdot \dfrac{b}{2} \cdot \dfrac{c}{2} = \mathbf{\dfrac{1}{8}} \cdot V_{\text{alt}}$

$O_{\text{alt}} = 2 \cdot (ab + bc + ac)$

$O_{\text{neu}} = 2 \cdot (\dfrac{a}{2} \cdot \dfrac{b}{2} + \dfrac{a}{2} \cdot \dfrac{c}{2} + \dfrac{b}{2} \cdot \dfrac{c}{2}) = \mathbf{\dfrac{1}{4}} O_{\text{alt}}$

6

$V = 460\,\text{dm}^3 \qquad O = 17{,}492\,\text{m}^2$

7

$V = 285\,696\,\text{m}^3$
Wassermenge: $228\,556{,}8\,\text{m}^3$

8

$806{,}4\,\text{kg}$

Rückspiegel, Seite 44

1

a) $L = \{1\}$ b) $L = \{13\}$
c) $L = \{\frac{7}{6}\}$ d) $L = \{-1\}$
e) $L = \{-2\}$

2

a) $L = \{56\}$ b) $L = \{-15\}$
c) $L = G$ d) $L = \{-5\frac{6}{7}\}$
e) $L = \{\ \}$ f) $L = \{-19\}$

3

a) $L = \{\ \}$ b) $L = \{\frac{3}{10}\}$
c) $x = 2$ d) $L = \{\ \}$

4

a) $x = 2a + 1$ b) $x = -c + 2$
c) $x = -a$ d) $x = 7b$
e) $x = 1 - 2c$

5

a) $a = \frac{7}{4}c - \frac{3}{4}b$ b) $a = \frac{5}{7}c - \frac{9}{14}b$
   $b = \frac{7}{3}c - \frac{4}{3}a$ $b = -\frac{14}{9}a + \frac{10}{9}c$
   $c = \frac{4}{7}a + \frac{3}{7}b$ $c = \frac{7}{5}a + \frac{9}{10}b$

c) $a = 8\frac{2}{3}b$ d) $a = \frac{bc}{2-b}$
   $b = \frac{3}{26}a$ $b = \frac{2a}{a+c}$
                  $c = \frac{2a - ab}{b}$

6

a) $2\,(a - 3b + 4c)$
b) $4x\,(x - 2y + 3)$
c) $17m\,(m + 5n)$
d) $-1\,(r + s + t)$
e) $\frac{1}{2}a\,(a + 3b + 5c + 7d)$
f) $1{,}2x\,(x^2 + 2x + 3y + 4)$

7

Die Zahl ist 7.

8

$x - \frac{x}{3} - \frac{x}{7} - 1 = \frac{x}{2}$
Oliver besitzt $42\,\text{€}$ Taschengeld.

9

$x + \frac{7}{5}x = 28\,560$
Erwachsene: $16\,660$
Jugendliche: $11\,900$

10

$\frac{x}{3} + \frac{x}{2} + 35\,000 = x$
Das Vermögen betrug $210\,000\,\text{€}$.

11

Das Schnellboot erreicht das Frachtschiff um 9.00 Uhr.

12

Basiswinkel jeweils 72°;
Winkel an der Spitze: 36°

13

a) $2{,}\overline{27}; 0{,}2\overline{27}; \overline{5{,}71428}; 0{,}\overline{09}$
b) $35{,}220779; 0{,}2758303643;$
$0{,}02839233038$
c) $-45{,}29\overline{7}\quad 0{,}05010935467$
d) $19{,}95635359; 0{,}01169809555$

Lösungen des Würfelspiels auf Seite 32

START	$x = 1$	$x = 3$	$x = 1{,}5$
$x = 6$	■ ↗	$x = -3$	–
$x = 9$	$x = \frac{11}{12}$	–	$x = 6$
–	$x = 2\frac{2}{7}$	–	$x = 5$
$x = 2$	■ ↗	$x = 21$	ZIEL

Das Symbol ■ ↗ bedeutet: Gehe zurück auf das Feld, auf das der Pfeil zeigt.

Rückspiegel, Seite 70

1

a)

x	−2	−1	0	1	2	3
2x−1	−5	−3	−1	1	3	5

b)

x	−1	0	1	2	3
−3x+2	5	2	−1	−4	−7

c)

x	−2	−$\frac{1}{2}$	$\frac{1}{4}$	$\frac{1}{2}$	1	2	4
$\frac{1}{2x}$	−$\frac{1}{4}$	−1	2	1	$\frac{1}{2}$	$\frac{1}{4}$	$\frac{1}{8}$

d)

x	−2	−1	−$\frac{1}{2}$	$\frac{1}{4}$	$\frac{1}{2}$	1	4
$\frac{1}{x}$+1	$\frac{1}{2}$	0	−1	5	3	2	$1\frac{1}{4}$

Graphen für a) und b).

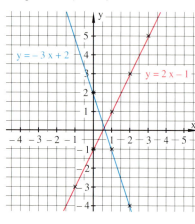

Graphen für c) und d).

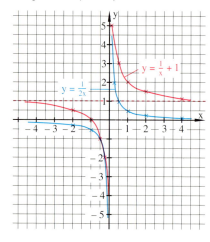

2

$A(-1;1)$ gehört zu $y=3x+4$ und
       zu $y=\frac{1}{x}+2$
$B(3;-4)$ gehört zu $y=-\frac{1}{3}x-3$
$C(0;-5)$ gehört zu $y=-5x-5$
$D(-2,5;8,5)$ gehört zu $y=-6x-6,5$

3

Die parallele Gerade durch den Punkt
$P(-2;4)$ lautet jeweils:
a) $y=x+2$
b) $y=1,5x+7$
c) $y=2x+8$
d) $y=x+6$
e) $y=4$
f) $y=-2,5x-1$

4

a) ja   b) nein
c) nein   d) ja

5

Die Nullstellen lauten:
a) $x=0$, $y=0$
b) $x=4$, $y=-2$
c) $x=\frac{3}{2}$, $y=3$
d) $x=3$, $y=-4,5$

6

a) $T(4;3)$ b) $T(-1,5;3)$ c) $T(5;1,25)$

7

a) g_1: $m=\frac{1}{2}$; $n=2$; $y=\frac{1}{2}x+2$
   g_2: $m=-\frac{4}{5}$; $n=4$; $y=-\frac{4}{5}x+4$
   g_3: $m=0$; $n=-3$; $y=-3$
b) g_4: $m=-\frac{5}{2}$; $n=-5$; $y=-\frac{5}{2}x-5$
   g_5: $m=-\frac{2}{3}$; $n=2$; $y=-\frac{2}{3}x+2$
   g_6: $m=\frac{3}{2}$; $n=-3$; $y=\frac{3}{2}x-3$

8

a)

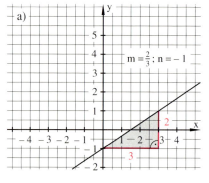

$m=\frac{2}{3}$; $n=-1$

b)

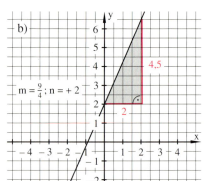

$m=\frac{9}{4}$; $n=+2$

c)

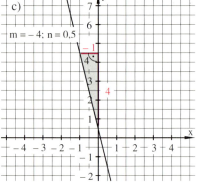

$m=-4$; $n=0,5$

d)

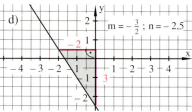

$m=-\frac{3}{2}$; $n=-2,5$

9

a) $3=2\cdot m+1$; $m=1$
b) $1=-m+2$; $m=1$
c) $5=4m-1$; $m=1,5$

10

a) $m=-\frac{3}{2}$
   $n=3$
   $y=-\frac{3}{2}x+3$
b) $m=\frac{3}{4}$
   $n=-3$
   $y=\frac{3}{4}x-3$
c) $m=-4$
   $n=-4$
   $y=-4x-4$

11

a) $2\,m + 8 \cdot 0,9\,m = 9,20\,m$

b) $y = 2 + 0,9 \cdot x$

c)

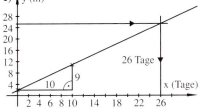

Rückspiegel, Seite 94

1

a) $L = \{(3; -2)\}$ b) $L = \{(3;2)\}$

c) $L = \{(4;2)\}$ d) $L = \{(2;1,5)\}$

2

a) $L = \{(4;3)\}$ b) $L = \{(2;2)\}$

c) $L = \{(-2; -3)\}$ d) $L = \{(3; -2)\}$

3

a) $L = \{(2;3)\}$ b) $L = \{(5;2)\}$

c) $L = \{(-1;2)\}$ d) $L = \{(3;2)\}$

4

a) $L = \{(4;7)\}$ b) $L = \{(5;7)\}$

c) $L = \{(3; -5)\}$ d) $L = \{(1;4)\}$

5

a) $L = \{(9;5)\}$ b) $L = \{(-2;4)\}$

c) $L = \{(0,8;1,1)\}$ d) $L = \{(3; -2)\}$

6

a) $L = \{(4;1,5)\}$ b) $L = \{(4;3)\}$

c) $L = \{(24;16)\}$ d) $L = \{(7;10)\}$

e) $L = \{(27;44)\}$

7

a) keine   b) eine, $L = \{(4;2)\}$

c) unendlich viele   d) keine

8

a) 16 und 9 b) 6 und 2

9

a) 12 b) $\frac{7}{10}$

10

a) $10\,cm$ und $6\,cm$

b) $14\,cm$; $14\,cm$; $9\,cm$

11

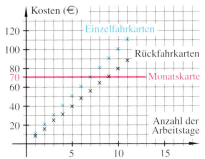

Die Monatskarte macht sich ab 9 Arbeitstagen bezahlt, da 9 Rückfahrkarten 72 € kosten.

Rückspiegel, Seite 134

1

a) $u = 75,4\,cm$ b) $u = 339,3\,mm$

$A = 452,4\,cm^2$ $A = 9160,9\,mm^2$

c) $u = 38,3\,cm$ d) $u = 4,33\,m$

$A = 116,9\,cm^2$ $A = 1,50\,m^2$

e) $u = 2,42\,dm$ f) $u = 3,267\,km$

$A = 0,47\,dm^2$ $A = 0,849\,km^2$

2

a) $r = 2,9\,cm$ b) $r = 1\,094\,mm$

$d = 5,8\,cm$ $d = 2\,188\,mm$

c) $r = 0,32\,m$ d) $r = 2,39\,m$

$d = 0,64\,m$ $d = 4,77\,m$

3

a) $d = 7,8\,cm$ b) $d = 30,3\,mm$

c) $d = 6,3\,dm$ d) $d = 1,13\,km$

4

a) $A = 2,68\,cm^2$ b) $A = 0,08\,m^2$

c) $h = 8,3\,m$ d) $u = 10,63\,cm$

5

a) $u = r(2 + \frac{\pi}{2})$

Für $r = 5\,cm$: $u = 17,9\,cm$

$A = r^2(1 - \frac{\pi}{4})$ $A = 5,4\,cm^2$

b) $u = r(1 - \pi)$

Für $r = 5\,cm$: $u = 20,7\,cm$

$A = \frac{\pi}{8}r^2$ $A = 9,8\,cm^2$

6

a)

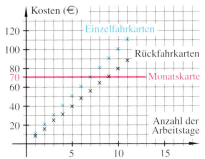

b)

7

a) $\beta = \alpha = 40°$ (gleichschenklig)

$\gamma = 180° - 80° = 100°$ (Winkelsumme im Dreieck)

$\delta = 50°$ (Winkel über demselben Bogen)

b) $\gamma = 90°$ (Thaleskreis)

$\alpha = 180° - (90° + 64°) = 26°$

c) $\gamma = 90°$ (Thaleskreis)

$\alpha = \beta = 45°$ (gleichschenkliges Dreieck, da $\overline{AC} = \overline{BC}$)

8

a) $1386\,l + 847\,l = 2233\,l$

b)
$$\begin{array}{r}
12600\,cm^2\,(\text{Rechtecke}) \\
+\ 39600\,cm^2\,(\text{Rechteck}) \\
+\ \ 7697\,cm^2\,(\text{Kreise}) \\
+\ 48381\,cm^2\,(\text{Mantel}) \\
\hline
108278\,cm^2 \\
= 10,83\,m^2
\end{array}$$

9

a) $h = 5,0\,cm$ b) $r = 7,0\,cm$

$M = 251,3\,cm^2$ $O = 967,9\,cm^2$

$O = 653,5\,cm^2$ $V = 2309\,cm^3$

c) $r = 3,1\,cm$ d) $r = 4,5\,cm$

$M = 233,7\,cm^2$ $h = 6,2\,cm$

$O = 294,1\,cm^2$ $V = 394,4\,cm^3$

10

Die Wegstrecke beträgt $21,36\,m$.

11
$$\begin{array}{r}
280\,cm^2\,(\text{Rechteck}) \\
+\ \ 77\,cm^2\,(\text{Halbkreis mit } \pi = \tfrac{22}{7}) \\
\hline
357\,cm^2
\end{array}$$

Rückspiegel, Seite 148

1

$W \approx 40\%$

2

Individuelle Lösung.
Die Wahrscheinlichkeit wird bei etwa 31 % liegen.

3

a) $W = \frac{2}{8} = 25\%$

b) Die Wahrscheinlichkeit beträgt, wie immer, wenn der Kreisel neu dreht, $\frac{1}{4}$.

4

2. Schüler	1. Schüler						
	Mo	Di	Mi	Do	Fr	Sa	So
Mo	×						
Di		×					
Mi			×				
Do				×			
Fr					×		
Sa						×	
So							×

49 mögliche Ausgänge, davon 7 günstige:
$W = \frac{7}{49} \approx 14{,}3\%$

5

a) $W = \frac{1}{6} \cdot \frac{1}{6} \cdot \frac{1}{6} = \frac{1}{216}$

b) $W = 6 \cdot \frac{1}{216} = \frac{1}{36}$

c) Wahrscheinlichkeit für eine Straße, z. B. 123: $W_{\text{Straße}} = 6 \cdot \frac{1}{216} = \frac{1}{36}$.

Es gibt 4 mögliche Straßen (123, 234, 345, 456): $W = 4 \cdot \frac{1}{36} = \frac{1}{9}$

6

$W = \frac{7}{24} \approx 29{,}2\%$

7

Die 8 Pfadausgänge haben alle die Wahrscheinlichkeit $\frac{1}{8}$. Es gibt 6 günstige Pfade bzw. 2 ungünstige (3-mal Kopf oder 3-mal Zahl).
(Summenregel:)
$W = \frac{1}{8} + \frac{1}{8} + \frac{1}{8} + \frac{1}{8} + \frac{1}{8} + \frac{1}{8} = 75\%$

8

a) $W = \frac{2}{6} \cdot \frac{2}{5} \cdot \frac{1}{4} \cdot \frac{1}{3} = \frac{1}{90} \approx 1{,}1\%$

b) (ohne Zurücklegen)
$W = \frac{2}{6} \cdot \frac{2}{5} \cdot \frac{2}{4} = \frac{1}{15} \approx 6{,}7\%$

c) Die Wahrscheinlichkeit für OTTO ist dieselbe wie die, 4-mal kein R zu ziehen:
$W_{\text{OTTO}} = \frac{4}{6} \cdot \frac{3}{5} \cdot \frac{2}{4} \cdot \frac{1}{3} = \frac{1}{15} \approx 6{,}7\%$
Die Wahrscheinlichkeit für TOR beträgt dann
$W_{\text{TOR}} = \frac{6}{15} = 40\%$

9

a) $\frac{1}{10} \cdot \frac{1}{10} = \frac{1}{100} = 1\%$
(Auch die Null ist als erste Ziffer möglich.)

b) $\frac{1}{10} \cdot \frac{1}{9} = \frac{1}{90} \approx 1{,}1\%$

c) Bei b) handelt es sich um einen Versuch „ohne Zurücklegen". Die Wahrscheinlichkeit für das richtige Raten der 2. Kugel ist mit $\frac{1}{9}$ größer als die für das richtige Raten der 2. Ziffer. Claudia hat die besseren Chancen.

10

a) Es werden aus 2 roten und 6 blauen Kugeln 3 gezogen (ohne Zurücklegen). Auf einer Strichliste wird notiert, ob die beiden roten dabei waren. Anhand der relativen Häufigkeit für 2 rote Kugeln wird die Wahrscheinlichkeit geschätzt.
b) Bei 3 Pfaden mit einer Wahrscheinlichkeit $\frac{1}{28}$ werden 2 rote Kugeln gezogen:
$W = \frac{1}{28} + \frac{1}{28} + \frac{1}{28} \approx 10{,}7\%$.

TEST, Seite 149–152
Lösungen

1

a) 15 154   b) 30 702   c) 83 960

2

a) 6 965   b) 19 337   c) 57 090

3

a) 957 453   b) 479
c) 71 400 504   d) 306
e) 4 500   f) 0

4

a) 325   b) 1 045
c) 3 970   d) 325
e) 10   f) 324

5

a) $\frac{9}{10}$ b) $12\frac{5}{24}$
c) $\frac{1}{30}$ d) $1\frac{13}{45}$
e) $\frac{15}{28}$ f) $7\frac{1}{32}$
g) 24   h) $\frac{36}{85}$

6

a) $\frac{3}{4}$ b) $4\frac{3}{4}$
c) $\frac{1}{2}$ d) 1
e) 1

7

a) 118,974   b) 3,389
c) 5,008   d) 21,736
e) 273,42   f) 1 451
g) 49

8

a) 30   b) 3   c) 2
d) 8   e) 16 000   f) 40
g) 0,3   h) 2   i) 200   k) 0,02

9

a) 32 dm; 480 dm; 12,4 cm; 1 070 m; 7 940 mm

b) 47 000 ml; 1 100 l; 280 l; 340 ml; 238 000 ml

c) 1 260 s; 4 560 min; 227 min = 13 620 s; 119 d

d) 1 055 kg; 170 g; 832 000 mg; 31 000 kg; 12 000 g

e) 230 dm²; 3 600 a; 827 cm²; 7,4 m²; 400 ha

10

a) $1\,856\text{ cm} = 18,56\text{ m}$
b) $214,31\text{ dm}^2 = 2,1431\text{ m}^2$
c) $12\,127,5\text{ l} = 121,275\text{ hl}$
d) $782\,704\text{ kg} = 782,704\text{ t}$
e) $1\,819\text{ min} = 30\text{ h }19\text{ min}$

11

a) $0,712\text{ km} > 7\text{ m }12\text{ dm} >$
$71,2\text{ dm} > 7,012\text{ m}$

b) $30,1\text{ km} > 30\text{ km }10\text{ m} >$
$3\,010\text{ m} > 3\text{ km }1\text{ m}$

c) $77,77\text{ m} > 70\text{ m }7\text{ dm} >$
$7\text{ m }77\text{ dm} > 7,777\text{ dm}$

d) $0,974\text{ t} > 9\text{ kg }9748\text{ g} >$
$9,748\text{ kg} > 0,9748\text{ kg}$

12

a) $22,50$ €   b) $62,5$ kg
c) $2,5$ kg   d) $70\,\%$
e) $20\,\%$ f) $25\,\%$
g) $156,80$ €

13

a) 42 €; 222 €
b) $770,40$ €; $977,625$ kg

14

a) $20\,\%$ b) $15\,\%$ c) 116 DM

15

a) $1\,123,20$ €; $6,42$ €; $58,50$ €
b) $3,8\,\%$; $6,2\,\%$
c) $200,21$ €

16

a) $5,60$ € (proportionale Z.)
b) $94,34$ € (prop.)
c) $2\text{ h }24\text{ min}$ (indirekt prop.)

17

a) 72-mal (prop.)
b) 20 Maschinen (indirekt prop.)
c) 540 € (prop.)

18

a) $19\,473$
b) $2\,536\,525$
c) $1\,369$
d) $4\,589$
e) 396
f) 99

19

a) $x = 6$ b) $x = 11$
c) $x = 1$ d) $x = c$
e) $x = 3$ f) $x = 7$
g) $x = a(b + 1)$ h) $x = \frac{a}{b}$
i) $x = \alpha(c + 1)$ k) $x = \frac{c+1}{\alpha}$

20

a) ($a = 17,8\text{ dm}$)   b) $u = 141,9\text{ m}$
$A = 316,84\text{ dm}^2$ $A = 978,75\text{ m}^2$
c) $h = 5\text{ cm}$ d) $h = 3,5\text{ cm}$

21

a) 19 cm^2 b) $22,5\text{ cm}^2$ c) 16 cm^2

22

a) Grundfläche $A = 500,5\text{ mm}^2$;
$O = 1\,155,6\text{ mm}^2$ $V = 976\text{ mm}^3$

b) Grundfläche $A = \pi(\frac{d}{2})^2$

$V = 2\,114\text{ cm}^3$
$V = 2,114\text{ l}$

23

a) $V = 57\,750\text{ cm}^3$
b) $V = 118\,867,26\text{ cm}^3$

24

a) $u = 46,62\text{ dm}$; $A = 172,96\text{ dm}^2$
b) $r_a = 13,89\text{ mm}$; $A = \pi(r_a{}^2 - r_i{}^2)$
$r_i = 5,4\text{ mm}$ $= 514,5\text{ mm}^2$

c) Linke Figur: $A = \frac{1}{2}(\frac{64\text{ mm}}{2})^2\pi$
$= 1\,608\text{ mm}^2$

Rechte Figur:
$A = 2 \cdot [\frac{1}{4}\pi \cdot 4^2 + (11 \cdot 7 - \frac{1}{4}\pi 7^2) +$
$(4 \cdot 11 - \frac{1}{4}\pi 4^2) + \frac{1}{4}\pi 7^2]\text{ cm}^2$
$= 242\text{ cm}^2$

25

a) $335,5$ g
b) $9\,032,08\text{ cm}^3$

26

a) | 6 |
| 5 |

b) | 1 |
| 2 |

c) | 5 |
| 6 |

27

a) 3   b) 2   c) 3   d) 1

28

a) $20, 26$ (Regel: $+1, +2, +3, +4 \ldots$)
b) $12, 11$ (Regel: $+2, -1, +2, -1 \ldots$)
c) $13, 7$ (Regel: $+1, -2, +3, -4 \ldots$)
d) $52, 67$ (Regel: $+5, +7, +9, +11 \ldots$)
e) $88, 92$ (Regel: $\cdot 2; +4, \cdot 2, +4 \ldots$)
f) $75, 70$ (Regel: $\cdot 3, -5, \cdot 3, -5 \ldots$)
g) $360, 2160$ (Regel: $\cdot 1, \cdot 2, \cdot 3, \cdot 4 \ldots$)

29

a) 3   b) 2   c) 1   d) 2

30

a) 8   b) 10   c) 14
d) 11   e) 12   f) 18

Register

addieren 82
Additionsverfahren 82
Ausklammern 23
Aussage 27
–, wahre 29, 101

Behauptung 101
Berührungspunkt 103
Berührungsradius 103
Beweis 101
Bruch 53
–, echter 53
–, unechter 53
–, gleichnamiger 53

Definitionsbereich 52
Durchmesser 96

Einsetzungsverfahren 80

Feststellung 101
Flächeninhalt 112
Funktion 48
–, lineare 57, 61
–swerte 48
–sgleichung 54

gleichartig 17
Gleichung
–, nicht lösbare 27
–, allgemein gültige 27, 32
–, nicht erfüllbare 32
Gleichungssystem
–, lineares 72, 75
Gleichungsverfahren 78
gleichwertig (äqui-
    valent) 17
Graph 46
Grundmenge G 27, 29

Koeffizient (Zahlfaktor) 17
Koordinatensystem 50

Körper
    Dreh- 124
    Rotations- 124
Kreis 96
–abschnitte 99
–ausschnitt 99, 118
–bogen 118
–fläche 96, 112
–linie 96
–ring 112
–umfang 109
–zylinder 120

lineare Gleichungs-
    systeme 72, 75
Lösung 27
Lösungsmenge 27
Lösungsverfahren
–, rechnerisches 78

Mantel 122

Nullstelle 62

Ordinatenachse 50

Paar
–, geordnetes 52, 54
Peripherie 96
Peripheriewinkel 105
Punktprobe 54

Quadrant 50

Radius 96

Satz des Thales 101
Schätzwert 136
Schrägbild 120
Sehne 99
Sehnenviereck 99
Simulation 143

Skizze 101
Steigung 57
Steigungsdreieck 57
Steigungsfaktor 57
Summanden
– mit Variablen 31
– ohne Variablen 31

Tangente 103
Thales
–, Satz des 101
Terme 14

Umfang 109

Variable 14, 29, 72
Vermutung 101
Volumen 124
Voraussetzung 101

Wahrscheinlichkeit 136,
    138
Wertebereich 52
Wertetabelle 54
Winkel 105

Zahl
–, gebrochene 53
–, rationale 115
–, irrationale 115
Zentriwinkel 105
Zentriwinkel-
    Peripheriewinkel-Satz 105
Zufallsexperiment 136, 140
Zuordnung 46
–, proportionale 57
Zweitafelbild 120
Zylinder 120
–, gerader 120
– oberfläche 122